Uni-Taschenbücher 1661

W0244904

Eine Arbeitsgemeinschaft der Verlage

Wilhelm Fink Verlag München
Gustav Fischer Verlag Jena und Stuttgart
Francke Verlag Tübingen
Paul Haupt Verlag Bern · Stuttgart · Wien
Hüthig Verlagsgemeinschaft
Decker & Müller GmbH Heidelberg
Leske Verlag + Budrich GmbH Opladen
J. C. B. Mohr (Paul Siebeck) Tübingen
Quelle & Meyer Heidelberg · Wiesbaden
Ernst Reinhardt Verlag München und Basel
F. K. Schattauer Verlag Stuttgart · New York
Ferdinand Schöningh Verlag Paderborn · München · Wien · Zürich
Eugen Ulmer Verlag Stuttgart
Vandenhoeck & Ruprecht in Göttingen und Zürich

Werner Strombach

Einführung in die Systematische Philosophie

Ferdinand Schöningh

Paderborn · München · Wien · Zürich

Die Deutsche Bibliothek – CIP-Einheitsaufnahme

Strombach, Werner:
Einführung in die systematische Philosophie / Werner
Strombach. – Paderborn; München; Wien; Zürich:
Schöningh, 1992
   (UTB für Wissenschaft: Uni-Taschenbücher; 1661)
   ISBN 3-506-99418-2
NE: UTB für Wissenschaft / Uni-Taschenbücher

© 1992 Verlag Ferdinand Schöningh, Paderborn
(Verlag Ferdinand Schöning GmbH, Jühenplatz 1, D 4790 Paderborn)

Printed in Germany

Herstellung: Ferdinand Schöningh, Paderborn

Einbandgestaltung: Alfred Krugmann, Freiberg am Neckar

ISBN 3-506-99418-2

Inhaltsverzeichnis

0. Vorwort

Ich sehe „die Hauptaufgabe der Philosophie darin, kritisch über das Universum und unseren Platz in ihm nachzudenken, sowie über die gefährliche Macht unseres Wissens und unsere Kraft zum Guten und zum Bösen".

Karl R. Popper

„Wege des philosophischen Denkens" war der Titel einer Vorlesungsreihe, die der Verfasser im Sommersemester 1988 an der Universität Dortmund zum Abschluß seiner Lehrtätigkeit gehalten hat. Die Resonanz war recht positiv, etliche Hörer äußerten den Wunsch, das Ganze noch einmal in Ruhe nachlesen zu können. Der Erfüllung dieses Wunsches kam die Tatsache entgegen, daß eine Hörerin die Vorlesungen auf Toncassetten aufgezeichnet hatte. Da sie diese für eine Bearbeitung zur Verfügung stellte, wofür ihr an dieser Stelle herzlich gedankt sei, entstand die jetzt vorliegende Buchfassung.

Freilich ist von der Vorlesung nicht allzu viel übrig geblieben. Historische Passagen mußten gekürzt, die Systematik verbreitert, nebensächliche Begebenheiten gestrichen werden. Eine „Rede" ist eben etwas anderes als eine „Schreibe." Im Vortrag stecken immer Redundanzen. Sie sind nötig, damit der Hörer, hat er einmal den Faden verloren, wieder in den Text hineinkommt. Die schriftliche Darstellung sollte dagegen nach Möglichkeit Weitschweifigkeiten vermeiden. Außerdem ist der Vortragsstil zwangloser, mit Anekdoten durchsetzt (damit die Hörer wach bleiben, aber auch für ein paar Augenblicke entspannen können), während die schriftliche Ausarbeitung Wert auf Exaktheit und Straffheit legen muß, auch z. B. hinsichtlich der Zitate und Quellen. Das schließt nicht aus, daß ein philosophischer Text, wie Leibniz einmal gefordert hat, „einfach und durchsichtig, ohne Geschraubtheit und bombastischen Prunk"[1] verfaßt werden kann.

Um einer möglichen Kritik bezüglich mancher Unvollständigkeiten in der Darstellung einzelner Disziplinen zuvorzukommen, sei betont, daß es sich um eine *Einführung* in Fragen der Systematischen Philosophie, also um die Vermittlung von Grundwissen handelt. Das impliziert zweierlei:

1. die Leser werden in der Mehrzahl wohl nur über wenige Vorkenntnisse verfügen, so daß man sie nicht sofort mit den letzten und schwierigsten Problemen eines Bereichs der Systematischen Philosophie überfallen sollte;

2. die Darstellung muß überschaubar bleiben und sich bei hinreichender Anstrengung in einer angemessenen Zeit lesen lassen. Also muß das Volumen begrenzt sein, um zu vermeiden, daß der Leser von der Quantität erschlagen wird. Andererseits soll die Thematik aller grundlegenden philosophischen Disziplinen vorgestellt werden, so daß Beschränkungen innerhalb der Disziplinen unumgänglich sind.

Aus diesen Erwägungen wird auch im allgemeinen auf kritische Bemerkungen zu den dargestellten Theorien oder Positionen verzichtet. Der Leser soll nicht sofort kritisieren, sondern zunächst einmal das philosophische Denken in seiner Breite und – soweit möglich – in seiner Tiefe verstehen lernen. Widersprüche zwischen einzelnen Auffassungen sind Ausdruck des problematischen Verhältnisses zwischen dem Erkenntnisanspruch der Vernunft des Menschen und seiner spezifischen Erkenntnissituation.

Ich danke meiner Tochter, Frau Dipl.-Päd. Christiane Erwig-Strombach, für ihre Mithilfe bei der Bearbeitung des 7. Kapitels.

Dortmund, im August 1991   Werner Strombach

1. Philosophieren – ein Anliegen des Menschen

Das Wort „Philosophie" ist zu einem Modewort geworden (ein modernes Wörterbuch spricht von einem Bestandteil des „ Schicki-Micki-Jargons"), und so hört man Ausdrücke wie Unternehmensphilosophie, Verkaufs- und Werbephilosophie, Urlaubs- und Partyphilosophie, Begriffsbildungen also, bei denen das Wort Philosophie die Bedeutung von Grundsatz, Planung, Strategie erhält. Nun ist es zwar nicht gerade abwegig, in der Philosophie so etwas wie eine Lebensstrategie des Menschen zu sehen, erschöpfen jedoch kann sich unser Begriff darin ebenso wenig wie in der bloßen Übersetzung des griechischen Wortes philosophia durch „Streben nach Weisheit" oder „Liebe zur Weisheit." Deshalb verzichten wir auf Definitionsversuche und beschreiben Philosophie als das Insgesamt des wenigstens zweieinhalb tausendjährigen Fragens des Menschen nach dem Sein und dem Seinsollen, nach Erkennen und Gewißheit, nach Gott und Natur, nach dem Guten und dem Gerechten. Daran wird dreierlei deutlich:

a) Philosophieren ist ein spezifisches Anliegen des Menschen, jenes „Wesens der Mitte", das groß ist gegenüber dem Kleinen und klein gegenüber dem Großen, das die Idee der Wahrheit hat, aber nie sicher ist, Wahrheit zu besitzen bzw. sie als solche zu erkennen, das die Idee der Unendlichkeit hat, aber weiß, daß ein endliches Wesen nur endliche Schritte – Gedankenschritte, Vorstellungen – vollziehen kann, das die Idee des Vollkommenen und Sinnvollen hat und täglich um sich Unzulänglichkeit und Sinnlosigkeit erfährt. Der Mensch findet sich hineingestellt in eine Existenz, ungefragt hineingestellt, „geworfen" sagt Martin Heidegger, und er muß sich darin zurechtfinden, teilhabend an Freude und Leid, an Glück und Unglück, an Wissen und Zweifel. Er weiß um sich als Wesen der Natur, dem Zwang der Naturgesetze unterliegend, er weiß um sich als soziales Wesen, eingebunden in die Ordnungsansprüche der Gesellschaft, und er weiß um sich als Wesen der Vernunft, das sich in Freiheit und Verantwortlichkeit erlebt. Und weil mit all dem Philosophie verbunden ist, deshalb ist Philosophieren ein spezifisch menschliches Anliegen.

b) Philosophie ist offen und Grenzen überschreitend. Sie ist weder beschränkt auf einzelne Wirklichkeitsbereiche, noch auf eine spezielle Methode, noch auf „zulässige" Fragen. Diese Auffassung wird zwar nicht von allen Philosophen geteilt (welche wird das schon?), sie ist aber die Position, von der wir ausgehen. Das soll nicht ausschließen, daß man etwa aus methodischen oder didaktischen Gründen Überlegungen unter bestimmten Prämissen durchführt, Probleme ausklammert, sich auf einen Teilbereich oder eine spezifische Methode beschränkt. Das alles ist legitim. Nur muß man zugestehen, daß andere anders ansetzen, anders argumentieren, unter anderen Voraussetzungen Wahrheit suchen und sich als bestätigt oder widerlegt ansehen.

Deshalb ist Philosophie auch nicht eine Wissenschaft[2] im engeren Sinne. Denn während eine bestimmte Wissenschaft über einen bestimmten Gegenstandsbereich mit einer spezifischen Methode Erkenntnisse zu gewinnen und diese zu verifizieren (oder zu falsifizieren) sucht, fragt die Philosophie z. B. wie unter den gegebenen Bedingungen Erkenntnis überhaupt möglich ist, wie in einer gegebenen Wissenschaft Theorie und Erfahrung ineinander greifen, welchen Gewißheitsgrad die gemachten Aussagen beanspruchen können, welche Zuverlässigkeit und Reichweite den angewandten Methoden zukommt, vielleicht auch, was das „Wesen" der Objekte dieser Wissenschaft ist und welche „human factors", d. h. anthropologisch-sozialen Implikationen in den wissenschaftlichen Anwendungen enthalten sind. Insofern sieht man gelegentlich in der Philosophie auch eine *Meta*wissenschaft im Verhältnis zu den Einzelwissenschaften.

Die grundsätzliche Offenheit der Philosophie mag zu einer Ungesichertheit mancher Annahmen und Positionen führen, sie mag manchen veranlassen, anderswo Halt zu suchen, in Wissenschaft oder Religion zum Beispiel, sie ist aber auch, wie Peter Wust meinte, ein Spiegel des Menschseins, der ihn abbildet in seinem Auf und Ab zwischen Ruhe und Unruhe, zwischen Vertrauen und Zweifel, der den Menschen als Suchenden darstellt, der unterwegs ist, als „homo viator" (G. Marcel).

c) „Die Eule der Minerva beginnt ihren Flug in der Dämmerung", hat Georg Wilhelm Friedrich Hegel einmal gesagt. Das grelle Licht wirtschaftlichen Wohlstands fördert nicht das Bedürfnis nach philosophischer Besinnung. Und doch begegnet es uns immer wieder: in Wissenschaft und Kunst, in den Vorstandsetagen der Wirtschaft und unter Verwaltungschefs, unter – qualifizierten – Politikern, aber auch unter denen, die sich abwenden vom gesellschaftlichen Treiben, die der Anerkennung und des Ruhmes nicht bedürfen, die in Abwandlung eines Satzes von Karl Heinrich Waggerl bekennen: es liegt kein Trost und Heil in der Macht der Mächtigen und im Glanz der Glänzenden.

Aber hier zeigt sich auch, daß man das philosophische Terrain von verschiedenen Seiten betreten kann: von der Geschichte oder der Sprache her, von sozialen, rechtlichen oder naturwissenschaftlichen Fragen ausgehend, im Anschluß an Mathematik oder Technik, an Religion oder Kunst, oder einfach an Ereignisse des Alltags, des Zusammenlebens, der Partnerschaft, der Politik, im großen oder im kleinen. Auf diese Fragen gilt es Antworten zu finden. Deshalb ist Philosophie auch keine bloße Angelegenheit esoterischer Zirkel. Für wen philosophieren wir denn, sagte Désiré Mercier, wenn nicht für die von Zweifeln geängstigte Mitwelt? Und mit dieser Mitwelt suchen wir das philosophische Gespräch. Die Fähigkeit aber zum Gespräch, zum Diskurs, gründet in den symbolhaft-argumentativen Möglichkeiten der menschlichen Sprache[3]; Philosophie ist also auch insofern wieder eine spezifische Qualität menschlicher Existenz.

2. Historischer oder systematischer Ansatz

Der Weg in die Philosophie kann ein historischer oder ein systematischer (oder beides) sein. *Historisch* gehen wir vor, wenn wir die Gedanken bedeutender Philosophen der Vergangenheit nachzuvollziehen und zu verstehen versuchen, wobei das Verstehen die historischen Bedingungen berücksichtigen und die wesentliche Intention des Philosophen erfassen sollte. Hierin unterscheidet sich die Philosophie von den Einzelwissenschaften: Die Atomhypothese Daltons zur Erklärung der Gewichtsverhältnisse bei chemischen Verbindungen ist zwar heute noch Gegenstand des Chemieunterrichts, liegt aber längst jenseits der Thematik wissenschaftlicher Diskussionen. Die philosophische Atomhypothese der griechischen Philosophen des 5. vorchristlichen Jahrhunderts, Leukipp und Demokrit, ist aber noch im Gespräch, weil sie nicht nur zur Erklärung von Werden und Vergehen der Dinge die Existenz von Atomen und eines leeren Raumes postuliert, sondern auch Qualitäten auf Quantitäten zurückführt, den Gedanken eines übergreifenden Ordnungsprinzips durch den der mechanischen Notwendigkeit ersetzt und schließlich auch Psychisches und Geistiges materialistisch deutet. Und um wieviel mehr gilt solches für die Philosophie Platons oder Aristoteles', der Stoa oder des Augustinus, der Scholastik oder der Aufklärung. Damit soll deutlich werden, daß es zum Einstieg in philosophisches Denken höchst nützlich ist, sich mit einer Philosophiegeschichte auszurüsten und darin immer wieder zu lesen. Wir werden in dieser systematisch konzipierten Einführung lediglich Orientierungspunkte vermitteln.

In *systematischer* Sicht unterscheiden wir innerhalb der Philosophie eine Reihe spezieller Disziplinen, und zwar sind die wichtigsten: Logik, Erkenntnistheorie, Wissenschaftstheorie und Methodologie, sie befassen sich mit dem Denken und dem (wissenschaftlichen) Erkennen, die Frage nach dem Sein im allgemeinen stellt die Ontologie, nach dem Naturseienden die Naturphilosophie, nach dem Menschen die Anthropologie, über das was sein soll, über Werte und Moralen, reflektiert die Ethik, das Schöne, das uns in der Natur oder im Kunstwerk begegnet, ist Gegenstand der Ästhetik. Daneben gibt es sogenannte Bindestrich-Philosophien für spezielle Bereiche: Rechtsphilosophie, Geschichtsphilosophie, Religionsphilosophie, Philosophie der Mathematik, der Technik, der Sprache usw. Immer wieder faszinierend, aber auch immer wieder umstritten und bekämpft zeigt sich schließlich die Metaphysik. Von Aristoteles als „erste Philosophie" bezeichnet, fragt sie nach dem dem Physischen vorgelagerten „transzendenten" Sein, dem Ermöglichungsgrund der Phänomene und – wenn man so will – dem Sinn des Seienden. Daran erkennt man, daß *ein* Aspekt der Metaphysik die Ontologie ist, einen anderen bezeichnet man als „natürliche Theologie." Aber damit erreichen wir auch bereits Grenzen des philosophisch Fragbaren und Diskutierbaren, denn philosophisches Denken und Glaubensüberzeugungen muß man auseinanderhalten. Wir sagen – vereinfachend – : Philosophie spricht den Intellekt an, Religion den Menschen als Ganzheit.

3. Das Denken

„Nur durch Denken ist Wissenschaft möglich, denn Denken zielt auf Wahrheit, die Sinne vermitteln Lug und Trug." Zu dieser Position gelangten bereits Philosophen der frühesten Zeit des europäischen Denkens wie Heraklit und Parmenides, die beide zu Beginn des 5. vorchristlichen Jahrhunderts in Griechenland lebten. Interessant ist, daß beide – von einer Kritik der Sinneswahrnehmung ausgehend – zu ganz unterschiedlichen Behauptungen kommen: Heraklit findet den Trug der Sinne und den „Irrtum der Menge" darin, daß die Wahrnehmung den Menschen ein Sein *beharrender* Dinge vorspiegle, während es tatsächlich nichts Bleibendes gebe, nichts, das sich nicht ändere oder das einer Veränderung unverändert zugrunde liege, außer dem Rhythmus des Geschehens, den man später die Gesetzmäßigkeit nannte, die Ordnung, den logos der Welt. Parmenides umgekehrt macht die Sinne dafür verantwortlich, daß wir glauben, es gäbe – neben einer Vielzahl von Dingen – auch wirkliche Bewegung und *Veränderung*, wirkliches Werden und Vergehen, während doch nur eines sei und sein könne, das Sein; auf dieses ziele unser Denken. Nichtseiendes könne weder sein noch gedacht werden.

Dieser „Rationalismus" des frühen Denkens findet sich auch bei den Pythagoreern, hier unter der Annahme, daß erkennendes Denken mathematisches sei. „Die Zahl ist das Wesen der Dinge", so leitete man es aus der Musik und aus der Astronomie ab, und so erhob man es zum Prinzip der Wirklichkeit. Aber nicht nur erkennendes Denken kannten die Griechen, sondern auch „reines", d. h. nicht auf reale Dinge bezogenes Denken, ein Attribut, das bei Aristoteles der Vergeistigung des Gottesgedankens dient.

Denken ist „innerseelische Repräsentation in einem Vorstellungsraum." In ihm kann eine Handlung in der Vorstellung auf ihre Folgen überprüft werden, bevor diese tatsächlich hingenommen werden müssen. Dieser innere Vorstellungsraum ist – evolutionstheoretisch gesehen – der *Ursprung* allen Denkens[4] und damit auch des gerichteten Handelns, des Planens und der Wissenschaft.

Denken kann einmal die Bedeutung von „denken an" haben, d. h. sich an etwas erinnern, sich etwas vorstellen oder dem Denken „freien Lauf lassen." Andererseits gibt es wissenschaftliches Denken im Sinne von wissenwollendem Denken, das traditionell unter zwei Formen verstanden wird:

1. als „schauendes Denken" bezeichnet man eine Art intuitiven Erfassens des Wesens eines gegebenen Gegenstandes, ein Verfahren, das vor allem in der Phänomenologie üblich ist und über das wir unten berichten werden;

2. diskursives (schließendes) Denken, durch das wir über einen nicht unmittelbar gegebenen, also sozusagen „abwesenden" Gegenstand nachdenkend Wissen erlangen wollen. Zu diesem Schließen brauchen wir Prämissen und Schlußregeln. Prämissen (Annahmen) können wahr oder falsch, Schlußregeln fehlbar oder unfehlbar sein.

Und mit diesen Überlegungen betreten wir den Bereich der ersten philosophischen Disziplin, der Logik, die sich mit den Inhalten des Denkens unter formalem Gesichtspunkt befaßt. Sie ist in ihren Grundlagen das Werk des Aristoteles, doch sollte man berücksichtigen, daß die Logik bei Aristoteles nicht nur eine Lehre vom Denken ist, sondern auch die Grundstrukturen der Wirklichkeit wiedergibt. Ontologie und Logik gehören bei Aristoteles zusammen, Denken ist Denken von Seiendem.

Das wahrhaft Seiende aber, so hat es Aristoteles von seinem Lehrer Platon übernommen, ist das im Begriff zu fassende Allgemeine. Und die Ableitung des Besonderen aus dem Allgemeinen ist die exakteste Form wissenschaftlichen Beweisens. In dem Begriff „Ableitung", Deduktion, konzentriert sich die Wissenschaftstheorie des Aristoteles[5]. Wir werden nun aber dem historischen Gang der Logik nicht folgen, sondern sie zunächst einmal kurz in ihrer klassischen und dann in ihrer modernen Form darstellen. Letzteres ist vor allem deshalb notwendig, weil heute schon fast jeder Schüler, der sich für Computertechnik und Informatik interessiert, mit moderner Logik konfrontiert wird.

3.1 Die klassische Logik

Die klassische Logik gliederte sich in die Bereiche Begriffe – Urteile – Schlüsse. *Begriffe* sind bewußtseinsimmanente Gehalte, mit denen wir operieren, auch wenn sie sinnlich-anschaulich nicht vorstellbar sind. Im sprachlichen Ausdruck aber finden Gedanken, und damit auch Begriffe, ihre Materialisation, werden aus der Gestaltlosigkeit des Uns-Vorschwebens herausgehoben und mitteilbar. Deshalb kann man im Wort die Materialisation des Begriffs sehen. Aber damit stellt sich schon ein Problem: Das Wort ist Bestandteil einer Sprache und leitet seine Zulässigkeit aus der Semiotik des betreffenden Sprachsystems ab. Zur Semiotik gehören die Syntax, d. h. der formale Aufbau der Sprache, die Semantik, das ist die Bedeutung der sprachlichen Zeichen und die Pragmatik, worunter man die Wirkung der Sprachzeichen auf den Zeichenempfänger versteht. Damit aber gehen die Grenzen und Unzulänglichkeiten natürlicher Sprachen in die sprachlich-begrifflichen Ausdrucksmöglichkeiten ein. Solche Unzulänglichkeiten sind:

– Äquivokationen,
– die Möglichkeit sinnloser Wortverbindungen,
– die Möglichkeit zur Bildung sprachlicher Antinomien,
– die Unzulänglichkeit sprachlicher Mittel zur Beschreibung der Komplexität wirklicher Sachverhalte in gewissen Bereichen.

Unter Äquivokationen verstehen wir Mehrdeutigkeiten, z. B. das Wort „Tau." Eine sinnlose Wortverbindung ist z. B. der – syntaktisch richtig gebildete – Satz „Tugend singt gefrorene Integrale." Eine sprachliche Antinomie ist z. B. die folgende: Ich sage „Der Satz auf Seite 16 Zeile 20 dieses Textes ist falsch." Das Antinomische: Ist der Satz wahr, dann muß er falsch sein, weil er ja seine eigene Falschheit behauptet, ist er aber falsch, dann ist es falsch, daß er falsch ist, also ist er (in zweiwertiger Logik) wahr. Schließlich noch ein Beispiel für das letzte Argument: In der modernen Physik ist bekannt, daß man über die „Quantenphysik" nicht anders reden kann als in der inhaltsvollen Sprache der klassischen Physik, daß aber der Inhalt der klassischen Physik mit Wörtern wie Ort, Impuls, Teilchen, Kausalität die Gegebenheiten der Quantenphänomene nicht exakt wiedergeben kann. Deshalb sagt C. F. von Weizsäcker: Wir brauchen die Sprache der Makrophysik, um über Mikrophysik reden zu können. Doch wissen oder ahnen wir von jedem Wort, daß es nicht genau ein Gegebenes bezeichnet.

Zu der Antinomie ist noch zu erwähnen, daß diese und andere Antinomien den Logiker Alfred Tarski zu seiner Unterscheidung von *Objekt-* und *Metasprache* geführt haben. Tarski will nämlich die Antinomie dadurch beseitigen, daß er sagt, über einen Sachverhalt wird in einer Objektsprache gesprochen, über die Aussage selbst aber in einer Metasprache. Die Zuordnung von Wahrheitswerten („wahr" oder „falsch") jedoch darf nur in der Metasprache erfolgen, d. h. ein Satz darf nicht – wie oben im Beispiel – sein eigenes Wahrheitsprädikat enthalten. Beispiel: Wenn ich sage: „Bremen liegt an der Weser", dann ist das ein objektsprachlicher Satz. Will ich aber zum Ausdruck bringen, daß dieser Satz wahr ist, dann muß das metasprachlich geschehen: „Der Satz ‚Bremen liegt an der Weser' ist wahr" (was gleichwertig ist mit: „Es ist wahr, daß . . .").

Begriffe haben einen *Inhalt* und einen *Umfang*. Unter dem Inhalt versteht man die Gesamtheit der Merkmale, die von diesem Begriff erfaßt werden – man denke etwa an die Merkmale, die der Begriff Dackel erfaßt –, unter dem Umfang die Summe aller Gegenstände, die unter den Begriff fallen, hier also die Menge aller Dackel. An diesem Beispiel wird auch deutlich, daß man im Hinblick auf Gegenstände Individual-, Art- und Gattungsbegriffe unterscheiden kann. Ein klassisches Beispiel hierfür ist: „Sokrates" ist ein Individual-, „Mensch" ein Art-, „Sinneswesen" ein Gattungsbegriff. Aber es gibt auch noch andere Begriffe, Wertbegriffe zum Beispiel, Relationsbegriffe oder physikalische Begriffe. Deshalb stellt sich die Frage nach der *Definition* der Begriffe.

Eine bekannte, in ihren Möglichkeiten aber eingeschränkte Definition ist die „reale." Sie will das Wesen von Objekten einer Art (species) dadurch definieren, daß man die übergeordnete Gattung (genus) und den artbildenden Unterschied (differentia specifica) angibt. Beispiel: Der Mensch (Artbegriff) ist ein vernünftiges (artbildender Unterschied) Sinneswesen (Gattungsbegriff). Der Realdefinition gegenübergestellt wird oft die Nominaldefinition, die an die Stelle eines gegebenen Ausdrucks ein Wort setzt, so wenn wir z. B. das Wort „Schimmel" für „weißes Pferd" einführen.

In Anlehnung an die Definitionen in Mathematik und Logik, z. B. $A \rightarrow B \Leftrightarrow df \neg A \vee B$, zu lesen als „A impliziert B ist definitionsgemäß Nicht-A oder B," kennt man die (in den Naturwissenschaften gebräuchliche) operative Definition, z. B. $v = s/t$, gelesen als: „Geschwindigkeit ist gleich Weg durch Zeit", d. h. Definition durch Angabe eines Meßverfahrens oder auch eines Konstruktionsverfahrens. Dies rückt allerdings schon in die Nähe einer Beschreibung, wie sie z. B. in Lexika vorkommt: „Molekül: der kleinste Teil einer einheitlichen Substanz, der noch chemische Eigenschaften besitzt . . .", so in der „Brockhaus-Enzyklopädie"[6].

Die bisher genannten (expliziten) Definitionen setzen die Bekanntheit gewisser Begriffe, mit deren Hilfe neue definiert werden, voraus. Im letztgenannten Beispiel waren es Begriffe wie „Substanz" oder „chemische Eigenschaft." Umgekehrt war das Vorgehen von David Hilbert im mathematischen Bereich. Er legte widerspruchsfreie Aussagen (Axiome) fest, durch die er Begriffe dadurch „implizit" definierte, daß sie den vom Axiomensystem geforderten Eigenschaften genügen sollten. In der Geometrie z. B. wurde nicht vorausgesetzt, daß man mit den Begriffen Punkt, Gerade, Ebene schon bestimmte Vorstellungen verbindet, sondern es wurde lediglich verlangt, daß „gewisse Dinge" ganz bestimmte Eigenschaften haben sollten. Die Namen dieser „Dinge" waren Hilbert gleichgültig; man kann sie, sagte er einmal, Punkte, Geraden oder Ebenen nennen, mit gleichem Recht aber auch Tische, Stühle oder Bierseidel. Wir werden unten auf ein Axiomensystem der Aussagenlogik hinweisen, in dem die „Dinge", die diesem System entsprechen, recht unterschiedlich sein können.

Schließen wir damit unsere Betrachtung der Begriffe ab und wenden uns dem Thema *Urteile* zu. Heute spricht man in der Logik statt von einem Urteil von einer Aussage, ein nicht vollständig bestimmtes Urteil ist eine Aussageform. Wenn ein Kind an eine Hauswand kritzelt „x ist doof", so wird sich noch niemand beleidigt fühlen. Das ist eine Aussageform und noch keine Aussage und hat deshalb auch noch keinen Wahrheitswert. Setzt das Kind für x aber einen Subjektbegriff, z. B. einen Eigennamen, ein, dann sieht die Sache schon anders aus.

Wie das Wort die Materialisation des Begriffs, so ist der Satz die Materialisation des Urteils. Als Grundform eines Urteils verstand die klassische Logik die Formel „S ist P", wobei S für einen Subjektbegriff, P für einen Prädikatbegriff stehen und „ist" bzw. „ist nicht" die „Urteilskopula" bilden.

In verschiedene Beziehungen wurden die Urteile eingeteilt. Wichtig und noch heute von Bedeutung ist das folgende auf Immanuel Kant zurückgehende, hier gekürzte, Einteilungsschema, und zwar nach der

Quantität: universal: Alle S sind P
partikulär: Einige S (im Grenzfall ein einziges) sind P
Qualität: bejahend: S ist P
verneinend: S ist nicht P
Relation: kategorisch: S ist (unbedingt) P
hypothetisch: wenn Q R ist, dann ist S P
disjunktiv: S ist entweder P oder Q
Modalität: problematisch: S kann P sein
assertorisch: S ist (tatsächlich) P
apodiktisch: S ist notwendig P.

Dazu nun einige Erläuterungen: Die wichtigste Einteilung der Ur-

teile ist die nach *Quantität* und *Qualität*. Sie hat dazu geführt, daß man den entsprechenden Urteilen Kennbuchstaben zuordnete. So ist
– das a-Urteil allgemein bejahend,
– das e-Urteil allgemein verneinend,
– das i-Urteil partikulär bejahend und
– das o-Urteil partikulär verneinend.
Außerdem kann man sich an folgendem Schema die entsprechenden Urteilsgegensätze verdeutlichen:

Alle S sind P   Kein S ist P
= Kein S ist nicht P   = Alle S sind nicht P

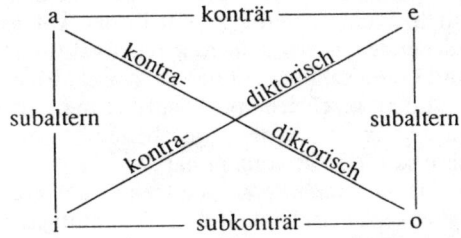

Einige S sind P   Einige S sind nicht P
(Mindestens ein S ist P)   (Mindestens ein S ist nicht P)

Der exakte Gegensatz eines Urteils ist der kontradiktorische. Zwei kontradiktorisch entgegengesetzte Urteile können weder gleichzeitig wahr noch gleichzeitig falsch sein. Mit anderen Worten: eines von beiden muß wahr sein und nur eines von beiden kann wahr sein. Konträre Urteile drücken polare Gegensätze aus (alle – kein), was natürlich Zwischenwerte zuläßt, so daß beide falsch sein können (Beispiel: Weder sind alle Menschen Mathematiker, noch ist kein Mensch Mathematiker), aber nicht beide wahr. Beim subkonträren Gegensatz können beide Urteile wahr, aber nicht beide falsch sein (Beispiel: Einige Menschen sind Mathematiker, einige Menschen sind nicht Mathematiker). Die Subalternation schließlich ist kein Gegensatz, sondern eine quantitative Unterordnung, die schon den alten Logikern bekannt war und in dem sogenannten dictum de omni et nullo (dem Satz von allen und keinem) Ausdruck fand: Was von allen gilt, gilt auch von jedem einzelnen, und was von keinem gilt, gilt auch nicht von einigen oder einem einzelnen.

Hinsichtlich der *Relation* ist zu beachten, daß das kategorische Urteil das Bestehen eines Sachverhaltes unbedingt behauptet, während das hypothetische Urteil lediglich auf den nexus (die Verknüpfung) von Vordersatz (Grund oder Ursache) und Hintersatz (Folge oder Wirkung) abzielt. Beispiel: „Wenn es regnet, wird die Straße naß." Dieser Satz gilt auch in einer Wüste, in der es niemals regnet, denn es geht nicht um die Frage, ob es regnet oder nicht, sondern um die Ursache-Wirkungs-Beziehung zwischen Regnen und Naßwerden der Straße. – Unter *Disjunktion* ist hier das ausschließende Oder (Exklusiv-Oder) zu verstehen, d. h. die Wahrheit des einen (P) schließt die Wahrheit des anderen (Q) aus (so Kant in der Kritik der reinen Vernuft). In der deutschen Sprache kennzeichnen wir das Exklusiv-Oder durch „entweder – oder", jedoch ist dieser Gebrauch nicht einheitlich. Weniger verbreitet ist in der Alltagssprache das nicht-ausschließende Oder, das die mögliche Wahrheit beider Alternativen (P und Q) einschließt (in der wissenschaftlichen Literatur auch als „und/oder" geschrieben). Beispiel: Eine Partei kommt in den Bundestag, wenn sie 5 % der abgegebenen Zweitstimmen und/oder 3 Wahlkreise direkt gewonnen hat.

Schließlich noch die *Modalitäten*: sie stehen unter den Gesichtspunkten Möglichkeit, Wirklichkeit und Notwendigkeit. „Möglich" in logischer Sicht heißt so viel wie „denkbar, nicht widersprüchlich." Dies ist das Behauptungsgewicht eines problematischen Urteils. Das assertorische Urteil unterscheidet sich vom (formal gleichen) kategorischen Urteil dadurch, daß es sein Behauptungsgewicht auf die bloße Tatsächlichkeit der Aussage – gegenüber Möglichkeit und Notwendigkeit – legt. Das apodiktische Urteil schließlich soll eine Denknotwendigkeit ausdrücken. Beispiel: Wenn a größer als b und b größer als c ist, dann ist a (notwendig) größer als c. Dieses, in der Mathematik als Transitivitätsgesetz bezeichnete Denkgesetz drückt eine Denknotwendigkeit aus, gilt aber auch in der Realität. Wenn eine Menge Stühle größer ist als eine Menge Menschen und die Menge Menschen größer als eine Menge Tische, dann ist die Menge Stühle (notwendig) größer als die Menge Tische.

Das letzte Kapitel der klassischen Logik soll dem Thema *Schlüsse* gelten. Wir schließen

a) unmittelbar, d. h. auf Grund der Beziehungen der Urteilsgegensätze,

durch Urteilsumkehrung oder

aus hypothetischen Urteilen,

b) mittelbar, d. h.   durch Syllogismen.

Zu a): Wir erinnern uns der Urteilseinteilung nach Quantität und Qualität und finden leicht folgende unmittelbare Schlußmöglichkeiten (+ stehe für wahr, – für falsch):

von + a auf – e, – o, + i; (also: wenn ein a-Urteil wahr ist, dann sind das entsprechende e- und o-Urteil falsch, das i-Urteil ist wahr),
von + e auf – a, – i, + o;
von – i auf + e, + o, – a usw.

Urteilsumkehrung bedeutet zunächst, daß man i- und e-Urteile einfach umkehren kann, d. h. wenn kein S P ist, dann ist kein P S, und wenn einige S P sind, dann sind einige P S. Man macht sich das am einfachsten durch Mengendiagramme klar, wie sie die Figuren 1 und 2 zeigen. Im ersten Fall haben die Umfänge der Mengen S und P kein gemeinsames Element, im zweiten Falle gibt es einen gewissen Durchschnitt, auf den sowohl S als auch P zutrifft.

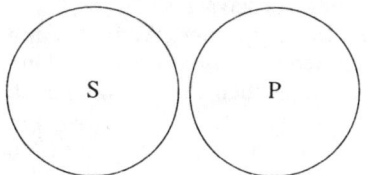
Fig. 1: e-Urteil

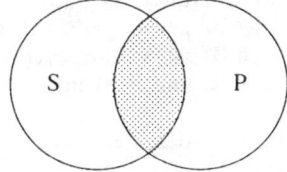
Fig. 2: i-Urteil

Schreibt man die Satzformeln so, daß man den Kennbuchstaben *zwischen* die Buchstaben der Eckbegriffe setzt, so ergibt sich für Umkehrungen folgende Darstellung:
SeP → PeS, SiP → PiS (der Pfeil ist als „wenn – dann" zu lesen). Das a-Urteil läßt sich – wie man leicht sieht – nur unter Abschwächung der Quantität umkehren, d. h. unter Umwandlung des allgemeinen Urteils in ein partikuläres. Dazu betrachte man nun die Figur 3: ein a-Urteil wird so dargestellt, daß der Umfang des S-Begriffs im Umfang des P-Begriffs enthalten ist, in Worten: alles, was unter S fällt, fällt auch unter P, alle S sind P. Wir sagen heute auch, die Menge S ist eine Teilmenge der Menge P. Nach Umkehrung heißt das: „Einige P sind S", bzw. formalisiert: SaP → PiS.

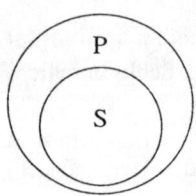

Fig. 3: a-Urteil

Nun zu den Schlüssen des hypothetischen Urteils. Angenommen, wir haben das Urteil „Wenn es regnet, wird die Straße naß", dann sind zwei Schlüsse logisch möglich. Entweder wir wissen, daß es regnet, dann schließen wir „Straße wird naß", oder wir wissen, daß die Straße nicht naß wird, dann schließen wir „es regnet nicht." Mit anderen Worten: wir können folgendes erschließen:

1. tritt die Aussage des Vordersatzes (antecedens) ein, dann tritt auch ein, was der Hintersatz (consequens) sagt, also: von der Wahrheit des Vordersatzes die Wahrheit des Hintersatzes;

2. tritt die Aussage des Hintersatzes nicht ein, dann kann auch nicht vorliegen, was der Vordersatz sagt, also: von der Falschheit des Hintersatzes die Falschheit des Vordersatzes.

Allgemeiner ausgedrückt heißt das: In der Formel „Wenn A, dann auch B" ist A hinreichend für B (sprachlich: *Immer wenn* A, dann auch B) und B ist notwendig für A (sprachlich: A *nur, wenn* auch B).

Insbesondere zeigt unser Beispiel auch, daß wir nichts schließen können, wenn die Aussage des Vordersatzes nicht eintritt, also wenn es nicht regnet. Denn die Straße kann ja aus anderen Gründen naß werden (A ist zwar hinreichend für B, aber nicht notwendig). Und wir können nichts schließen aus der Tatsache, daß B eintritt, weil auch dies durch eine andere Ursache als durch Regen bewirkt sein kann (B ist notwendig für A, aber nicht hinreichend). Diese Überlegung hat Bedeutung für die wissenschaftlichen Methoden, auf die wir noch zu sprechen kommen.

Zu b): Nun also zum mittelbaren Schließen, zur sogenannten *Syllogistik*. Da der Schluß ein komplizierteres Gedankengebilde ist als das Urteil, ist auch sein Wahrheitsanspruch komplizierter, genauer gesagt zweifach. Einmal nämlich erhebt jedes im Schluß enthaltene Urteil seinen Anspruch auf *Wahrheit*: wir schreiben A, und das bedeutet „A sei wahr." Zum anderen aber erhebt auch der Schluß als gedankliche Einheit den Anspruch auf *Folgerichtigkeit*. D. h. bei bestehender Folgerichtigkeit muß der Schlußsatz gemäß geltenden logischen Regeln aus den (konjunktiv verknüpften, d. h. durch „und" verbundenen) Vordersätzen folgen. Grundsätzlich sind die Wahrheit der am Schluß beteiligten Urteile und die Folgerichtigkeit des Schlusses auseinanderzuhalten. Wenn ein Schluß falsch ist (nicht folgerichtig), kann trotzdem der Schlußsatz (zufällig) wahr sein, und wenn ein Schlußsatz falsch ist, kann trotzdem richtig geschlossen worden sein; dann war eben ein Vordersatz (eine Prämisse) falsch.

Ein einfacher *Syllogismus* besteht aus zwei Prämissen, die in kategorischer Form gegeben sind und durch „und" verknüpft werden. Unter die Prämissen zieht man einen Strich und setzt den Schlußsatz darunter. Ein solcher einfacher kategorischer Syllogismus darf nur drei Begriffe enthalten, und zwar zwei „Eckbegriffe" und einen „Mittelbegriff", der nur zu vermitteln hat, selbst aber im Schlußsatz nicht mehr vorkommt. Dieser Mittelbegriff muß mindestens einmal allgemein sein, d. h. in seinem vollen Umfang genommen werden, damit folgender *Fehl*schluß ausgeschlossen ist:

Einige Menschen sind gebildet
Politiker sind einige Menschen

Politiker sind gebildet.

Hier ist „Menschen" der Mittelbegriff, der in beiden Prämissen partikularisiert ist, daher der Fehlschluß. Dem entspricht die logische Regel, daß nicht beide Prämissen partikuläre, also i- und/oder o-Urteile sein und nicht beide verneinende, also e- und/oder o-Urteile sein dürfen. Letzteres deshalb, weil, wenn ich nur weiß, daß A nicht B und B nicht C ist, keine Beziehung zwischen A und C erkennbar wird. Ich muß mindestens einmal eine positive Aussage haben.

Aristoteles hat festgelegt, daß im Syllogismus der P-Begriff der Oberbegriff (terminus major) sein und in der oberen Prämisse stehen sollte, der S-Begriff folglich als Unterbegriff (terminus minor) in der unteren Prämisse. So ergaben sich – mit M als Mittelbegriff – folgende Möglichkeiten (Figuren):

1. Figur:	MP	2. Figur:	PM	3. Figur:	MP	4. Figur:	PM
	SM		SM		MS		MS
	---		---		---		---
	SP		SP		SP		SP

Von diesen vier Figuren werden wir nur die erste betrachten; sie wurde von Aristoteles als eine Art Axiom von evidenter Wahrheit angesehen, und die anderen Figuren wurden deshalb zum Beweis ihrer Richtigkeit in logischen Schritten auf diese Figur zurückgeführt. Die erste Figur läßt – unter Berücksichtigung der obengenannten Schlußregeln und der Urteils-Kennbuchstaben – vier Modi (Urteilskombinationen) zu:

1. Modus: MaP	2. Modus: MeP	3. Modus: MaP	4. Modus: MeP
SaM	SaM	SiM	SiM
SaP	SeP	SiP	SoP

Der erste Modus ist wie folgt zu lesen:
Wenn alle M P sind und alle S M, dann sind alle S P.
Der zweite: Wenn kein M P ist und alle S M sind, dann ist kein S P.
Der dritte: Wenn alle M P sind und einige S M, dann sind einige S P.
Schließlich der vierte: Wenn kein M P ist und einige S M sind, dann sind einige S nicht P.
Als Unterstützung zur Nachprüfung der Schlüssigkeit dieser Modi kann man auf die Darstellung der Urteile durch Mengendiagramme wie in den Figuren 1 bis 3 zurückgreifen. Näheres hierzu siehe: W. Strombach: Die Gesetze unseres Denkens[7].
Damit man sich diese Modi leichter merken kann, haben mittelalterliche Logiker Merkwörter nach folgender Regel eingeführt: der erste Modus soll mit dem ersten Konsonanten des Alphabets beginnen, der zweite mit dem zweiten usw. Dann folgen als Vokale die Satz-Kennbuchstaben in der Reihenfolge der beiden Prämissen und des Schlußsatzes. Schließlich werden zur besseren Sprechbarkeit nach Bedarf zusätzliche Konsonanten eingeschoben. So ergeben sich folgende Merkwörter:
1. Modus: Barbara, 2. Modus: Celarent, 3. Modus: Darii, 4. Modus: Ferio.

3.2. Die moderne Logik

Zur modernen Logik gehören die Aussagenlogik, die Prädikatenlogik, die Normenlogik und mehrwertige Logiken, um nur die bekanntesten zu nennen. Unser Interesse gilt hier in erster Linie der

Aussagenlogik wegen ihrer hohen allgemein wissenschaftlichen Bedeutung; daneben werden wir Schreibweise und Grundbegriffe der Prädikatenlogik einführen. Im übrigen sei darauf hingewiesen, daß es sich dabei nicht um eine auch nur einigermaßen erschöpfende Einführung in die moderne Logik handeln kann, sondern lediglich um einen orientierenden Überblick. Interessenten sollten ergänzend ein Lehrbuch der modernen Logik zur Hand nehmen.[8]

Ist die klassische Logik im wesentlichen das Werk des Aristoteles, so geht die moderne Aussagen- und Prädikatenlogik vorwiegend auf Arbeiten von Mathematikern des 19. Jahrhunderts zurück, und zwar auf George Boole, Augustus de Morgan und Gottlob Frege. Ihre Weiterentwicklung ist mit den Namen Bertrand Russell, David Hilbert, Kurt Gödel und Alfred Tarski verknüpft, womit die Liste keineswegs vollständig ist. War die nach-aristotelische Logik nur wenig über den Meister hinausgegangen, die Kennbuchstaben der Urteile und die Namen der Schlüsse wurden ebenso eingeführt wie die 4. Schlußfigur oder die Betrachtung hypothetischer oder disjunktiver Schlüsse, so stellt doch der Übergang zur modernen Logik einen wesentlich fundamentaleren Einschnitt dar, der den Schwerpunkt in einer verstärkten Formalisierung hat. Sie umfaßt u. a. die Ablösung logischer Überlegungen von ontischen Bezügen, die Einführung von Junktoren-Symbolen und Wahrheitswertetafeln, die Axiomatisierung des Kalküls und die Einführung der Quantorenschreibweise mit Variablen, Konstanten und Relationen. Dies wird im einzelnen noch deutlicher werden.

Im Mittelpunkt der Aussagenlogik steht die Aussage, vergleichbar den bisher betrachteten Urteilen, also im Gegensatz zu Fragen, Wünschen, Befehlen eine einfache Behauptung. Die Aussagen müssen hinsichtlich ihres Wahrheitswertes (wahr oder falsch) eindeutig entscheidbar sein, und nur die Wahrheitswerte sind es, die den Logiker im Grunde interessieren, nicht der Inhalt der Aussagen. Deshalb setzt er an die Stelle einer Aussage einen Buchstaben. Logisch bedeutsam ist dann z. B. die Frage: Wenn wir eine Aussage a, die den Wahrheitswert „wahr" (W) habe, mit einer Aussage b, die den Wahrheitswert „falsch" (F) habe, durch den „Junktor" „und" verknüpfen, welchen Wert hat dann die „Konjunktion" $(a \wedge b)$? Die Buchstaben a, b, ... sind zunächst Aussagenvariable, belegt man sie mit einem Wahrheitswert, so wird daraus eine Aussage. Und um die Verknüpfung von Aussagen durch Verknüpfungsoperatoren, die *Junktoren*, geht es in der Aussagenlogik, die deshalb manchmal auch Junktorenlogik genannt wird.

Doch bevor wir diese Verknüpfungen betrachten, sei auf eine einstellige Operation hingewiesen, die *Negation*. Während es in der klassischen Logik manchmal schwierig sein kann, ein (komplexes) Urteil zu verneinen, besteht die Negation in der Aussagenlogik einfach in der Umkehr des Wahrheitswertes. Auch das ist ein Schritt zur Formalisierung. Symbole zur Darstellung der Negation gibt es in der Literatur leider mehrere; wir verwenden hier das Zeichen $\neg$, also nicht-a = $\neg$ a.

Daraus ergibt sich eine erste Wahrheitswertetafel:

a	$\neg$ a	$\neg \neg$ a
W	F	W
F	W	F

Die Tafel ist wie folgt zu lesen: Ist die Aussage a wahr, dann ist nicht-a falsch und nicht nicht-a wiederum wahr. Doppelnegation hebt sich also auf, d. h.: a $\Leftrightarrow \neg \neg$ a.

Entsprechendes gilt, wenn a falsch ist. Das Symbol $\Leftrightarrow$ heißt „logische Äquivalenz." Es ist kein Junktor, kein aussagenlogisches Operationszeichen, das Anweisung gibt, eine Verknüpfung vorzunehmen, sondern ein *metasprachliches* Zeichen, das etwas über einen logischen Sachverhalt sagt, nämlich daß die Ausdrücke links und rechts vom Symbol logisch gleichwertig und deshalb gegeneinander austauschbar sind.

Nun kommen wir zu den beiden Grundjunktoren Konjunktion und Disjunktion. Man nennt sie deshalb Grundjunktoren, weil alle übrigen Verknüpfungen auf diese beiden zurückführbar sind. Die *Konjunktion* ist eine „Und-Verknüpfung" (Symbol $\wedge$), die *Disjunktion* eine „Oder-Verknüpfung" im Sinne des einschließenden Oder (Symbol $\vee$).

Man sagt aus guten Gründen gelegentlich dafür auch Adjunktion, doch hat sich – nicht zuletzt durch den Gebrauch in der Schaltalgebra – der Ausdruck Disjunktion verfestigt. Der Werteverlauf dieser beiden Junktoren stimmt mit dem umgangssprachlichen Gebrauch völlig überein, d. h. die Konjunktion wird nur wahr, wenn beide Aussagenwerte (Argumentwerte) „wahr" sind und die Disjunktion nur falsch, wenn beide „falsch" sind. Beispiele: Der Satz „Das Essen ist gut und preiswert" ist nur wahr, wenn *beides* zutrifft, und der Satz „Ich gehe ins Kino oder ins Theater" nur falsch, wenn *beides* nicht zutrifft. Hier nun die entsprechenden „Wahrheitstafeln":

a	b	a ∧ b	a ∨ b
W	W	W	W
W	F	F	W
F	W	F	W
F	F	F	F

An diesen Tafeln erkennt man auch leicht, daß es Verknüpfungen gibt, die aus logischen Gründen nicht wahr und Verknüpfungen, die ebenso nicht falsch werden können. Erstere heißen *Kontradiktionen* (Beispiel: a ∧ ¬ a ⇔ F), letztere *Tautologien* (Beispiel: a ∨ ¬ a ⇔ W). In Worten bedeutet eine Kontradiktion, daß ein Sachverhalt, den die Aussage a aussagt, nicht gleichzeitig behauptet und bestritten werden kann; das ist ein Grundsatz der zweiwertigen Logik, der Satz vom *ausgeschlossenen Widerspruch.* Andererseits enthält eine Tautologie keine Information (Beispiel: „Ich komme oder ich komme nicht"; etwas anderes ist ja nicht möglich). Dieser logische Grundsatz heißt Satz vom *ausgeschlossenen Dritten* (tertium non datur). Der oben (S. 19) erwähnte kontradiktorische Gegensatz verknüpft die beiden Sätze derart, daß zwei kontradiktorische Urteile nicht beide wahr (Widerspruch), aber auch nicht beide falsch (ausgeschlossenes Drittes) sein können.

Für die alte Philosophie waren *Axiome* unmittelbar einsichtige (evidente) Wahrheiten, heute sind sie Setzungen, wie schon oben bei den impliziten Definitionen erwähnt wurde. Ein solches formales System, hier ist es die „Boolesche Algebra", kann man interpretieren. Die Boolesche Algebra ist interpretierbar

– als Aussagenlogik, wenn man die Variablen als Aussagen und die Verknüpfungsoperationen als Und- bzw. Oder-Verknüpfung deutet,

– als Mengenlehre, wenn man die Variablen als (endliche) Mengen und die Verknüpfungsoperationen als Schneiden und Vereinigen deutet,

– als Schaltalgebra, wenn man die Variablen als (geschlossene oder offene) Schalter und die Verknüpfungsoperationen als Reihen- oder Parallelschaltung deutet.

Wir wollen das an einem Beispiel zeigen und wählen dazu das sogenannte *Absorptionsaxiom* in der Form a ∧ (a ∨ b) ⇔ a. Seine Gültigkeit für die Aussagenlogik zeigt die folgende Wahrheitswertetafel:

a	b	a ∧	(a ∨ b)
W	W	W	W
W	F	W	W
F	W	F	W
F	F	F	F

Die Tafel sagt folgendes aus: Wenn man die Disjunktion „a oder b" (a ∨ b) bildet und die so gefundenen Werte (rechte Spalte) durch Konjunktion mit dem jeweiligen Wert von a verknüpft, erhält man einen Werteverlauf (unter dem Zeichen ∧), der genau dem Werteverlauf von a entspricht. Also ist der Formelausdruck a ∧ (a ∨ b) logisch gleichwertig mit a, d. h. die Variable b wird „absorbiert." Nun zur Mengeninterpretation. A und B seien zwei endliche Mengen. Das Symbol ∧ bedeute jetzt „schneiden", das Symbol ∨ „vereinigen." Nun sagt die Gleichung: Wenn wir die *Vereinigungs*menge der Mengen A und B mit der Menge A schneiden, dann erhalten wir die Menge A. An untenstehendem Diagramm kann man sich das leicht verdeutlichen. Man umfahre einmal mit einem Farbstift die Vereinigung der Mengen A und B und schneide dann mit einem anderen Farbstift die Menge A heraus. Was man erhält ist die Menge A.

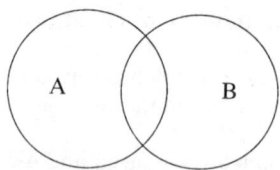

Fig. 4

Schließlich zur dritten Interpretation, zur Schaltalgebra. A und B seien jetzt Schalter, ∧ bedeute eine Reihenschaltung, ∨ eine Parallelschaltung. Die untenstehende Skizze zeigt links im Stromkreis eine Stromquelle, rechts eine Lampe. Die eingezeichnete Schaltung entspricht – wie man sieht – der Formel [A ∧ (A ∨ B)] und zeigt also, daß das Fließen eines Stromes bei dieser Schaltung allein von der Stellung der Schalter A (die natürlich für beide gleich sein muß) abhängt. Sind diese geschlossen (leitend), dann leuchtet die Lampe, ist A offen (nicht leitend), dann ist der Stromkreis unterbrochen. Also kann man die *ganze Schaltung* durch einen Schalter A ersetzen.

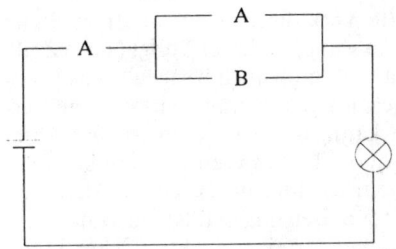

Fig. 5

Kommen wir zurück zur Aussagenlogik! Zwei weitere interessante Junktoren, die auch in der *Informatik* Anwendung gefunden haben, sind die Negationen von Konjunktion und Disjunktion, das „Nicht-Und" und das „Nicht-Oder." In der Informatik heißen sie demgemäß NAND-Funktion (von „negated and") und NOR-Funktion (von „negated or"); die Logik hat dafür u. a. die Begriffe Shefferstrich (Symbol |) und doppelter Shefferstrich (Symbol ‖). Hier nun die zugehörigen Definitionen und Wahrheitswerteverläufe, wobei daran erinnert sei, daß der Werteverlauf von „nicht-und" die Umkehrung des Werteverlaufs von „und" ist und der von „nicht-oder" die Umkehrung des einschließenden „oder": Shefferstrich: ¬ (a ∧ b) ⇔ a | b und doppelter Shefferstrich: ¬ (a ∨ b) ⇔ a ‖ b.

Dies ergibt nun folgende Tafel:

a	b	a ∣ b	a ‖ b
W	W	F	F
W	F	W	F
F	W	W	F
F	F	W	W

Ein besonders interessanter Fall ist der *Implikationsjunktor* (Symbol →):

a → b ⇔ df ¬ a ∨ b, d. h. die Implikation ist definiert als „nicht-a oder b."

a	b	a → b
W	W	W
W	F	F
F	W	W
F	F	W

Der Werteverlauf zeigt, daß die Verknüpfung nur an einer Stelle falsch wird, nämlich, wenn auf „a wahr" „b falsch" folgt (siehe Zeile 2). Mit anderen Worten: „wer a sagt, muß auch b sagen", was ja ein bekanntes Sprichwort ist. Insbesondere erkennen wir, daß die Verknüpfung nicht falsch werden kann, wenn a falsch ist, die Alten hatten dafür den Satz „ex falso quodlibet", aus einem Falschen folgt jedes Beliebige, oder wenn b wahr ist (hierfür hatten die Alten den Satz „ex quolibet verum", aus jedem Beliebigen folgt ein Wahres).

Im Gegensatz zu den hypothetischen Urteilen der klassischen Logik braucht bei der Implikation zwischen a und b (Vorder- und Hintersatz) kein *ontischer*, also kausaler oder Grund-Folge-Zusammenhang zu bestehen. In einem Lehrbuch der modernen Logik[9] steht für eine wahre Implikation das Beispiel: wenn 6 eine ungerade Zahl ist, besteht der Mond aus grünem Käse. Da es der modernen Logik nur um die Wahrheitswerte, nicht aber um die Inhalte der Aussagen geht, ist dies eine stets wahre Aussagenverknüpfung, unabhängig von der Beschaffenheit des Mondes, denn 6 ist ja keine ungerade Zahl. Auch dies ist ein Schritt zur Formalisierung.

Damit wollen wir unseren Überblick über die (wichtigsten) Junktoren beenden und noch kurz das aussagenlogische Schließen betrachten. Ein aussagenlogischer Schluß besteht aus einer oder mehreren Prämissen, die miteinander konjunktiv zu verknüpfen sind, und einem Schlußsatz (conclusio). Zwischen Prämissen und Schlußsatz besteht eine *logische Implikation*. Die logische Implikation (Symbol $\Rightarrow$) ist – wie die logische Äquivalenz – kein Junktor, sondern ein metasprachliches Zeichen, das eine Aussage über das Bestehen eines logischen Sachverhaltes machen soll, nämlich daß der Schlußsatz *logisch* aus den Prämissen folgt, daß er also quasi potentiell in den Prämissen schon enthalten und aus ihnen ableitbar ist.

Die beiden wichtigsten modi des aussagenlogischen Schließens sind der modus ponens und der modus tollens:

modus ponens		modus tollens	
(1)	$a \to b$	(1)	$a \to b$
(2)	a	(2)	$\neg b$
	b		$\neg a$

Es ist leicht, sich (z. B. mit Hilfe von Wahrheitswertetafeln) von der Richtigkeit dieser Schlußmodi zu überzeugen[10]. Der modus ponens bedeutet: wenn die erste Prämisse sagt „wenn a, dann b", die zweite „nun aber a", dann kann ich schließen, „also auch b." Der modus tollens: wenn die erste Prämisse sagt, „wenn a, dann b", die zweite

„b nicht", dann kann ich schließen „also auch nicht a." Und das entspricht genau dem, was wir im Kapitel „Klassische Logik" über das hypothetische Urteil „Wenn es regnet, wird die Straße naß" gesagt haben: wir können schließen von „es regnet" auf „Straße wird naß", und von „Straße wird nicht naß" auf „es regnet nicht." Kein Schluß ist möglich, wenn a falsch oder wenn b wahr ist.

Damit beenden wir den Teil „Aussagenlogik" und werfen nur noch einen Blick auf die Formalisierung *prädikatenlogischer* Aussagen, weil deren Kenntnis heute Voraussetzung für ein Verständnis wissenschaftstheoretischer oder methodologischer Abhandlungen ist, und diese gehören zum Bereich der systematischen Philosophie. Die Prädikatenlogik unterscheidet sich von der Aussagenlogik dadurch, daß sie die Aussagen nicht nur hinsichtlich ihres Wahrheitswertes, sondern auch nach Quantität und Qualität betrachtet, entsprechend der klassischen Einteilung der a-, e-, i- und o-Urteile. Zu diesem Zwecke wurden zwei Quantoren eingeführt, der Allquantor, Symbol $\wedge$, und der Existenzquantor, Symbol $\vee$. Auch in diesem Falle ist der Gebrauch der Symbole nicht einheitlich.

In der klassischen Logik sagten wir, die Grundform eines Urteils laute: S ist P. Heute setzt man dafür die Leerform „s ε P" oder einfacher „Ps." P ist eine Prädikaten- und s eine Subjektvariable. Die Aussageform „s ε P" oder „Ps" wird gelesen als: ein Subjekt s kommt einem Prädikat P zu. Sie ist offen für Interpretationen hinsichtlich des Subjekts wie auch des Prädikats. Als Bereich der Subjekte, mit denen unsere Subjektvariablen belegt werden können, kann man alle Gegenstände unseres Denkens und damit unseres Aussagens auffassen, ohne Rücksicht darauf, ob sie in der Wirklichkeit existieren oder bloße Fiktionen sind. Nicht so einheitlich ist der Bereich der Prädikate. Zunächst müssen wir bedenken, daß es ein- und mehrstellige Prädikate gibt. Einstellig ist z. B. „gelb", Beispiel: Die Banane ist gelb. Zweistellig ist „liebt", Beispiel: x liebt y. Dreistellig ist „liegt zwischen", Beispiel: 15 liegt zwischen 14 und 16. Mehrstellige Prädikate heißen auch *Relationen*, symbolisch „R", so daß man „x liebt y" schreiben kann: xRy oder auch Rxy.

Aber auch von ihrer inhaltlichen Seite her sind die Prädikate zu differenzieren. Einmal drücken sie eine Eigenschaft aus, die einem Gegenstand zukommt, ein andermal die Eigenschaft einer Eigenschaft. Von einer Kugel kann ich z. B. sagen „Die Kugel ist rot", von „rot" kann ich sagen „Rot ist eine Farbe." Ich kann aber nicht sagen „Die Kugel ist eine Farbe." Um hier keine Mißverständnisse aufkommen zu lassen, nannte man die Subjekte Ausdrücke der Stufe 0, die Prädikate von Subjekten Ausdrücke der Stufe 1, die Prädikate von Prädikaten Ausdrücke der Stufe 2 usw. Das gab die Möglichkeit festzulegen, daß ein Satz nur sinnvoll ist, wenn der Prädikatenausdruck um genau eine Stufe höher ist als der Subjektausdruck. Wir symbolisieren nun den Satz „Es gibt mindestens einen schwarzen Schwan." Dazu legen wir fest: F bedeute „Schwan", G bedeute „schwarz", x sei eine Subjektvariable. Dann schreiben wir: $\bigvee x$ $(Fx \wedge Gx)$, gelesen: es gibt ein x, das F und G ist; es gibt ein Ding, das ist ein Schwan und schwarz. Wollen wir dagegen sagen „Es gibt keinen schwarzen Schwan", dann negieren wir einfach den Quantor: $\neg \bigvee x\ (Fx \wedge Gx)$, gelesen: es gibt kein x, das F und G ist. Wir sehen, daß die Existenzaussagen eine Formalisierung der partikulären Urteile darstellen. In der Klammer finden wir eine Konjunktion der Prädikate, die wir von einem Subjekt (x) aussagen wollen.

Nun zu den Allaussagen. Als Beispiel betrachten wir den Satz „Alle Lebewesen sind sterblich." Hier wird nicht wie bei der Existenzaussage ein konkreter Einzelfall ins Auge gefaßt, sondern es soll *generalisiert* werden: wenn irgend etwas ein Lebewesen ist, dann ist es auch sterblich. Wir brauchen also in der Klammer eine Implikation. Stehe jetzt F für Lebewesen, G für sterblich, dann heißt das Beispiel formalisiert: $\bigwedge x\ (Fx \to Gx)$, gelesen: für alle x gilt, wenn x F ist, dann ist x auch G. Und wieder wird die Aussage negiert durch Negation des Quantors: $\neg \bigwedge x\ (Fx \to Gx)$, was gleichbedeutend mit der Aussage ist, daß es mindestens ein x gibt, das F und nicht G ist, in Formel: $\bigvee x\ (Fx \wedge \neg Gx)$.

Damit ist unser Überblick über die Logik beendet. Wir haben gesehen, daß hier die formal-deduktive Seite unseres Denkens voll zum Tragen kommt. Dabei haben wir nur einen kleinen Teil des gesamten Komplexes vorgestellt. Nach unseren Erfahrungen ist die Beschäftigung mit der Logik eine gute Schule des exakten Denkens, um das sich eigentlich jeder bemühen sollte. Trotzdem ist der etwas spöttische Vers Goethes (Faust I, Schülerszene) amüsant:

Mein teurer Freund, ich rat' Euch drum,
zuerst Collegium Logicum.
Da wird der Geist Euch wohl dressiert,
in spanische Stiefel eingeschnürt,
daß er bedächtiger so fortan
hinschleiche die Gedankenbahn,
und nicht etwa, die Kreuz und Quer'
irrlichteriere hin und her.

3.3 Denkmethoden

Heute ist es weitgehend üblich, derartige syntaktische Operationen der Maschine zu überlassen, die so etwas schnell und präzise ausführt. Aber die Dimensionen menschlichen Denkens sind weiterreichend. „Denken bezeichnet eine qualifizierte Aktualität des Intellekts", sagt Hermann Krings, „die nur im Kontext mit Aktualitäten des Wissens wie Wahrnehmung, Beobachtung und Erinnerung, Vorstellung, Intuition, intellektueller Anschauung und Glauben begriffen werden kann,"[11] wesentlich aber dem Modus der Wahrheitsfindung gilt.

Eine sehr bedeutende Methode wissenschaftlichen Denkens haben wir schon in der fomalen Logik kennengelernt, die *deduktive*. Deduzieren heißt ableiten, schließen. Da Gegenstände in Begriffen gedacht und in Worten materialisiert und Sachverhalte in Aussagen gedacht und in Sätzen materialisiert werden, vollzieht sich das Schließen bzw. Ableiten von einem Satz auf einen anderen, wobei – wie wir gesehen haben – unmittelbar oder mittelbar geschlossen werden kann. Für das Schließen brauchen wir Schlußregeln. Regeln geben Anweisungen darüber, was getan werden kann oder soll; ein Gesetz sagt, was ist. Die beiden wichtigsten Schlußregeln sind der modus ponens und der modus tollens. Hier zur Erinnerung noch einmal die beiden Schemata:

$$\text{modus ponens:} \quad \frac{\begin{array}{l} a \to b \\ a \end{array}}{b} \qquad \text{modus tollens:} \quad \frac{\begin{array}{l} a \to b \\ \neg b \end{array}}{\neg a}$$

Das Problem bei diesen beiden Schlußregeln ist, daß die erste Prämisse ein Universalurteil sein muß, d. h. in prädikatenlogischer Schreibweise sehen die beiden modi folgendermaßen aus:

$$\text{modus ponens:} \quad \frac{\begin{array}{l} \wedge x \, (Px \to Qx) \\ \vee x \, (Px) \end{array}}{\vee x \, (Qx)} \qquad \text{modus tollens:} \quad \frac{\begin{array}{l} \wedge x \, (Px \to Qx) \\ \neg \vee x \, (Qx) \end{array}}{\neg \vee x \, (Px)}$$

Ein Schlußsatz ist aber – wie wir wissen – nur dann mit Sicherheit wahr, wenn
1. der Schluß folgerichtig ist und
2. die Prämissen wahr sind.
Nun ist es aber – was noch zu zeigen ist – im Erfahrungsbereich

unmöglich, eine Universalaussage zu verifizieren (als wahr zu beweisen). Und deshalb kann man sagen, daß deduktives Schließen nur innerhalb formaler Systeme möglich ist, d. h. wenn die Gültigkeit allgemeiner Aussagen logisch, z. B. durch Axiomatisierung, gesichert ist. Ein aus Axiomen deduktiv gewonnener Satz ist stets wahr, gilt aber auch nur innerhalb des Kalküls.

Die empirischen Wissenschaften sind deshalb zu einem anderen Schlußverfahren gezwungen; wir nennen es *reduktives* oder in dem speziellen Fall *induktives* Schließen. Damit ist folgendes gemeint: der Deduktionsschluß geht – wie gezeigt – von der Wahrheit des Vordersatzes einer Implikation (der Bedingung) auf die Wahrheit des Hintersatzes (des Bedingten) oder von der Falschheit des Hintersatzes (das Bedingte trifft nicht zu) auf die Falschheit des Vordersatzes (also kann auch die Bedingung nicht erfüllt sein). Der Reduktionsschluß geht demgegenüber – logisch unzulässig – von der Wahrheit des Hintersatzes auf die Wahrheit des Vordersatzes, also formal:

Deduktion: $a \rightarrow b$ oder $a \rightarrow b$ Reduktion: $a \rightarrow b$
$$\frac{a}{b} \qquad \frac{\neg b}{\neg a} \qquad \frac{b}{a}$$

Der Reduktionsschluß heißt insbesondere dann „Induktion", wenn a eine Verallgemeinerung von b ist; Beispiel: Wenn alles Eisen rostet (a), dann rosten auch die Stücke x, y, z, die vor mir liegen (b). Nun rosten aber die Stücke x, y, z (b), also rostet alles Eisen (a). Genau das ist aber die Methode, die z. B. ein Naturwissenschaftler anwenden muß, um zu allgemeinen Gesetzesaussagen zu kommen, denn er kann ja immer nur eine begrenzte Menge von Fällen untersuchen. Der *generalisierende Schluß* „also rostet alles Eisen", ist logisch deshalb nicht exakt, weil – wie oben gezeigt – das Rosten der Stücke x, y, z (also die Wahrheit von b) zwar notwendig ist für die allgemeine Aussage, aber nicht hinreichend. Ein reduktives aber nicht induktives Verfahren wenden u. a. die historischen Wissenschaften an. Daß wir den Schwerpunkt dieser Betrachtungen auf die Naturwissenschaften legen, liegt daran, daß in diesem Bereich die Methodendiskussion am weitesten fortgeschritten ist.

Nun erkennt man leicht eine gewisse Asymmetrie zwischen Verifikation und Falsifikation in den induktiven Wissenschaften (Näheres dazu unten S. 76). Hat nämlich ein Naturwissenschaftler eine Hypothese A aufgestellt, so wird er überlegen, welche Folgerungen

B sich daraus ergeben, die er zu überprüfen versuchen wird. Stellt er dabei fest, daß B nicht zutrifft, also $\neg$ B, so ist logisch gesehen die Annahme A schon widerlegt, denn von $\neg$ B wird auf $\neg$ A gültig geschlossen. Stellt er aber fest, daß B zutrifft, so ist logisch gesehen noch gar nichts bewiesen. Die Annahme A hat sich lediglich bewährt, kann aber trotzdem schon durch das nächste Experiment widerlegt werden. Deshalb kann man auch nicht von einer wirklichen Verifikation von A durch Experimente an B sprechen, sondern die Hypothese wird nur zunehmend wahrscheinlich. Die Sätze B, mittels deren die Hypothese A bestätigt oder widerlegt werden soll, nennt man Basis- oder Protokollsätze. Anders nun bei den Existenzaussagen: $\bigvee$x (Px $\wedge$ Qx). Diese sind grundsätzlich durch Aufweis eines konkreten Falles verifizierbar, dagegen nicht falsifizierbar, weil ja nicht auszuschließen ist, daß genau der behauptete Sachverhalt im nächsten Moment eintreten wird oder in vergangenen Zeiträumen schon einmal eingetreten ist.

Ein Protokollsatz kann z. B. die Feststellung enthalten: Ich habe am ... unter den und den Bedingungen das und das gemessen. Mehrere solcher Sätze bilden die Basis für das Aufstellen von Hypothesen und Theorien (Theorien vereinigen mehrere Hypothesen zu einem umfassenderen System). Manche Autoren sehen in den Basissätzen gewissermaßen die Antwort der Natur selbst auf vom Menschen gestellte Fragen.

Andere wenden dagegen ein, daß auch in der „Antwort" bereits theoretische Elemente enthalten seien, so z. B. wenn Begriffe wie Spannung, Stromstärke, Koinzidenz, Gleichzeitigkeit usw. vorkommen, die doch auf menschlichen Setzungen beruhen. Deshalb gelte als Ausgangspunkt von Theorienbildung stets ein Vorwissen, das aus Erfahrungs- und theoretischen Elementen zusammengesetzt ist.

Hypothesen sind allgemeinere Aussagen, aus denen Voraussagen abgeleitet und experimentell überprüft werden können. Soweit die Hypothese solcher Überprüfung standhält, wird ihre Gültigkeit zunehmend wahrscheinlich. Erscheint sie hinreichend *justifiziert*, so wird die Hypothese zu einem Gesetz. Das Gesetz selbst aber bedarf seinerseits einer Erklärung aus noch umfassenderen Annahmen. Sind diese hinreichend allgemein, so werden sie nicht nur das eine Gesetz, sondern auch noch andere Gesetze erklären; man spricht dann von einer Theorie. Dabei wird die Theorie Begriffe enthalten, die in den Gesetzen noch nicht vorkommen und deshalb mehr als nur Verallgemeinerungen sind. I. M. Bocheński veranschaulicht den Zusammenhang von Theorie (T), Hypothesen (H) und Protokollsätzen (P) durch das folgende Schema[12]:

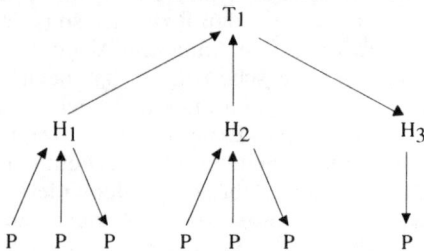

So enthalten empirische Wissenschaften also zwei Arten von Aussagen: Protokollaussagen, die im wesentlichen auf Erfahrung gründen, und Hypothesen (Gesetze) und Theorien, also Aussagen, die vorwiegend theoretischer Natur sind, die daher mehr durch Denken zustande kommen und insofern auch mehr die theoretischen Elemente enthalten. Wir werden uns später noch die Frage stellen, was zu tun ist, wenn konkurrierende Theorien einander gegenüberstehen.

Also ist leicht einzusehen, daß in der praktischen Methodik der Naturwissenschaften Induktion und Deduktion ineinandergreifen. Friedrich Dessauer hat schon in seinem bemerkenswerten Buch „Naturwissenschaftliches Erkennen" auf die vier Schritte des experimentierenden Naturwissenschaftlers hingewiesen:

1. Schritt: Bildung einer vorläufigen Hypothese, einer Modellvorstellung, einer antizipierenden Annahme über den vermutlichen Zusammenhang. Dieser Schritt ist deduktiv, weil er vom bisherigen Wissen ausgeht, Folgerungen jedoch offen läßt.

2. Schritt: Analytisch-isolierende Präzisierung des Experiments, Ausschaltung oder Bestimmung störender Einflüsse.

3. Schritt: Durchführung des messenden Experiments, Ermittlung von Zahlenpaaren abhängiger und unabhängiger Variabler.

4. Schritt: Synthetisierung der Resultate aller Messungen (Versuchsreihen) und Auskristallisierung des Gesetzes in Form einer mathematischen Funktion.

Daher sind ein intuitiver Entwurf, eine technisch geschickte Ausführung des Versuchs und eine mathematische Zusammenschau der Resultate die entscheidenden Momente der naturwissenschaftlichen Methode. Auf die Bedeutung einer Modellvorstellung hat schon vor über 100 Jahren Heinrich Hertz – freilich aus dem Blickwinkel der klassischen Physik – hingewiesen: „Wir machen uns innere Scheinbilder oder Symbole der äußeren Gegenstände, und zwar machen wir sie von solcher Art, daß die denknotwendigen Folgen der Bilder stets wieder Bilder seien der naturnotwendigen Folgen der abgebildeten Gegenstände."[13] Dies veranschaulicht folgendes Schema:

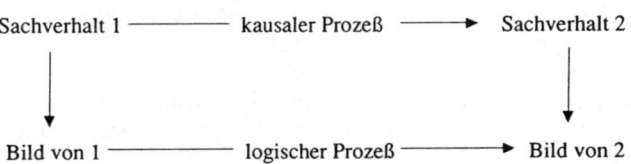

Von hier aus liegt ein Vergleich nahe mit der Methode des Problemlösens, die heute von Informatikern angewandt wird. Dabei spielt der Begriff des Modells eine wichtige Rolle. Jedes Objekt der menschlichen Sinneserfahrung, sagt Miloš Lánský, weist Stofflichkeit und Struktur auf. Daraus ergibt sich die Möglichkeit, Eigenschaften von Objekten zu untersuchen und die so gewonnenen Ergebnisse auf strukturgleiche oder auf strukturähnliche Objekte, *Modelle*, zu übertragen; man nennt das auch isomorphes bzw. homomorphes Abbilden. So haben wir z. B. oben die Aussagenlogik als Modell einer Booleschen Algebra kennengelernt. Modelle lassen sich in vier Typen klassifizieren: physikalische, graphische, mathematische und Simulationsmodelle.

Da die zunehmende Komplexität der zu untersuchenden Objekte in mathematischer und technischer Hinsicht große Schwierigkeiten bereitete, lag der Gedanke nahe, eine Art „technischen Baukastens" zu konzipieren, mit dessen Hilfe für möglichst viele Originalobjekte entsprechende Simulationsmodelle nach bestimmten Regeln gebaut werden konnten. Dank der fortschreitenden Elektronik und der Entwicklung von Algorithmen (Rechenprogrammen) gelang dies mittels des Computers.

Um nun ein Simulationsmodell zu einem dynamischen Originalobjekt mit Hilfe des ‚Baukastens' Computer zu bauen, sind nach Lánský folgende fünf Schritte notwendig:

1. Systemanalyse.

   Mit ihrer Hilfe soll am Originalobjekt dessen Struktur festgelegt werden, die dann durch schrittweise Modellierung abgebildet werden soll.

2. Logisch-mathematisches Modellieren.
   Die logisch-mathematische Durchdringung der festgelegten Struktur führt zu einem abstrakten Modell, das die wesentlichen Züge von Datenstrukturen und Algorithmen aufweist (Algorithmieren).
3. Programmieren (sprachliches Modellieren).
   Das algorithmische Modell wird auf eine objektivierte Form – das Programm – mit Hilfe einer für den Computer verständlichen Sprache gebracht (Software).
4. Realisieren des Computermodells.
   Der Computer wird mittels seiner Systemsoftware aktiviert und mit dem Programmmodell in ein „Computermodell" umgewandelt.
5. Interpretieren.
   Die Untersuchung des Computermodells mit Hilfe des (menschennahen) Outputs ermöglicht die Rückinterpretation der Ergebnisse auf das Originalobjekt.[14]

Theorie und Praxis dieser fünf Schritte machen im wesentlichen Methode und Gegenstand der Informatik aus. Dies führt Lánský dazu, die Informatik zu bestimmen als eine „Lehre über die Konstruktion von Simulationsmodellen zu dynamischen Originalobjekten durch gezielte Synthese der Elemente eines technischen Baukastens." Deshalb ist sie Technik und Strukturwissenschaft zugleich und deshalb eben auch unter methodologischem Gesichtspunkt von besonderem Interesse. Wir stellen die Methode der Informatik schematisch dar:

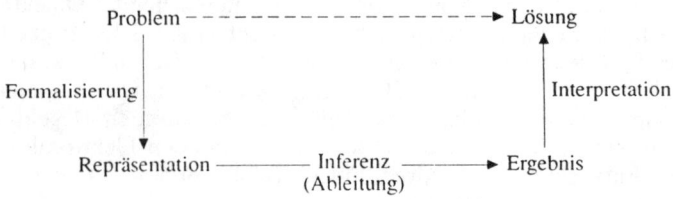

Strukturen also sind es, die den – formalen – Gegenstand der Informatik bilden. Strukturen gehören zu Systemen und Ganzheiten. Die Forderung nach systemtheoretischem oder ganzheitlichem Denken gehört heute zu den Grundgegebenheiten naturwissenschaftlich-technischer Ausbildung. Deshalb noch ein Blick auf die Begriffe Struktur, System, Ganzheit.
„Vor dem Begriff des Systems steht derjenige der Menge."[15] Eine

(endliche) Menge ist eine – gedankliche – Zusammenfassung von Objekten, die dadurch entsteht, daß man entweder die Elemente der Menge aufzählt oder ein definierendes Merkmal angibt (z. B. „Die Menge aller Studenten im Hörsaal 100"). Jedenfalls kommt es darauf an, daß man in bezug auf jedes Objekt entscheiden kann, ob es zur Menge gehört oder nicht. Eine Menge wird strukturiert, indem wir Beziehungen zwischen den Elementen festlegen. Damit wird die Menge zu einem System, und die Gesamtheit der Beziehungen nennen wir die Struktur des Systems. Die Struktur ist unabhängig von der Beschaffenheit der Elemente und der Art der Beziehungen. Deshalb sind isomorphe und homomorphe Abbildungen auf andere Mengen möglich[16]. Eine isomorphe Abbildung ist umkehrbar eindeutig, bei einer homomorphen Abbildung gibt das Bild das Original nur vergröbert wieder (z. B. wenn ein Haushaltsplan Einzelpositionen zu Titeln zusammenfaßt oder eine Eisenbahnkarte nur Knotenpunkte enthält).

Strukturen nennt Bertrand Russell einmal „logische Fiktionen", ein andermal spricht er davon, daß Strukturen „die Welt erfüllen". Dennoch muß man davon ausgehen, daß Strukturen grundsätzlich Produkte des Denkens sind. Wenn ich sage „Essen liegt westlich von Dortmund", so mache ich zwar eine Aussage über eine geographische Struktur, und ich kann diese geographische Struktur in eine kartographische übersetzen und zu Papier bringen, indem ich u. a. festsetze: „ ‚westlich von' in der Wirklichkeit bedeute ‚links von' auf der Karte." Trotzdem gibt es in der Wirklichkeit nur die Städte Essen und Dortmund, die Beziehung „westlich von" ist bereits eine Festlegung von Geographen, man sagt in der Philosophie, sie ist ein „ens rationis cum fundamento in re", ein Gedankending mit einer Grundlage in der Wirklichkeit, in dieser aber ebenso wenig auffindbar wie etwa der 51. Breitengrad.

Systemtheorie und Systemanalyse gewannen an Bedeutung, als man fand, daß für die Untersuchung von Netzwerken, Kreislaufprozessen, Interaktion und Telekommunikation lineare Kausalitätsbetrachtungen nicht mehr ausreichten. Andererseits wollten die Begründer der Systemtheorie den Begriff der Ganzheitlichkeit wissenschaftlich strenger fassen und – wie oben erwähnt – formale Isomorphien in den Strukturen von Theorien über materiell unterschiedliche Sachverhalte aufdecken.[17] Zunächst stellen wir deshalb die Frage nach dem *ganzheitlichen Denken*, das ein Erbe der aristotelisch-thomistischen Tradition ist.

Sie umfaßt einen ontologischen und einen operationalen Aspekt.

Für letzteren ist wichtig einzusehen, daß ganzheitliche Tätigkeit – im strengen Sinne – das Entfalten einer höheren Zwecktätigkeit oder Strebigkeit bedeutet, die das Ganze ausgestaltet oder wenigstens erhält und die aus den Teilen des Ganzen und deren Kräften allein nicht erklärbar ist, so daß in jedem Fall zur Ermöglichung der ganzheitlichen Tätigkeit ein ganzheitstiftender Faktor (Entelechie) hinzutreten muß. Das ist wohl auch der Punkt, an dem ganzheitliches und systemtheoretisches Denken am deutlichsten auseinandergehen, obwohl heute der Begriff Ganzheit schon oft ohne Hinzunahme eines solchen Faktors angewandt wird, so beispielsweise wenn John Briggs und David Peat von einem mächtigen Schwung des ganzheitlichen Ansatzes in der Wissenschaft sprechen[18].

Demgegenüber unterschied der Biologe Rainer Schubert-Soldern noch ganz im traditionellen Sinne merogene und hologene Systeme: Lasse sich in einem natürlichen System die Systemgesetzmäßigkeit in eine Summe von Einzelgesetzmäßigkeiten analysieren, dann nannte er das System (unter Verwendung Driesch'scher Ausdrücke) merogen; sei eine solche Analyse nicht möglich, hieß es hologen. Hologene Systeme seien Ganzheiten. Aber auch die Ganzheiten sollten nochmals unterschieden werden: Schubert-Soldern nannte sie merogen konstituiert, wenn das ganzheitliche Verhalten aus Kräften resultiere, die den Konstituenten immanent seien, und hologen konstituiert, wenn diese dazu nicht ausreichen, so daß transzendente Potenzen hinzutreten müßten, wie es bei lebenden Ganzheiten der Fall sei. Diese Richtung nannte man *Vitalismus* im Gegensatz zum *Mechanismus*, der alle Lebensphänomene auf seine materiellen Elemente zurückführen wollte. Beide Formen gelten heute als praktisch überholt.

Schon Ludwig von Bertalanffy, der Vater der modernen Systemtheorie, betonte zwar einerseits mit Hans Driesch den Ganzheitscharakter organischer Gebilde – „das Ganze ist mehr als die Summe seiner Teile" – lehnte aber andererseits den vitalistischen Entelechialfaktor ab und suchte deshalb mit Hilfe des Systembegriffs, speziell dem der offenen Systeme, eine Antwort auf Fragen zu geben, die man bisher nur meinte vitalistisch oder mechanistisch beantworten zu können. Ein offenes System tauscht Materie, Energie oder Information mit der Umgebung aus. Zur Beschreibung seines ganzheitlichen Verhaltens führte v. Bertalanffy die Begriffe ‚Fließgleichgewicht' und ‚Äquifinalität' ein. Der erstgenannte Begriff deutet an, daß es sich um einen Gleichgewichtszustand handelt, ohne daß alle Strömungsgrößen null sind, der zweite, daß solche Zustände von verschiedenen Anfangsbedingungen aus und/ oder auf verschiedenen Wegen erreichbar sind. Als v. Bertalanffy erkannte, daß die Struktur biologischer Organisationen, die als Modell eines offenen Systems beschrieben werden können, häufig isomorph zu Problemstrukturen anderer Disziplinen ist, erweiterte er die spezifisch biologische Systemauffassung zu einer allgemeinen Systemtheorie.

Trotz der Vielzahl der Systemdefinitionen lassen sich, so bemerkt Herbert Fuchs, die für die Begriffsbildung wesentlichen Merkmale auf die Begriffe ‚Elemente‘, ‚Beziehungen‘ und ‚Eigenschaften‘ zurückführen[19]. Fuchs verweist darauf, daß Systeme sich in hierarchischer Ordnung befinden können, daß sich die Beziehungen einteilen lassen in a) reale oder ideale, b) natürliche oder künstliche, c) zeitabhängige oder zeitunabhängige, d) aktive oder inaktive, e) einseitige oder wechselseitige, ferner daß man die Austauschgrößen Materie, Energie und Information als Strömungsgrößen bezeichnet, die auch null werden können, und daß man Systeme schließlich noch nach den Merkmalen ‚Seinsbereich‘ (real – ideal), ‚Entstehung‘ (künstlich – natürlich) und ‚Umweltbeziehung‘ (geschlossen – offen) klassifizieren kann.

Schließlich sollte noch der Hinweis von Günter Ropohl beachtet werden, daß der Systembegriff neben dem schon erwähnten hierarchischen Aspekt noch einen funktionalen und einen strukturalen umfaßt. Im strukturalen Konzept werde das System als Ganzheit miteinander verknüpfter Elemente betrachtet; es gehe um die Vielfalt möglicher Beziehungsgeflechte oder m. a. W. um die integrale Qualität des Systems. Im funktionalen Konzept werde das System als Black Box aufgefaßt, das durch bestimmte Zusammenhänge zwischen äußeren Eigenschaften gekennzeichnet sei, d. h. das Interesse gelte hier den Verhaltensweisen. Das hierarchische schließlich betone den Umstand, daß die Elemente eines Systems wiederum als Systeme, das System selbst aber seinerseits als Element eines umfassenderen Systems angesehen werden könne. So ergeben sich die Begriffe Subsystem – System – Supersystem. Bewegt man sich in der Hierarchie abwärts, dann erhält man eine detailliertere Erklärung des Systems, aufwärts dagegen ein tieferes Verständnis seiner Bedeutung.

In verbaler Umschreibung ist ein System nach Ropohl eine Ganzheit, „die (a) Beziehungen zwischen bestimmten Attributen aufweist, die (b) aus miteinander verknüpften Teilen bzw. Subsystemen besteht und die (c) auf einem bestimmten Rang von ihrer

Umgebung abgegrenzt bzw. aus einem Supersystem ausgegrenzt wird."[20]

Ein Sonderfall systemtheoretischen Denkens ist das kybernetische, das im wesentlichen auf John von Neumann und Norbert Wiener zurückgeht. Gegenstände der Kybernetik sind dynamische Systeme, Strukturen, Regelkreise. Regeln heißt Aufrechterhaltung einer bestimmten Gleichgewichtslage (Sollwert oder Führungsgröße genannt) durch Steuervorgänge und Rückkopplung, also durch ‚Selbststeuerung' des Systems. Dieses Denken hat in vielen Bereichen Anwendung gefunden, so z. B. in der Betriebswirtschaft, Biologie, Psychologie, Pädagogik, Soziologie, Philosophie und auch in der Neurophysiologie.

Hierfür erwähnen wir exemplarisch Humberto R. Maturana. Maturana bedient sich gerne kybernetischer Begriffe wie Input und Output, Homöostase und Variable, Transformation und Wandler, besonders aber des für ihn zentralen Begriffs autopoietischer Systeme. Erklärt werde ein System dadurch, daß die Relationen, die es in seiner besonderen Art definieren, begrifflich oder konkret reproduziert werden. Die Erklärung könne – insbesondere im Hinblick auf lebende Systeme – mechanistisch oder vitalistisch sein. Eine mechanistische liege dann vor, wenn die Systemeigenschaften als aus der *Organisation* des Systems resultierend verstanden werden, eine vitalistische, wenn man sie als Eigenschaften der *Bestandteile* des Systems deutet.[21]

Die Organisation eines Systems beziehe sich auf die spezifische Mitwirkung seiner Bestandteile an der Konstitution der Einheit und insofern auf die *Relationen* zwischen den Bestandteilen, die schließlich ein System als Einheit auszeichnen. Lebende Systeme seien autopoietische Systeme (autos = griech. selbst, poiein = griech. machen). Sie werden als „sich selbst erzeugende Systeme" bezeichnet, die auch ihre eigenen Grenzen festlegen und aufbauen. Präziser gesagt: eine autopoietische Organisation wird bestimmt als ein Netzwerk der *Produktion* von Bestandteilen, wobei die Bestandteile

– durch ihre Interaktionen an den Prozessen des Netzwerkes, das sie selbst erzeugt hat, mitwirken (man nennt das rekursives Mitwirken) und

– durch ihre Existenz dieses Netzwerk im Raume als eine Einheit verwirklichen.

Als Beispiel nennt Maturana eine Zelle: „Eine Zelle ist ein Netzwerk chemischer Reaktionen, die Moleküle derart erzeugen, daß sie 1. durch ihre Interaktionen genau das Netzwerk an Reaktionen erzeugen bzw. an ihm rekursiv mitwirken, welches sie selbst erzeugte, und die 2. die Zelle als eine materielle Einheit verwirklichen".[22] Daher bleibe die Zelle als natürliche Einheit auch nur so lange erhalten, wie ihre Organisation durch dauernde Interaktion mit der Umwelt und fortwährenden Umsatz von Materie beständig verwirklicht wird.

Nachdem wir uns bis jetzt vorwiegend mit Denkmethoden des technisch-naturwissenschaftlichen Bereichs beschäftigt haben (die auch heute von herausragender Aktualität sind), soll noch kurz erklärt werden, warum wir die Methode der historischen Wissenschaften als reduktives, aber nicht induktives Verfahren (oben S. 34) bezeichnet haben. Diese Methode geht aus von der Erforschung und Kritik verfügbarer Quellen, um unter dem Gesichtspunkt eines bestimmten Forschungsproblems Einsicht in historische Zusammenhänge zu gewinnen. Ihr Ausgangspunkt ist also durchaus empirisch, und in die Erkenntnis und Deutung der Quellen geht das Vorwissen des Wissenschaftlers ein, nicht anders als in den Naturwissenschaften auch. Die Feststellung der Glaubwürdigkeit der Dokumente jedoch und ihre Wertung sind erheblich schwieriger als es bei den Protokollaussagen von Laborberichten der Fall ist. Schließlich wird aber auch der Historiker – ähnlich wie der Naturwissenschaftler – auf Grund des historischen Materials eine Hypothese oder Theorie aufstellen und diese durch weitere Forschungen zu justifizieren (oder zu falsifizieren) versuchen. Und das geschieht mittels der besprochenen logischen Verfahren, wobei allerdings der Schluß vom Hintersatz (B) auf den Vordersatz (A) in der Regel keine Verallgemeinerung von B ist. Denn in den historischen Wissenschaften interessiert mehr das Besondere als das Allgemeine, und sie suchen auch nicht Gesetze aufzustellen (nomothetisch), sondern die individuelle Erscheinung zu beschreiben (idiographisch), wie schon Wilhelm Windelband[23] bemerkt hat. Deshalb also der oben erwähnte Hinweis. Allgemein kann man sagen: Realwissenschaftliche Tätigkeit geht entweder auf Beschreiben dessen, „was der Fall ist bzw. war" oder auf Erklärung, „warum etwas der Fall ist bzw. war." Das *erklärende* Verfahren herrscht in den Naturwissenschaften vor, es will ein Ereignis (Explanandum) unter bestimmten Randbedingungen (Antecedensbedingungen) aus einer allgemeinen Gesetzmäßigkeit ableiten, d. h. die Frage beantworten „auf Grund welcher Gesetze und kraft welcher Antecedensbedingungen kommt dieses Phänomen vor?" Und es ist leicht einzusehen, daß in logischer Hinsicht zwischen einer Erklärung und einer Voraussage (Prognose) kein

Unterschied besteht.[24] Der Begriff der *Beschreibung* wird seit Dilthey primär auf die Geisteswissenschaften bezogen. „Das Denken der geisteswissenschaftlichen Beschreibung", sagt F. Kaulbach, „sorgt dafür, daß diese Gegenstände nicht auf die Sprache eines abstrakt-fixierten Modells gebracht werden, daß sie z. B. nicht in den Käfig des Raumzeitkoordinatensystems gezwungen werden. Vielmehr treten sie frei in die Erscheinung und zeigen sich so, wie sie selbst sind. Wer die Charaktere des Geistes beschreibt, befaßt sich nicht mit Abbildern der ‚Sachen', die er beschreibt. Vielmehr faßt er die Sache selbst ins Auge."[25]

„Zu den Sachen selbst" aber ist das Motto der *Phänomenologen*. Und so kommen wir mit der folgenden Überlegung, die gleichzeitig das Kapitel „Denkmethoden" abschließen soll, noch auf zwei für die Geisteswissenschaften bedeutsame Methoden zu sprechen, auf die Phänomenologie und auf die Hermeneutik.

Im induktiven Verfahren des Naturwissenschaftlers gewinnt ein Protokollsatz seine Bedeutung erst im Kontext einer Hypothese oder einer Theorie, in der phänomenologischen Methode geht es gerade darum, mitgebrachte Einstellungen, Theorien, auszuschalten, um die Dinge „rein, von ihnen selbst her" zu sehen, sie möglichst nahe und unverfälscht vor das schauende Bewußtsein zu bringen. Und dieses – geistige – Schauen zielt nicht auf Zufälligkeiten des Daseins, sondern auf das „pure Was", auf das Wesen der Dinge. Es gründet daher in *Intuition* und *Evidenz*. Der Begriff der Evidenz wird in einem ersten Sinne auf die Selbst*gegebenheit* eines Urteilsgegenstandes bezogen, und zwar derart, daß man sagt, ein Sachverhalt sei evident, wenn er in seinem Selbst, in seiner „wesensmäßigen Beschaffenheit" einsichtig ist. In dieser Hinsicht spricht man auch von noematischer (noema = das Gedachte) Evidenz. In einem weiteren Sinne bezieht man den Begriff der Evidenz aber auch auf die Bewußtseinsvorgänge, durch die ein Sachverhalt in seinem Selbst *erfaßt* wird. Und in bezug darauf bedeutet Evidenz Erschauen oder intuitives Erfassen von Sachverhalten in ihrer Selbstgegebenheit. Man nennt diese Art noetische (noesis = das Denken) Evidenz. Im Grunde aber gehören beide zusammen. Die noematische Evidenz bildet als Selbstgegebenheit eines Sachverhaltes den letzten objektiven Gewißheitsgrund der Erkenntnis, während in der in ihr fundierten noetischen Evidenz, dem Erschauen des selbstgegebenen Sachverhaltes, die Gewißheit von der Wahrheit des Urteils subjektiv gewonnen wird. Man mag ein begründendes Verfahren noch so weit vorantreiben, die letzte Gewißheit des „So ist es" ist nicht mehr ein Akt der Logik, sondern ein intuitives Innewerden oder geistiges Schauen eines Verhaltes. Daß dies möglich und notwendig ist, ist eine Grundüberzeugung aller Phänomenologen. Wie gesagt lautet eine Hauptregel der Phänomenologie: „Zu den Sachen selbst"! Unter „Sachen" ist hier das Gegebene (das „Phänomen") zu verstehen. Und die phänomenologische Methode glaubt als Weg hierzu die „Reduktion" gefunden zu haben, die Einklammerung dessen, was wir üblicherweise, in „natürlicher Einstellung", in jede Erkenntnis hineinlegen: alles Subjektive, Traditionelle, Theoretische. Nur die gegebene Sache soll sprechen, soll geschaut werden. Diese Wesensschau kann durchaus von einem sinnlichen Sehen begleitet sein, z. B. wenn man versucht, durch Wahrnehmen eines konkreten roten Gegenstandes das Wesen „Rot" zu erfassen oder die Ähnlichkeit von Rot und Orange, die Unähnlichkeit von Rot und Grün oder die unterschiedliche Länge zweier Strecken. Aber es kann sich auch um Phänomene der inneren Vorstellung handeln, die unsinnlich geschaut werden. Denn die Frage nach der konkreten Existenz des zu schauenden Phänomens wird ebenfalls eingeklammert. Insofern will auch die unsinnliche Schau keine Erkenntnis sein, sondern wird als Voraussetzung von Erkenntnis überhaupt verstanden. „Schau", so sagt der Phänomenologe Aloys Müller, „ist eine *geistige* Tätigkeit und eine nicht gerade leichte Angelegenheit. Jeder einigermaßen fähige Kopf kann Schlüsse ziehen, aber die Fähigkeit des Schauens ist weit dünner gesät".[26]

Der Begriff der *Hermeneutik* ist eng gekoppelt mit dem der historischen Interpretation, d. h. dem Verstehen historischer Zeugnisse und ihrer Einordnung in einen Sinnzusammenhang, und zwar mit dem Ziel, „eine (zeitlich, räumlich oder ‚sozial' definierte) ‚historische Situation' in ihrer Eigenart möglichst genau und angemessen zu durchschauen und zu erfassen"[27]. Hierbei ergibt sich zwangsläufig der sogenannte hermeneutische Zirkel: die historischen Zeugnisse erhellen sich gegenseitig. Wir müssen A kennen, um B zu verstehen, aber erst durch B wird uns A verständlich. Oder mit anderen Worten: unser historisches Wissen stammt aus Quellen, aber diese werden uns erst auf Grund eines Vorwissens (z. B. hinsichtlich der Zuverlässigkeit der Quellen) verständlich. Deshalb sagt Helmut Seiffert mit Recht: „Wir fangen einfach irgendwo an" und verschaffen uns so ein Vorverständnis des in Frage stehenden Sinnzusammenhangs, in den wir sukzessive weitere Zeugnisse einordnen. Dabei kann eine solche Interpretation auch über das, was der Verfasser eines Textes gewollt oder gesagt hat, hinausführen, weil sie das Werk in einen Bedeutungszusammenhang hineinstellt, der vielleicht aus heutiger Sicht klarer hervortritt, als es dem Autor selbst bewußt geworden ist. Diesen Gedanken weiterführend ist die Methode der Hermeneutik bei Dilthey das Bestreben, den Menschen aus ihm selbst als Glied der geschichtlich-gesellschaftlichen Welt zu verstehen, bei Heidegger die immanente Sinnauslegung der Welt ohne transzendente Setzungen.[28]

4. Das Erkennen

Denken, insbesondere wissenschaftliches Denken, steht im allgemeinen im Dienste des Erkennenwollens. Erkennenwollen und Handelnwollen begreifen wir als die beiden Grundfunktionen menschlichen (bewußten) Wollens. Sie erstrecken sich auf das Ich (das Selbst), die Mitmenschen (Gemeinschaft), die Natur (die nicht-menschliche Umwelt) und das Geistige (Transzendente). Jeder Bereich bedarf einer spezifischen Erkenntnishaltung ebenso wie spezifischer Handlungsstrategien. Auf die Probleme des Handelns kommen wir später zu sprechen; hier erörtern wir zunächst das Erkennen. Beim Erkennen des Ich geht es um die unmittelbare, reflektierende Selbsterfahrung, hinsichtlich der Mitmenschen um verstehenden Mit- und Nachvollzug des kommunikativ Erfahrenen, im Hinblick auf die Natur um rational-begriffliche Erklärung und Systematisierung des empirisch Gegebenen und schließlich im geistigen Bereich um den Versuch intuitiven Erfassens immaterieller – oder wenn man will metaphysischer – Wirklichkeit. Hierzu das nachstehende Schema:

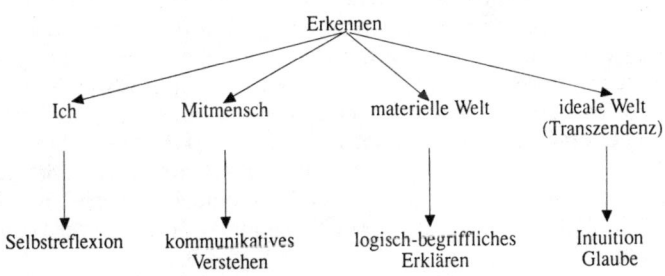

Wir gehen davon aus, daß es möglich ist, zu wahrer Erkenntnis zu gelangen, obwohl diese Position nicht unbestritten ist. Die Gegenposition ist die Skepsis. Skeptiker sind keine unangenehmen Menschen. Sie sind in der Regel kritisch, zurückhaltend und tolerant. Sie suchen niemanden zu bekehren und lassen jeden nach seiner Fasson selig werden, weil sie mangels einer allgemein-objektiven

Wahrheitserkenntnis jedem seine subjektive Überzeugung zugestehen. Sie sind also ganz anders als manche Dogmatiker, die auf der vermeintlich einzigen unabdingbaren Wahrheit bestehen, in deren Besitz zu sein sie glauben, und die alle anderen Auffassungen – vorsichtig formuliert – für etwas beschränkt halten.

Allerdings gibt es innerhalb der Skepsis Varianten, d. h. sie kann universell oder partiell auftreten: die universelle richtet sich gegen die Erkennbarkeit der Wahrheit jedes Urteils überhaupt, die partielle bezweifelt nur die Berechtigung bestimmter Urteile (z. B. apriorischer)[29]. Ferner kann man beide Arten noch einmal unterteilen in eine absolute und in eine relative, d. h. auf die derzeitige Erkenntnissituation beschränkte Unfähigkeit zur Wahrheitserkenntnis. Grundsätzlich widerlegbar erscheint nur die universelle Variante der Skepsis, deren These „es gibt keine Wahrheitserkenntnis" selbst als wahres Urteil verkündet wird, wodurch diese Art von Skepsis – in gewisser Weise – in Widerspruch zu sich selbst gerät. Auf die anderen Formen der Skepsis werden wir später zurückkommen.

Wir beginnen unsere Überlegungen zu diesem Kapitel mit der Frage nach den Quellen und der Reichweite menschlichen Erkennens und stoßen dabei gleich auf einige Grundbegriffe, die zunächst erläutert werden sollen. Die Quellen menschlicher Wahrheitserkenntnis können in der Sinneserfahrung oder im Denken liegen. Demgemäß unterscheiden wir den Empirismus (Empirie = Erfahrung) und den Rationalismus (ratio = Denken, Vernunft). Hinsichtlich der Reichweite stehen sich gegenüber der (erkenntnistheoretische) Realismus, der annimmt, daß es uns möglich sei, die Dinge so zu erkennen wie sie wirklich beschaffen sind, ja in gewisser Weise ihr Wesen zu erkennen, und der (erkenntnistheoretische) Idealismus, der einen grundsätzlichen Einfluß des erkennenden Subjekts auf die Erkenntnis behauptet. Die beiden Klammervermerke „erkenntnistheoretische" zeigen an, daß die beiden Begriffe „Realismus" und „Idealismus" auch noch in anderer Hinsicht verwendet werden.

4.1 Der Empirismus und der Positivismus

In reiner Form besagt der Empirismus, daß als Erkenntnisquelle allein die Sinneserfahrung in Betracht komme, wobei der Begriff „Sinne" zumeist auch den inneren Sinn, die innere Wahrnehmung einschließt. Historisch gesehen begegnet uns der Empirismus schon in der Antike, z. B. bei Epikur, findet aber dann seinen Schwerpunkt bei britischen Philosophen, beginnend im 14. Jahrhundert mit dem *Nominalismus* Wilhelms von Ockham (oder Occam). Der Nominalismus bestreitet die Existenz allgemeiner Wesenheiten, d. h. von Seiendem, das in Allgemeinbegriffen, wie z. B. im Begriff Mensch oder Dreieck, gedacht wird. Sein Gegensatz ist der *Universalienrealismus* – wir haben hier wie angedeutet einen anderen Gebrauch des Begriffs „Realismus" –, der als Grundlage der Allgemeinbegriffe von allen individuellen Bestimmtheiten unabhängige und abgelöste Wesenheiten postuliert. D.h. nach dem (strengen) Universalienrealismus existieren das Wesen „Mensch" oder das Wesen „Dreieck" unabhängig von eventuellen Konkretisierungen in tatsächlichen Menschen oder in wirklichen Dreiecken. Der Nominalismus hält dagegen, daß diese Allgemeinbegriffe nur Namen (= nomen) seien, durch die wir Dinge mit gewissen Gemeinsamkeiten zusammenfassen. Es gibt, so Ockham, nur Individuen, und das genügt. Begriffe (Termini) haben keine reale Bedeutung, sie sind lediglich Zeichen für jene Dinge der realen Welt. Da also nur das Individuelle Wirklichkeit hat, ist die Erfahrung und nicht die Abstraktion Grundlage der Erkenntnis.

1620 veröffentlicht Ockhams Landsmann Francis Bacon (von Verulam) sein Novum Organum scientiarum, in dem er den Empirismus methodisch fixiert. Das Denken der Menschen ist voller Vorurteile, Bacon nennt sie *Idole.* Um die Wissenschaft zu reformieren, ist zweierlei notwendig:

1. Rückgriff auf Erfahrung und Experiment und
2. Reinigung des Geistes von Vorurteilen und Trugbildern.

Die Trugbilder (Idole) sind von vierfacher Art:

1. Idole der Gattung, d. h. resultierend aus dem Wesen des Menschen. Wir verzerren und verfälschen die Außenwelt, denn unser Verstand gleicht einem Spiegel, der die Strahlen der Dinge ungleichmäßig reflektiert.
2. Idole der Höhle: Jeder einzelne hat – außer den allgemeinen Verirrungen der menschlichen Natur – seine besondere ‚Höhle', bedingt durch Erziehung, Umgang und spezifische Anlagen.
3. Idole des Marktes sind Irrtümer, die durch den Verkehr mit anderen, durch die Sprache, durch den Zeitgeist würde man heute sagen, hervorgerufen werden.
4. Idole des Theaters schließlich beinhalten das gläubige Nachsprechen von Meinungen der Autoritäten. Manches philo-

sophische System ist wie ein Märchen, das erdichtet wurde, um auf der Bühne eines Theaters aus der Welt eine Fabel zu machen.

Mit diesen Thesen hat Bacon Denkanstöße gegeben; zur Ausführung sind erst Spätere gelangt. So zunächst die beiden bedeutenden englischen Philosophen des 17. und des 18. Jahrhunderts John Locke und David Hume.

Lockes Erkenntnistheorie ruht auf zwei Grundannahmen: 1. Es gibt keine angeborenen Ideen, 2. Alle Erkenntnis stammt aus der Erfahrung.

Zu 1. Zunächst wendet sich Locke gegen die von Rationalisten wie z. B. René Descartes vertretene These von der Existenz angeborener Ideen (ideae innatae). In Meditationes de prima philosophia III, 7 sagt Descartes: „Von diesen Vorstellungen (ideae) aber, scheint es, sind die einen mir angeboren, andere erworben, wieder andere von mir selbst gemacht. Denn daß ich verstehe, was ein ‚Ding' (res), was ‚Wahrheit', was ‚Bewußtsein' (cogitatio) ist, das, scheint es, habe ich nur aus meiner eigenen Natur ...". Dagegen wendet Locke ein, man berufe sich in der Frage der Begründung dieses Satzes auf einen allgemeinen Konsens (consensus gentium), und es sei sicher richtig, daß, wenn es angeborene Ideen gäbe, diese auch allgemeine Zustimmung finden müßten. Der umgekehrte Schluß jedoch, von einem allgemeinen Beifall von Ideen auf deren Angeborensein zu schließen, sei zu bestreiten. Im übrigen aber gäbe es ja gar keine allgemeine Zustimmung und auch keine allgemeinen Grundsätze, die generell anerkannt würden, weder im theoretischen noch im praktischen Gebiet. Im praktischen nicht, denn verschiedene Völker zu verschiedenen Zeiten hätten unterschiedliche moralische Grundsätze, und im theoretischen nicht, denn selbst Sätze, die auf allgemeine Geltung Anspruch erheben, wie etwa die Sätze der Logik, seien bei Kindern, Idioten, Wilden und völlig Ungebildeten überhaupt nicht vorhanden. Wären die Ideen aber angeboren, so müßten alle von frühester Kindheit an davon wissen, denn wenn etwas im Verstand sei, dann müsse es auch gewußt werden. Die ersten Erkenntnisse, so Locke weiter, betreffen überhaupt keine allgemeinen Sätze, sondern Einzeleindrücke. Denn lange ehe das Kind den logischen Satz des Widerspruchs erkannt habe, wisse es, daß süß nicht dasselbe wie bitter ist. Gibt es aber keine angeborenen Ideen, dann ist der Verstand von Geburt an eine tabula rasa, ein leerer Raum, ein weißes Blatt Papier, auf das nichts geschrieben ist.

Zu 2. Also könne es doch erst die Erfahrung sein, die jene Schriftzüge aufprägt. Alle Ideen kommen aus der Erfahrung, und auf dieser ruht alle Erkenntnis. Die Erfahrung aber der (einfachen) Ideen kommt aus zwei Quellen, aus äußerer und aus innerer Wahrnehmung, sensation und reflection. Sie geben dem Verstand seine Ideen, sie sind die Fenster, durch die das Licht der Ideen in den dunklen Raum des Verstandes hineinfällt. Unter sensation versteht Locke die Vermittlung der einfachsten Ideen wie Farben, Töne usw. durch die Sinne, ggf. auch durch mehrere Sinne, unter reflection das Gewinnen von Ideen, die im Menschen selbst erlebt werden wie Denken oder Wollen. Aus den einfachen Ideen bildet der Verstand schließlich komplexe, d. h. Ideen der Eigenschaften (Modi), der Relationen und der Substanzen. Aber damit erschöpft sich auch der Bereich menschlichen Wissens, denn über die Ideen können wir nicht hinauskommen. Schließlich gilt ja der empiristische (im Grunde scholastische) Satz: es ist nichts im Verstand, was nicht in der Sinnlichkeit war (nihil est in intellectu, quod non fuerit in sensu).

Locke war aber kein konsequenter Empirist. Einmal ließ er Sinnesqualitäten zu, die den Dingen selbst zukommen sollten, „primäre" Qualitäten wie Ausdehnung, Undurchdringlichkeit, Bewegung usw. (im Gegensatz zu den „sekundären", die lediglich Empfindungen von uns sind wie Farbe, Geruch, Geschmack), zum anderen war es die Substanzidee, von der er meinte, sie unterscheide sich von allen anderen komplexen Ideen dadurch, daß sie eine Idee sei, die ihren Archetyp (Urbild) außer uns, in der objektiven Realität also, habe, während die anderen komplexen Ideen von unserem Geist beliebig gebildet werden. Hier also setzen Lockes Nachfolger an: George Berkeley schaltet den Substanzbegriff aus und reduziert das Sein der Dinge auf ihr Wahrgenommenwerden. Ein Körper ist das, was wir an ihm wahrnehmen; ohne ein wahrnehmendes Ich ist er nichts. „Nur die Philosophen suchen dahinter noch etwas anderes, Geheimnisvolles, Abstraktes, das sie selbst nicht sagen können"[30]. Daran anknüpfend vollendet David Hume den Empirismus: wenn der Verstand eine tabula rasa ist, auf der nur Wahrnehmungen ihre Eindrücke hinterlassen, dann kann die Substanz logischerweise hier nicht vorgefunden werden, denn Substanzen sind nicht wahrnehmbar. Also muß die Substanzidee eine subjektive Vorstellung sein. Und das gilt auch für unsere eigene Substantialität. Was ist das Ich denn anderes als ein Komplex von Empfindungen und Vorstellungen (a bundle of ideas)? So folgt aus Berkeley und Hume gemeinsam, daß die ‚Seele' nichts ist als eine Mannigfaltigkeit von Empfindungs- und Vorstellungs*funktionen,* das ‚äußere Ding' nichts als eine Mannigfaltigkeit von Empfindungs- und Vorstellungs*inhalten*[31].

Von dieser Position aus tritt Hume schließlich an eine Kritik des Kausalbegriffs heran: Woher wissen wir, fragt er, daß zwei Dinge in einem Kausalverhältnis stehen? Wir wissen es weder a priori (erfahrungsfrei), denn jede Wirkung ist ein von ihrer Ursache verschiedener Erfolg. Daher kann sie nicht in der Ursache entdeckt werden. Wir wissen es aber auch nicht aus der Erfahrung, denn die Erfahrung bietet uns nur die zeitliche Aufeinanderfolge zweier Tatsachen, nicht jedoch eine kausale Verknüpfung. Übrig bleibt also nur die Gewohnheit, gewisse Modi immer beisammen zu sehen; und so machen wir in unserer Vorstellung aus dem zeitlichen Verhältnis (dem post hoc) ein kausales (ein propter hoc). Mit dem Kausalbegriff gehen wir über das in der Wahrnehmung Gegebene hinaus. Allein die Sätze der Mathematik wie z. B. der pythagoreische Lehrsatz oder die Axiome des Euklid lassen sich durch bloße Denktätigkeit, unabhängig von irgendeiner Existenz in der Außenwelt auffinden und bewahren doch ewig ihre Gewißheit und Evidenz. Dies schließlich auch noch anzuzweifeln wurde eine Angelegenheit des Positivismus, so z. B. John St. Mills Versuch, die Logik auf empirisch-positivistischen Boden zu stellen, gleichzeitig aber auch der Kausalität wieder zu ihrem Recht zu verhelfen.

Die Begründung des *Positivismus* fällt in die erste Hälfte des 19. Jahrhunderts; das Wort wurde von Auguste Comte zur Kennzeichnung seiner Denkweise gebraucht. Sie soll am Tatsächlichen sich orientieren, Unnützes meiden, exakt Bestimmtes und Fixierbares leisten. Dies demonstriert Comte am „Dreistadiengesetz", wenngleich das Gesetz selbst schon von Saint-Simon stammt. Nach ihm vollzieht sich menschliches Denken im einzelnen wie in der Menschheit überhaupt in drei Stadien: zuerst im theologischen oder fiktiven, dann im metaphysischen oder abstrakten, schließlich im wissenschaftlichen oder positiven Stadium. Im ersten Zustand sind die Untersuchungen auf die innere Natur der Dinge, die ersten Ursachen und die letzten Ziele gerichtet. Im metaphysischen Stadium treten an die Stelle übernatürlicher Mächte abstrakte Kräfte oder Wesenheiten, letztlich zusammengefaßt als ‚Natur' als Quelle aller Erscheinungen. Im positiven Stadium schließlich erkennt der Mensch, daß es nutzlos ist, theologische oder metaphysische Erkenntnisse gewinnen zu wollen. „Alle guten Köpfe", sagt Comte,

„erkennen heute, daß unsere wirklich brauchbaren Studien ausschließlich der Analyse der Phänomene gelten, um ihre tatsächlichen Gesetze, d. h. ihre konstant bleibenden Beziehungen der Folge oder Ähnlichkeit zu entdecken" (Ähnlichkeit und Folge gehörten neben der räumlichen und zeitlichen Berührung bereits zu den Grundsätzen der Humeschen Assoziationspsychologie). Comtes Leitsatz lautete: Savoir pour prévoir, prévoir pour prévenir (Wissen, um vorauszusehen, voraussehen, um vorzubeugen); dies als Ergänzung zu dem Baconschen Satz: Wissen ist Macht.

Im deutschen Sprachraum wurde der Positivismus gegen Ende des 19. und zu Beginn des 20. Jahrhunderts vor allem durch Ernst Mach, Ernst Haeckel und Wilhelm Ostwald in etwas simpler Form vertreten, bis dann der *Wiener Kreis* entstand, der eine erkenntnistheoretisch bedeutende Position einnahm und mit den Namen Moritz Schlick, Rudolf Carnap, Herbert Feigl, Victor Kraft verbunden ist. 1938 löste sich dieser Kreis auf, Carnap war schon einige Jahre vorher wegberufen worden. Im Vordergrund der wissenschaftstheoretischen Arbeit dieses Kreises stand die logische Sprachanalyse und – im Zusammenhang damit – u.a. auch die Frage, wann ein Begriff oder eine Aussage sinnvoll ist und wann nicht. Dies führte zum Begriff der *kognitiven Signifikanz*[32]: Kognitiv signifikant und damit als wahr oder falsch zu bezeichnen ist eine Aussage nur dann, wenn sie

a) tautologisch (logisch wahr) oder kontradiktorisch (logisch falsch) ist, – sie heißt dann logisch signifikant, oder wenn sie

b) zumindest potentiell durch Erfahrung überprüft werden kann, d. h. wenn sie empirisch signifikant ist. Die Überprüfbarkeit setzt Verifizierbarkeit oder Falsifizierbarkeit voraus.

Von daher bestimmt sich die Erfahrungswissenschaft als ein hypothetisch-deduktives System von Sätzen, dessen Ordnungsstruktur dem logischen Prinzip der Ableitung genügt und dessen Basis auf intersubjektiv überprüfbare Erfahrung bezogen ist. Wahrheit beruht auf empirischer Verifikation und logischer Justifikation. Ihr Geltungscharakter ist nicht absolut, sondern hypothetisch.

Im *sprachanalytischen* Bereich verlagert sich das Interesse vom Sein der Dinge auf ihren sprachlichen Ausdruck: bei der Frage nach einem Sachverhalt läßt man den Bezug auf dessen ontische Dimension ‚in der Schwebe' und begnügt sich mit der Feststellung, daß man ihn als Gegenstand sprachlich ausgliedert, und zwar am präzisesten in einer nach strengen Regeln aufgebauten Kunstsprache (eines semantischen Systems). Ein solches System erlaubt eine strenge Unterscheidung zwischen Sätzen des Systems (objektsprachlichen Sätzen) und solchen über das System (metasprachlichen Sätzen). In den objektsprachlichen sieht man dann die Darstellung von Sachverhalten, wobei Darstellung etwas anderes ist als Abbildung: bei der Abbildung gibt es neben dem Bild noch ein Urbild, bei der Darstellung nicht. Was also ein Sachverhalt sein kann, hängt in der Sichtweise dieses sogenannten semantischen Positivismus nicht von ontischen Bedingungen ab, sondern allein von sprachlichen: ein Sachverhalt ist alles, worüber ich sprechen kann, und er ist so, wie ich darüber spreche. Wovon man aber „nicht sprechen kann, darüber muß man schweigen" (Wittgenstein)[33].

Damit schließen wir die Überlegungen zum Thema Empirismus/ Positivismus ab und wenden uns der Gegenposition zu, dem Rationalismus, von dem wir wiederum zunächst die bedeutendsten Vertreter der Neuzeit, genauer gesagt die großen Systematiker des Barockzeitalters, kennenlernen wollen.

4.2 Der Rationalismus

Die großen Systeme des Rationalismus fallen – wie angedeutet – zeitlich mit der Tätigkeit der bedeutenden englischen Empiristen zusammen, nämlich im 17. und 18. Jahrhundert; aber ihre Hauptvertreter sind Kontinentaleuropäer: der Franzose René Descartes (auch Cartesius genannt), der Portugiese Baruch Spinoza, der Deutsche Gottfried Wilhelm Leibniz, um nur die Herausragendsten hier zu nennen.

Allgemein kann man sagen, wie beim Empirismus die Sinneswahrnehmung, so steht beim Rationalismus das Denken im Vordergrund des Erkenntnisprozesses, und so wie es gemäßigte und radikale empiristische Systeme gibt, so gibt es gemäßigte und radikale Auffassungen von Rationalismus. Die Methode des Rationalisten ist die Deduktion, wobei ihm die Mathematik als leuchtendes Vorbild dient, wahre Erkenntnis gründet in der Einsicht der Vernunft (bzw. des Verstandes, was ursprünglich nicht unterschieden wurde). Das ist die Ausgangssituation.

Descartes betont, daß die traditionelle Philosophie ihm keine Wahrheitsüberzeugung vermitteln könne, weil von jeder Sache verschiedene Ansichten möglich seien und diese von gelehrten Leuten auch tatsächlich verteidigt wurden. Wahr aber könne doch nur das sein, was sich meinem Geiste so klar und deutlich darstelle, daß ich gar keine Möglichkeit habe, daran zu zweifeln. Deshalb verwirft er alles als falsch, worin sich auch nur das geringste Bedenken auffinden läßt. Das ist der *radikale* Zweifel, und dieser schließt nicht nur das Zeugnis der Sinne, sondern auch die Denkgesetze ein, denn ein böswilliger Dämon könnte es eingerichtet haben, daß menschliche Vernunft immer irrt. Aber selbst wenn wir einmal von der Annahme des Irrens ausgehen, ist mir doch eines in unbezweifelbarer Gewißheit gegeben: daß *ich* irre, daß *ich* zweifle, also daß *ich bin*. So wird der Satz „cogito, ergo sum" bzw. „sum cogitans" – ich bin ein denkendes Wesen – zum obersten Axiom und zum Fundament aller Erkenntnis.

Aber wie ist das mit dem Dämon? Ich finde in mir, sagt Descartes, die Idee eines unendlichen, vollkommenen Wesens, eine Idee, die von mir, dem unvollkommeneren Wesen, nicht stammen kann, denn sie enthält mehr an vorgestellter Realität als ich an tatsächlicher Realität darstelle. Da aber in einer bewirkenden Ursache mindestens ebenso viel Realität enthalten sein muß wie in dem Bewirkten, so muß diese Idee selbst ein unendliches und vollkommenes Wesen zur Ursache haben, d. h. diese Idee muß mir – von Gott – eingeboren sein. Wenn es aber Gott, das unendliche und vollkommene Wesen gibt, dann brauche ich auch nicht besorgt zu sein hinsichtlich der Zuverlässigkeit meines Denkens. Denn Gott kann nicht täuschen wollen, weil Täuschenwollen eine Unvollkommenheit wäre, und das wäre ein Widerspruch zur Idee der Vollkommenheit und Unendlichkeit. Diese Überlegung wird noch gestützt durch den „ontologischen Gottesbeweis": die Idee der Vollkommenheit impliziere notwendig die Existenz, denn ein Fehlen der Existenz sei ebenfalls ein Widerspruch zur Vollkommenheit; also müsse Gott existieren. So ist schließlich für Descartes der Erkenntnisanspruch des menschlichen Denkens auf der Grundlage einer clara et distincta perceptio (einer klaren und deutlichen Einsicht) sichergestellt.

Spinoza hat seinem Hauptwerk den Titel gegeben: Ethik, nach geometrischer Methode dargestellt. Das Werk ist aber keine Ethik, sondern eine Philosophie des Seins und der Natur, des Erkennens und des Geistes. Der Untertitel deutet schon den Aufbau des Werkes an: Definitionen, Axiome, Lehrsätze, Beweise und ggf. noch Folgerungen und Erläuterungen. Der Zentralbegriff Spinozas ist der Begriff der Substanz, etwas, das in sich ist (also zu seiner Existenz keines anderen bedarf) und dessen Begriff nicht den Begriff eines anderen nötig hat, um daraus gebildet zu werden. Eine solche Substanz kann nur eine sein: nicht bedingt oder beschränkt, notwendig durch sich selbst und unendlich; diese Substanz nennt er Gott (oder die Natur). Sie erscheint uns unter den „Attributen" Geist und Materie (oder Denken und Ausdehnung). Natürlich erschöpfen diese Attribute nicht das Wesen der Substanz, sie sind lediglich die Bestimmungen, „in welchen die an sich unendliche Substanz sich der subjektiven Erkenntnis des Verstandes darstellt, für welchen nun einmal alles in Denken und Ausdehnung sich teilt"[34]. Wegen der ausschließlichen Existenz der einen Substanz nennt man Spinozas System auch *Monismus* (monos = eins), wegen der Gleichsetzung von Substanz und Gott auch *Pantheismus* (= alles ist Gott) und wegen der Verankerung der beiden Attribute Geist und Materie in einer Substanz *Identitätsphilosophie.* Vor allem unter diesem Gesichtspunkt hat Spinoza viele Nachfolger bis in die Gegenwart gefunden.

Der Mensch ist seiner Natur nach ein Vernunftwesen, seine ethische Aufgabe muß also auch im adäquaten Erkennen liegen. Nicht adäquat sind die Vorstellungen (imaginationes) der Sinne, adäquat ist das Erkennen der Vernunft. Sie vermittelt die Ideen, sie begreift die gesetzmäßige Notwendigkeit. Aber die höchste Stufe ist schließlich die unmittelbare Anschauung, die Intuition. Sie bedeutet auch, Gott als höchstes Gut zu erkennen und zu lieben. So mündet Spinozas System in eine Verstandesreligion.

Auch für Leibniz' Philosophieren gibt es einen zentralen Begriff, den der Monade. Während Spinoza von *einer* Substanz ausgeht, gibt es für Leibniz viele, die sich durch lebendige Tätigkeiten auszeichnen. Sie sind unkörperliche Kraftzentren, geistige Einheiten, fensterlose Individuen, Mikrokosmen. Sie bilden das Universum, von einfachen Körpern, den niedersten Monaden, bis zu Gott, der höchsten Monade, aber sie bilden auch gleichsam das Universum ab, sie sind Spiegel des Universums. Sie haben eine gewisse Ähnlichkeit mit den Atomen, sind aber unteilbar und unterliegen keinen äußeren Einflüssen. In ihrem Vermögen, das Universum zu spiegeln, sind sie unterschiedlich. Zwar ist jede Monade ein vorstellendes Wesen, aber die Vorstellungen sind doch sehr verschieden, sie reichen von „sehr verworren" bis zu „klar und deutlich." Daß trotzdem das Ganze des Alls harmoniert, daß ohne gegenseitige Einwirkungen der Monaden geordnete Prozesse ablaufen, ist nach Leibniz durch eine „prästabilierte Harmonie", d. h. durch ein von Gott bereits in der Schöpfung festgelegtes Zusammenpassen und Zusammenwirken, mithin durch Einheit in der Vielheit, sichergestellt, womit Leibniz gleichzeitig mechanisches und teleologisches Denken zu versöhnen sucht. Albrecht Unsöld bemerkt, der heutige Physiker erkenne in der prästabilierten Harmonie unschwer eine Vorahnung der erst späteren Jahrhunderten vorbehaltenen Möglichkeiten einer Feldtheorie[35], unseres Erachtens wohl eine etwas problematische Unterstellung.

Wie alles Zusammengesetzte, so ist auch der Mensch ein Aggregat von Monaden. Die Seele ist die Zentralmonade des Organismus. Sie hat unbewußte und bewußte Vorstellungen, ihr Leben besteht in der Entwicklung der unbewußten zu bewußten, der dunklen und verworrenen zu klaren und deutlichen Vorstellungen. Das bloße Haben von Vorstellungen nennt Leibniz Perzeption, das Bewußtsein davon Apperzeption. In diesem Umwandlungsprozeß liegt wesentlich die Tätigkeit des Verstandes. Da aber wegen der Fensterlosigkeit der Monaden von außen nichts in die Seele kommt, müssen alle Vorstellungen – unbewußt – eingeboren sein; Leibniz spricht vom virtuellen Eingeborensein der Ideen. „Schon in der sinnlichen Vorstellung steckt unklar und verworren die Tätigkeitsform der Seele, welche nachher als allgemeiner Grundsatz, als ewige Wahrheit zur Klarheit und Deutlichkeit der Verstandesauffassung gebracht wird"[36]. Deshalb kann Leibniz den von Locke übernommenen Satz „Es ist nichts im Verstand, was nicht in der Sinnlichkeit war" ergänzen: „außer dem Verstand selbst" (nisi intellectus ipse).

„Es gibt zwei Arten von Wahrheiten", sagt Leibniz, „solche des Verstandesgebrauchs und solche von Tatsachen. Die Wahrheiten des Verstandesgebrauchs sind notwendig, und ihr Gegenteil ist unmöglich; die der Tatsachen sind kontingent, und ihr Gegenteil ist möglich"[37]. Die Fähigkeit zur Erkenntnis notwendiger und ewiger Wahrheiten ist es, die unseren Geist über die Tierseelen erhebt, die uns zur Erkenntnis unserer selbst und Gottes erhebt, und als deren Prinzipien das des Widerspruchs und das des zureichenden Grundes anzusehen sind. Kraft des Widerspruchsprinzips beurteilen wir als falsch, was einen Widerspruch einschließt und als wahr, was einem solchen entgegengesetzt ist, kraft des Prinzips vom zureichenden Grunde „daß keine Tatsache sich als wahr oder existierend und keine Aussage sich als wahrhaft erweisen kann, ohne daß es dafür einen zureichenden Grund gibt"[38]. Da Leibniz einen Wesensunterschied zwischen Sinnestätigkeit und Denken leugnet und jene als verworrenes Denken bezeichnet, wird seine Auffassung in dieser Hinsicht als *Intellektualismus* bezeichnet.

Damit haben wir die Grundpositionen des Empirismus und des Rationalismus beschrieben. Fassen wir zusammen: der Empirismus leitet insofern die neuzeitliche Philosophie ein, als er mit der bisherigen Metaphysik radikal bricht. Er leugnet das Bestehen ewiger Wahrheiten, er macht die Sinneserfahrung zum einzigen Wahrheitskriterium. Dagegen operiert der Rationalismus primär mit Vernunft, mit Denken und Begriffen. Zwar leugnet er nicht grundsätzlich eine gewisse Beteiligung der Sinne am Erkenntnisprozeß, jedoch verleiht die Vernunft tiefere und insbesondere Wesenseinsichten, die mehr sind als die Tatsachenfeststellungen der Sinneserfahrung.

Gar als Schattenbilder der Wirklichkeit deutete Platon in seinem Werk „Der Staat" (Politeia) die sichtbaren Dinge: Man stelle sich vor, daß wir Menschen in einer Höhle leben, und zwar so, daß wir nur gegen eine Wand blicken können. Durch Fesselung sei es uns nicht möglich, den Kopf herumzudrehen. Hinter uns sei ein Licht, und zwischen dem Licht und uns werden Gegenstände vorübergetragen. Von ihnen sehen wir nichts als ihre Schattenbilder, denn um sie selbst zu erkennen, hindern uns unsere Fesseln. So werden wir ein Leben lang und von Generation zu Generation nur Schatten sehen, über sie unsere Meinung bilden, in ihnen das eigentlich Wirkliche vermuten. Das, meint Platon, sei die Erkenntnissituation des Menschen. Deshalb könne der Weg zur Wahrheit auch nicht über die Sinne führen, sondern allein über das Denken, wie es uns z. B. die Mathematik zeigt. Denn was wir sehen, sind z. B. fünf Äpfel, aber nicht die Fünf, oder zwei gleichlange Strecken, aber nicht die Gleichheit, oder ein konkretes Viereck, aber nicht die Viereckigkeit. Diese Beispiele zeigen, daß wir uns „umwenden" müssen, den Weg der Abstraktion beschreiten müssen, um von den sinnlich wahrnehmbaren Dingen, derer wir uns bedienen, zu den intelligiblen Objekten, den Ideen, vorzustoßen, auf die unsere Gedanken zielen und von denen die sichtbaren Dinge nur Schattenbilder sind.

Andererseits ist Wissenschaft ohne Bezug auf Erfahrung unmöglich. Wir können zwar durch reines Denken ein widerspruchsfreies Formalsystem aufbauen, doch wenn nicht an irgendeiner Stelle die Erfahrung hinzukommt, ist das wie ein Märchen, dem jeder Bezug zur Wirklichkeit fehlt. Auch rationalistische Entartungen, wie der von Pierre-Simon Laplace erhobene Anspruch, aus der Kenntnis aller physikalischen Parameter zu einem Zeitpunkt alles Geschehen in der Zukunft berechnen zu können, was einen strengen Determi-

nismus einschlösse, oder der Georg W. Friedrich Hegel zuge-
schriebene Ausspruch als jemand ihm vorhielt, daß manche seiner logischen Deduktionen nicht mit der Wirklichkeit überein-
stimmten: „Dann umso schlimmer für die Wirklichkeit", solche
rationalistischen Entartungen werden heute nicht mehr ernst genommen.

Entsprechendes gilt für die empiristische Seite. Denn obgleich ich
die Gültigkeit des Kausalsatzes nicht beweisen kann, vertraue ich
darauf, daß, wenn ich gleich auf das Knöpfchen meiner Schreib-
tischlampe drücke, das Licht angehen wird, d. h. ich bediene mich,
wie Alexander I. Wittenberg gesagt hat[39], eines „methodischen Ver-
trauens", ich setze mich sowohl über den radikalen Empirismus wie
über den radikalen Rationalismus hinweg. Sie beide auf richtige
Dimensionen und Ansprüche zurückgeführt zu haben, ist ein Ver-
dienst der kritischen Philosophie Immanuel Kants. Kant gilt mit
Recht als bedeutendster Philosoph der Neuzeit, an seiner Lehre
kann kein Philosophierender vorbeigehen, auch wenn die unmittelbare Lektüre seiner Schriften dem Anfänger Schwierigkeiten bereitet. Für das Problem der Erkenntnis, insbesondere der wissenschaftlichen Erkenntnis, sind die „Kritik der reinen Vernunft"
(Erstausgabe 1781) und die „Prolegomena" von zentraler Bedeutung. Von seinem Lehrer her steht Kant in der Tradition des Rationalismus, bekennt aber auch, daß Hume ihn aus seinem dogmati-
schen Schlummer erweckt habe. Deshalb ist es von großem
Interesse, zu verfolgen, wie er seine Position zwischen diesen Systemen sucht. Da aber Kants ganzes Denken so stark mit der Frage
nach der Reichweite menschlichen Erkennens verknüpft ist, werden wir hierauf erst im Kapitel 4.4 eingehen.

4.3 Der Realismus

Wir sagten oben (S. 48), hinsichtlich der Reichweite unserer Erkenntnis stehen sich gegenüber der (erkenntnistheoretische) Realismus und der (erkenntnistheoretische) Idealismus. Die Grundthese
des Realismus ist die, daß eine bewußtseinsunabhängige, d. h. von
unserem Erkanntwerden unabhängige, Wirklichkeit existiert, also
„an sich" und nicht bloß als Setzung eines denkenden Ich existiert,
und in dieser Existenz und wesentlichen Beschaffenheit für uns
auch erkennbar ist. Wahrheit in diesem Sinne besteht dann in der
Adäquation, der Übereinstimmung unserer Erkenntnis mit der

Wirklichkeit. Das Erkenntnisurteil „es regnet" ist genau dann wahr, wenn es regnet. Dabei sieht der *naive* Realismus in der Erkennbarkeit der Außenwelt kein eigentliches Problem, das Zeugnis der Sinne ist ihm evident, und dies nicht nur in der inneren, sondern auch in der äußeren Wahrnehmung. So tragen gemäß dem naiven Realismus die Dinge der Außenwelt die Qualitäten des Farbigen, Süßen, Warmen usw. an sich. Eine grüne Wiese ist eine grüne Wiese; grün ist hiernach eine Eigenschaft der Wiese. Dagegen hatte schon Locke primäre und sekundäre Sinnesqualitäten unterschieden: primäre haften den Körpern konstant an wie z. B. Ausdehnung, Undurchdringlichkeit, Bewegung oder Ruhe. Die sekundären kommen ihnen nur in bestimmten Beziehungen zu, so z. B. Farbe, Geruch, Geschmack, Temperatur. Der *kritische* Realismus behauptet im allgemeinen nur die Realität der primären Sinnesqualitäten. Im übrigen betrachtet er den Wahrnehmungsinhalt auch nur als Abbild des äußeren Gegenstandes, an dessen Zustandekommen auch der Wahrnehmende mit seinen Erkenntnismöglichkeiten und ggf. – so im wissenschaftlichen Bereich – seinen theoretischen Konstruktionen beteiligt ist. Insofern versteht der kritische Realismus Erkennen als ein Ineinander von Rezeption und aktiver Erschließung. Die Gegebenheiten, die an uns herantreten, sind zunächst nur der Potenz nach einsichtig. Sie bedürfen der Durchdringung und Deutung und müssen in Richtung auf ihr Wesen erschlossen werden. In der traditionellen Sprache heißt das: die Phänomene in Richtung auf das in ihnen sich anzeigende Substantielle zu überschreiten. Wir werden uns mit dem Substanzbegriff aber erst im ontologischen Teil weiter befassen.

Historisch gesehen hat der kritische Realismus seine Wurzeln in der aristotelisch-scholastischen Philosophie, wird aber auch von vielen Naturwissenschaftlern – hier in der Form eines *physikalischen* Realismus – vertreten. Aristoteles suchte das Wesen der Dinge im Allgemeinen zu erfassen, und dazu diente ihm der Begriff. Jedes Besondere hat Anteil am Allgemeinen, jeder einzelne Mensch hat Anteil am allgemeinen Menschsein, und dieses allgemeine Sein macht das Wesen auch des Einzeldinges aus: das Wesen eines Menschen liegt in seinem Menschsein. Dieses Allgemeine aber ist mir nicht in der sinnlichen Anschauung gegeben, sondern bedarf eines geistigen Zugriffs. Deshalb kann Aristoteles sagen: der Begriff geht auf das Wesen und drückt es aus. Wenn Platon aber aus dem Allgemeinen, das der Begriff erfaßt, und dem Besonderen, das wir wahrnehmen, zwei Welten macht, so will Aristoteles gerade diese Spaltung im Begriff der Wirklichkeit wieder aufheben.

Von Aristoteles stammt auch der oben erwähnte adäquationstheoretische oder korrespondenztheoretische Wahrheitsbegriff: wahr ist, als seiend das zu bezeichnen, was ist und als nicht seiend, was nicht ist. Thomas von Aquin spricht demgemäß von einer adaequatio intellectus et rei, einer Angleichung von Verstand und Sache. Dies hat zu einer Kontroverse hinsichtlich der negativen Existenzurteile geführt, also z. B. eines Urteils der Art „es gibt keine Drachen", weil ja hier die Sache, an die angeglichen werden soll, nicht da ist. Deshalb bestimmen neuere Realisten die Urteilswahrheit als Übereinstimmung von Urteilsinhalt und Gegenstandsordnung. Letztlich sei noch darauf hingewiesen, daß der Realismus den Ausweis der Wahrheit eines Urteils nicht seinerseits durch Urteile sicherstellen will, er verfiele ja sonst in einen unendlichen (infiniten) Regreß. Letzter Gewißheitsgrund könne somit nur die Evidenz, also die unmittelbare und zweifelsfreie Gegebenheit eines Sachverhaltes sein.

Diese Auffassung hat sich – wie gesagt – auf den Erkenntnisanspruch der Naturwissenschaftler, hier speziell der Physiker, ausgewirkt und unter der Bezeichnung physikalischer (methodischer) Realismus zahlreiche Anhänger gefunden. Am Anfang der klassischen Physik stehen zwei Sätze, auf die sich Realisten gern berufen: der Satz des Galilei „Das Buch der Natur ist in mathematischen Lettern geschrieben" und der Satz des Newton „Die Natur ist einfach und schwelgt nicht in überflüssigen Ursachen der Dinge." Wir betrachten hier exemplarisch den Philosophen, Physiker und Ingenieur Friedrich Dessauer. Sein Ausgangspunkt ist die für gewiß gehaltene Existenz des Menschen in der Welt; beide sind wirklich, beide haben ihre eigene Ordnung. Die *Erkenntnisordnung* des Menschen steht der dem *Kosmos* immanenten Ordnung gegenüber: nicht im Verhältnis der Fremdheit und Isolierung, sondern in dem der Analogie, der Konformität, die sich darin zeigt, daß sich die kosmischen Bestände bewußtseinsmäßig wiedergeben lassen als Bilder, Vorstellungen, Modelle, Symbole und als Aussagen, die systematisiert die Naturwissenschaft ausmachen. Die Logik des Denkens ist der Nomik des Kosmos zugeordnet.

Ein direkter Zugang zum Wesen der Naturobjekte, den die Alten suchten und mit Allgemeinbegriffen erstreiten wollten, ist nach Dessauer nicht gegeben. Dagegen ist das zugänglich, was Ordnung im Grunde bedeutet: die Struktur der kosmischen Gegebenheiten, die Relationen der unbekannt bleibenden Wesenheiten. Dies sei die wichtigste Erkenntnis für den Menschen, und sie trage auch näher an das heran, was man sinnvollerweise das Wesen, die quidditas (Washeit), des Seienden nennen könne. Da nun der Mensch sich aber im Kosmos findet als in ihn gestellt, und erkennt, daß der Kosmos sich physikalisch und biologisch in ihn erstreckt, läßt sich nach Dessauer die Gegenüberstellung von erkennendem Subjekt und zu erkennendem Objekt nicht streng durchführen. Mit dieser Bemerkung, die ihre wissenschaftliche Berechtigung in der modernen Physik durchaus hat, wird allerdings der strenge Realismus schon überschritten.

Im *methodischen* Realismus, wie Dessauer seine Position bezeichnet, sei angesichts der Tatsache, daß der Mensch nirgends am Anfang steht, sondern ein spätes Geschöpf der Mitte ist, das In-der-Welt-sein des Menschen als nicht weiter zu begründende Ausgangsrealität und die Methode des Befragens der Natur im messenden Experiment als Kernstück gewählt worden. Die grundlegende Kategorie der heutigen Naturwissenschaft, die der Ordnung, sei objektiv und mache den Kosmos für den menschlichen Geist erkennbar. Diese Erkennbarkeit und die Tatsache der Voraussagbarkeit weisen darauf hin, daß die logische Ordnung des Denkens mit der ontischen Ordnung des Kosmos verwandt sein muß. Die Ansätze der auf die Natur angewandten Mathematik müssen daher so gewählt sein, daß die logisch-mathematischen Folgen dieser Ansätze wieder mathematische Aussagen sind von den naturnotwendigen Folgen der Gegenstände. Man erkennt leicht den direkten Bezug auf die oben zitierte These von H. Hertz, nur daß jetzt an die Stelle „innerer Scheinbilder" mathematische Aussagen treten, was der Entwicklung der modernen Physik entspricht. Von ihr hat Werner Heisenberg gesagt: Für die moderne Naturwissenschaft steht am Anfang nicht das materielle Ding, sondern die Form, die mathematische Symmetrie.[40]

In der Auseinandersetzung mit den physikalischen Erkenntnissen gegen Mitte des 20. Jahrhunderts standen zwei Fragen im Vordergrund des Interesses der Vertreter des naturwissenschaftlichen Realismus: Der Zusammenhang von Kosmos und Logos und die durchgängige Gültigkeit einer objektiven Ordnung, die auch ein schrittweises Annähern an die „absolute Wahrheit" gestattet. So sagte der Physiker Bernhard Bavink, die Welt könne mittels rationaler Begriffe in rationalen Gesetzen in sich steigernder Annäherung an die Wahrheit erkannt werden, und sie schreibe den Weg dieser Annäherung selbst dem erkennenden Verstand vor. Ähnlich äußerte sich Max Planck, wenn er feststellte, der Physiker glaube an die tatsächliche Existenz einer realen Welt im absoluten Sinne, denn von hier aus schöpfe er ja ständig die Hoffnung, sich an das Wesen dieser objektiven Natur etwas näher heranzuarbeiten.

Eine nicht ganz präzisierte Übergangsposition findet sich bei Albert Einstein. Manche seiner Äußerungen sprechen für einen Realismus, so z. B. sein Brief vom 7.9.44 an seinen Freund Max Born: „In unserer wissenschaftlichen Erwartung haben wir uns zu Antipoden entwickelt. Du glaubst an den würfelnden Gott und ich an die volle Gesetzlichkeit in einer Welt von etwas objectiv Seiendem, das ich auf wild spekulativem Wege zu erhaschen suche. Ich *glaube* fest, aber ich hoffe, daß einer einen mehr realistischen Weg, bzw. eine mehr greifbare Unterlage finden wird, als es mir gegeben ist. Der große anfängliche Erfolg der Quantentheorie kann mich doch nicht zum Glauben an das fundamentale Würfelspiel bringen, wenn ich auch wohl weiß, daß die jüngeren Kollegen dies als Folge der Verkalkung auslegen. Einmal wirds sich ja herausstellen, welche instinktive Haltung die richtige gewesen ist."[41] Da ist von voller Gesetzlichkeit die Rede und vom realistischen Weg, von Glauben und von instinktiver Haltung und von der Quantentheorie (mit ihren statistischen Gesetzen) als Ausdruck eines fundamentalen Würfelspiels; das objektiv Seiende will Einstein erkennen, also ist er Realist? Sicherlich kein naiver, meint Carl Friedrich von Weizsäcker, denn er halte die mathematischen Naturgesetze für freie Erfindungen des menschlichen Geistes, die sich als geeignet erweisen, die Fülle der Sinneswahrnehmungen ordnend zu beschreiben, aber er habe ein „sehr lebendiges Empfinden für einen Punkt, der in der positivistischen Erkenntnistheorie nie genug berücksichtigt wird, nämlich, für das von der bloßen Methodologie her unbegreifliche Wunder, daß gerade die mathematisch einfachsten Naturgesetze dem scheinbaren Chaos der empirischen Welt aufs beste angemessen sind. Kein Prinzip der Denkökonomie würde es erklären, daß man mit Hilfe der einfachen Prinzipien der Newtonschen Mechanik eine Sonnenfinsternis auf die Minute genau voraussagen kann. Einstein selbst benutzte die mathematische Einfachheit mit dem größten Erfolg als heuristisches Prinzip bei der Aufstellung seiner Theorie. Der Physiker, der das tut, muß überzeugt sein, mit solchen Ansätzen eine von ihm selbst nicht gemachte Wirklichkeit zu beschreiben, was immer das Wort ‚Wirklichkeit' in diesem Satz bedeuten möge. Er wehrt sich, wie mir scheint, mit vollem Recht gegen jeden Versuch, diesen Begriff der Wirklichkeit aus der Physik zu entfernen"[42].

Hans Reichenbach berichtet, daß er Einstein einmal gefragt habe, wie er seine Relativitätstheorie gefunden habe. Einstein antwortete: ich habe sie gefunden, weil ich so stark von der Harmonie des Alls überzeugt war[43], und an anderer Stelle sagte er: das Unbegreiflichste an der Welt ist, daß sie begreiflich ist[44]. Zu dieser letzten Bemerkung würde allerdings ein wirklicher Realist sagen, daß Goethe die Antwort eigentlich schon gegeben habe: „Wär' nicht das Auge sonnenhaft, die Sonne könnt' es nicht erkennen", d. h. – so hat es schon der Neuplatonismus formuliert – Erkennendes und zu Erkennendes müssen in einem seinsmäßigen Bezug zueinander stehen, sonst wäre ein Erkennen gar nicht möglich. Genau dieser ontische Bezug aber spielt bei Einstein keine Rolle, und daran zeigt sich, daß er eben doch kein Realist ist. Er erläutert, was er unter Begreifen versteht: „Wenn man sagt, es sei gelungen, eine Gruppe von Naturvorgängen zu begreifen, so meint man damit immer, daß eine konstruktive Theorie gefunden sei, welche die betreffenden Vorgänge umfaßt"[45]. Damit aber verlagert Einstein das Problem der Begreiflichkeit der Welt auf die Frage nach ihrer Mathematisierbarkeit, und er fragt nun: „Wie ist es möglich, daß die Mathematik, die doch ein von aller Erfahrung unabhängiges Produkt des menschlichen Denkens ist, auf die Gegenstände der Wirklichkeit so vortrefflich paßt?"

Ein Realist würde auf die Korrespondenz von Denkordnung und Seinsordnung verweisen und z. B. mit Nicolai Hartmann sagen, daß sich beide zwar nicht total, wohl aber teilweise decken. Von daher ergebe sich die Berechtigung des korrespondenztheoretischen Wahrheitsbegriffs wie auch der These von der Seinsbezogenheit der Logik und damit auch der Mathematik. Ein anderer würde auf Kant zurückgehen; diesen Ansatzpunkt erläutern wir im folgenden Kapitel.

Einstein geht einen dritten Weg: Die *Axiomatik* habe in dieser Angelegenheit Klarheit geschaffen. Sie trenne nämlich das Formal-Logische vom sachlichen Gehalt, und nur das Formal-Logische bilde den Gegenstand der Mathematik. Das heißt aber doch: die Mathematik zielt gar nicht auf die Wirklichkeit, also etwa auf die Natur, sondern auf die *Wissenschaft* von der Natur, auf die Physik, die aus Aussagen, Hypothesen, Theorien, ‚Gesetzen' besteht, die „freie Erfindungen unseres Geistes" sind. Wie aber kann man dann noch den Anspruch erheben, die „Harmonie des Universums" zu begreifen und „das Wirkliche in seiner Tiefe" zu erfassen? Doch wohl nur, wenn man neben dem analysierenden Verstand noch über eine andere Antenne zum Empfang der Signale der Wirklichkeit verfügt, über eine intuitive etwa. Einstein hat solchen Gedanken nicht ferngestanden.[46]

4.4 Der Idealismus

Die Haupteinwände gegen den physikalischen Realismus sind von der modernen Physik her gekommen und beziehen sich auf die Nichtausschließbarkeit subjektiver Entscheidungen im Prozeß der wissenschaftlichen Erkenntnis; m.a.W.: es geht um die Objektivierbarkeit physikalischer Aussagen. Werner Heisenberg, der Mitte der zwanziger Jahre maßgebend an den Diskussionen des Kopenhagener Kreises, d. h. eines Physikerkreises um Niels Bohr, über die Interpretation der Quantentheorie beteiligt war, sagt dazu: „In der Quantentheorie handelt es sich speziell um die Frage der objektiven Beschreibung der physikalischen Vorgänge. In der früheren Physik war die Messung der Weg zur Feststellung objektiver, von der Messung unabhängiger Sachverhalte. Diese objektiven Sachverhalte konnten mathematisch beschrieben, ihr Kausalzusammenhang dadurch streng festgelegt werden. In der Quantentheorie ist zwar die Messung selbst auch noch ein objektiver Sachverhalt, ebenso wie in der früheren Physik; aber der Schluß von der Messung auf den objektiven Ablauf des zu messenden atomaren Geschehens wird problematisch, da die Messung in das Geschehen eingreift und sich nicht mehr vom Geschehen selbst vollständig trennen läßt. Eine anschauliche Beschreibung der atomaren Vorgänge, so wie man sie sich in der Physik vor 50 Jahren [damit meint Heisenberg die Zeit kurz nach 1900], gewünscht hätte, wird daher unmöglich. Wir können die Naturvorgänge im atomaren Bereich nicht mehr in der gleichen Weise ergreifen wie die Vorgänge im großen. Wenn wir die gewohnten Begriffe verwenden, so wird ihre Anwendbarkeit durch die sog. ‚Unbestimmtheitsrelationen' eingeschränkt. Für den weiteren Verlauf des atomaren Vorgangs können wir in der Regel nur die Wahrscheinlichkeiten voraussagen. Nicht mehr die objektiven Ereignisse, sondern die Wahrscheinlichkeiten für das Eintreten gewisser Ereignisse können in mathematischen Formeln festgelegt werden. Nicht mehr das faktische Geschehen selbst, sondern die Möglichkeit zum Geschehen – die ‚potentia', wenn wir diesen Begriff der Philosophie des Aristoteles verwenden wollen – ist strengen Naturgesetzen unterworfen".[47]

Damit begeben wir uns in den Bereich des (erkenntnistheoretischen) Idealismus, den wir hier am Beispiel seines bedeutendsten Vertreters, Immanuel Kants (vgl. oben S. 59), vorstellen. Ausgangspunkt von Kants theoretischer Philosophie ist der Begriff der Erfahrung. Und er fragt nicht, *ob* Erfahrung möglich sei, das ist ein Faktum, sondern er fragt, *wie* Erfahrung möglich ist, er fragt nach den Bedingungen der Möglichkeit von Erfahrung. Aber eine Frage nach den Bedingungen der Möglichkeit ist auch eine Frage nach den Grundlagen der Erfahrung. Und es wäre ein Zirkel, wollte man versuchen, die Grundlagen von Erfahrung durch Erfahrung begründen zu wollen. D. h. sie müssen erfahrungsfrei – Kant sagt a priori – gewonnen werden.

Nun resultiert unser Erkennen aber aus zwei Wurzeln, aus der Rezeptivität der Sinne und aus der Spontaneität des Verstandes, oder so Kant: „Unsere Erkenntnis entspringt aus zwei Grundquellen des Gemüts, deren die erste ist, die Vorstellungen zu empfangen (die Rezeptivität der Eindrücke), die zweite das Vermögen, durch diese Vorstellungen einen Gegenstand zu erkennen (Spontaneität der Begriffe); durch die erste wird uns ein Gegenstand *gegeben,* durch die zweite wird dieser im Verhältnis auf jene Vorstellung (als bloße Bestimmung des Gemüts) *gedacht.* Anschauung und Begriffe machen also die Elemente aller unserer Erkenntnis aus"[48]. Anschauungen ohne Begriffe sind blind, Begriffe ohne Anschauung sind leer. Welche sind nun die apriorischen Prinzipien unseres Anschauens und unseres Denkens? Kant beantwortet diese Fragen in der Kritik der reinen Vernunft unter den Kapiteln ‚Transzendentale Ästhetik' und ‚Transzendentale Analytik'.

Das Wort Ästhetik ist hier noch in seiner alten Bedeutung als Wissenschaft von der Sinnlichkeit (dem Sinnesvermögen) zu verstehen, und die Formen der Sinnlichkeit des Menschen sind Raum und Zeit. Der Raum ist, so Kant, die Form des äußeren Sinnes, wodurch uns die Gegenstände als außer uns und in ihrem Auseinandersein gegeben sind. Die Zeit ist die Form des inneren Sinnes und bietet uns das Nacheinander des eigenen Erlebens. Raum und Zeit sind also nicht Begriffe, sondern Anschauungsformen. Und sie gehören nicht zur Erfahrung, sondern sie ermöglichen erst Erfahrung, weil nur auf ihrer Grundlage Anschauung möglich ist. Das impliziert aber auch, daß wir die Dinge nur so erkennen können, wie sie sich uns in der Anschauung darstellen, wie sie für uns Phänomen sind.

Deshalb eine weitere These Kants: wir erkennen die Dinge nicht in ihrem Ansichsein, sondern nur in ihrer Phänomenalität.

Aber mit der Rezeptivität der Sinne ist ja nur ein Teil des Erkenntnisprozesses behandelt. Es tritt nun die Aktivität des Verstandes hinzu, der das von den Sinnen gebotene Material unter Verstandesformen zu fassen sucht. Diese sind dem Denken ebenso immanent wie die Anschauungsformen der Sinnlichkeit. Das Prinzip, das Kant anwendet, um die Denkformen herauszufinden, ist das Urteil. Deshalb stellt er eine Tafel der Urteile auf, wie wir sie oben (S. 18) in der Logik kennengelernt haben, und sieht in jedem Urteil einen Stammbegriff des Verstandes verwirklicht. Er nennt diese Stammbegriffe auch Kategorien und deutet sie als apriorischen Besitz des Verstandes, d. h. sie sind apriorische allgemeingültige und notwendige Leerformen des Denkens, die nur durch Anschauungen einen Inhalt bekommen. Und da unsere Anschauungen sinnlicher Art sind, haben die Kategorien ihre Gültigkeit auch nur in Anwendung auf Sinnesdaten, die durch ihr Erfaßtwerden unter Verstandesbegriffen zu eigentlicher Erfahrung werden. „Unsre Natur bringt es so mit sich, daß die *Anschauung* niemals anders als *sinnlich* sein kann, d.i. nur die Art enthält, wie wir von Gegenständen affiziert werden. Dagegen ist das Vermögen, den Gegenstand sinnlicher Anschauung zu *denken*, der *Verstand*. Keine dieser Eigenschaften ist der anderen vorzuziehen"[49]. Die Frage nach den apriorischen (vorgängigen) Bedingungen der Möglichkeit gegenständlicher Erkenntnis ist die transzendentale Frage[50]; von daher versteht man die oben eingeführten Begriffe „transzendentale Ästhetik" und „transzendentale Analytik." Ferner macht diese Bestimmung deutlich, daß der Kantische Begriff „transzendental" verschieden ist von dem, was man transzendent nennt. Transzendentalität im Kantischen Sinne ist ein Grundproblem der Erkenntnis, dem Transzendenten nähert man sich durch Überschreiten von Grenzen (Transzendieren), z. B. des unmittelbar Gegebenen.

Urteile können analytisch oder synthetisch sein. Analytische Urteile erläutern nur Begriffe (z. B. „Die Kugel ist rund": Das Rundsein ist im Kugelbegriff schon enthalten), sie stellen keinen Erkenntnisfortschritt dar, sind somit auch erfahrungsfrei oder in Kants Terminologie a priori. Das synthetische Urteil dagegen bringt Neues (z. B. „Die Kugel ist rot"), ist also ein Erfahrungsurteil, d. h. es ist a posteriori. Erfahrungsurteile aber sagen nur Kontingentes (Nichtnotwendiges) und Einzelnes (d. h. nicht Allgemeines). Daher können für Kant synthetische Urteile a posteriori dem

Anspruch der Wissenschaft nicht gerecht werden; Wissenschaft als Gesetzeswissen – so verlangt es die Nachfolge Galileis und Newtons – ist nur möglich, wenn allgemein und notwendig gültige Erkenntnis möglich ist. Deshalb spitzt sich das Problem zu der Frage zu: Gibt es synthetische Urteile a priori? Nur sie wären ja notwendig und allgemein und würden doch einen Fortschritt des Wissens bringen.

Kant bejaht diese Frage und nennt Beispiele aus der Arithmetik, der Geometrie und der Mechanik seiner Zeit: „7 + 5 = 12", „Die gerade Linie zwischen zwei Punkten ist die kürzeste", „In allen Veränderungen der körperlichen Welt bleibt die Quantität der Materie unverändert", „Beim Übergang von Bewegung sind Wirkung und Gegenwirkung gleich"[51]. Diese Sätze also seien synthetisch und a priori, eine Behauptung, die heute kaum noch geteilt wird. Auf jeden Fall stand Kant damit vor der Frage, wie das Phänomen der Existenz solcher Urteile zu erklären sei, worauf die Wahrheit der Urteile beruhe. Und hier kommt es zu dem, was Kant seine „Kopernikanische Wende" nennt: Bisher nahm man an, unsere Erkenntnis müsse sich nach den Gegenständen des Erkennens richten. Aber da wäre ein a priorisches Wissen von ihnen unmöglich. Versuchen wir es also einmal anders herum und nehmen an, nicht unser Erkennen richtet sich nach den Gegenständen, sondern die Gegenstände als Objekte unserer Erkenntnis richten sich nach unserem Erkennen. „Es ist hiemit eben so, als mit den ersten Gedanken des Kopernikus bewandt, der, nachdem es mit der Erklärung der Himmelsbewegungen nicht gut fort wollte, wenn er annahm, das ganze Sternheer drehe sich um den Zuschauer, versuchte, ob es nicht besser gelingen möchte, wenn er den Zuschauer sich drehen, und die Sterne in Ruhe ließ"[52].

Das heißt also: die „Wirklichkeit" für uns, das, was wir die empirisch reale Welt nennen, ist in ihren Grundbeschaffenheiten das Konstitutionsprodukt unseres eigenen Anschauungs- und Denkvermögens. Unsere Raum-Zeit-Anschauung und unser kategoriales Denken setzen die Maßstäbe dafür, daß etwas und wie etwas Gegenstand unseres Erkennens werden kann. Der Gegenstand „an sich" bleibt unerkennbar. „Nur wenn das Universum keine bewußtseinstranszendente Realität ist, sondern eine Leistung des transzendentalen Subjekts darstellt, wird es nach Kant verständlich, daß wir über dieses Universum zutreffende und zugleich erfahrungsunabhängige Aussagen zu machen vermögen"[53]. Von hier aus versteht sich der Name des Kantischen Systems als transzendentaler Idealismus. Und von hier aus können wir nun auch die oben (S. 64) offen gebliebene Frage Einsteins nach dem Zusammenhang von Natur und Mathematik aus Kantischer Sicht beantworten: Die Natur ist mit mathematischen Zeichen beschreibbar, weil die Kategorien des Verstandes a priori dafür sorgen, daß sie (die Natur) nur unter dieser Bedingung „ins Sein treten", d. h. in ihr Objektsein für uns, treten darf. Den Naturforschern aber gibt er mit auf den Weg, zu bedenken, daß die Vernunft nur das einsieht, was sie selbst nach ihrem Entwurf hervorbringt. Deshalb sollten sie die Natur nötigen, auf ihre Fragen zu antworten, nicht aber sich von ihr gleichsam am Leitbande gängeln lassen. „Die Vernunft muß mit ihren Prinzipien, nach denen allein übereinkommende Erscheinungen für Gesetze gelten können, in einer Hand, und mit dem Experiment, das sie nach jenen ausdachte, in der anderen, an die Natur gehen, zwar um von ihr belehrt zu werden, aber nicht in der Qualität eines Schülers, der sich alles vorsagen läßt, was der Lehrer will, sondern eines bestallten Richters, der die Zeugen nötigt, auf die Fragen zu antworten, die er ihnen vorlegt. Und so hat sogar Physik die so vorteilhafte Revolution ihrer Denkart lediglich dem Einfalle zu verdanken, demjenigen, was die Vernunft selbst in die Natur hineinlegt, gemäß, dasjenige in ihr zu suchen (nicht ihr anzudichten), was sie von dieser lernen muß, und wovon sie für sich selbst nichts wissen würde. Hierdurch ist die Naturwissenschaft allererst in den sicheren Gang einer Wissenschaft gebracht worden, da sie so viel Jahrhunderte durch nichts weiter als ein bloßes Herumtappen war"[54].

Der Physiker Sir Arthur Eddington zeigt in einem (hier leicht veränderten) Beispiel die Anwendung Kantischen Denkens in der modernen Naturwissenschaft: Ein Fischkundiger (Ichthyologe) wollte die Meerestiere untersuchen und warf ein Netz aus. Er fischte und sichtete seinen Fang. Dies führte ihn u.a. zu der Aussage: Es gibt keine Fische, die kleiner sind als zwei Zoll. Da hält ihm ein Zuschauer entgegen, das stimme gar nicht; es gebe sehr wohl kleinere Fische, doch könne er sie wegen der Maschengröße seines Netzes nicht fangen. Der Wissenschaftler erwidert, vorausgesetzt, daß der Zuschauer nicht eine bloße Vermutung äußere, müsse er sein Wissen auf einem anderen Weg als dem der Wissenschaft erworben haben. Natürlich sei ihm bekannt, daß die Maschengröße das Fangergebnis mitbestimme, und er könne ja die Maschen auch noch etwas verfeinern. Aber so klein, daß niemand mehr behaupten könne, da rutsche noch etwas durch, so klein ließen sich die Maschen überhaupt nicht herstellen. Also müsse er eine Entscheidung treffen, und die lautet: Es interessiert mich gar nicht, was es im Meer „an sich" gibt. Mich interessiert, was ich fangen kann. Und was ich nicht mit meinem Netz fangen kann, ist nicht Gegenstand meiner Wissenschaft oder mit anderen Worten, was ich nicht fangen kann, ist kein Fisch. – Ein zweiter Zuschauer aber hätte so argumentieren können: Wenn Du schon weißt, daß das Netz Dein Fangergebnis mitbestimmt, wozu dann das Experiment? Untersuche doch gleich das Netz, und Du wirst „a priori" wissen, was Du fangen kannst und was nicht.[55]

Erkenntnistheoretisch kann man den Ichthyologen als methodischen Positivisten bezeichnen. Er interessiert sich für das, was er mit den Methoden seiner Wissenschaft leisten kann. Alles andere klammert er aus, also insbesondere, was für ihn nicht fang- bzw. meßbar ist. Dieses Verfahren ist methodisch legitim; es darf nur nicht dogmatisiert werden in dem Sinne, daß man das mit der eigenen Wissenschaft zu Leistende zum Maßstab von Wissenschaft überhaupt macht und alles andere abqualifiziert.

Der erste Beobachter ist Realist. Er verallgemeinert den Zusammenhang von Maschengröße und Fangergebnis dahingehend, daß feinere Meß-(=Fang-)geräte weiterreichende Ergebnisse bringen, und zwar derart, daß man bisher noch nicht entdeckte (kleinere) Fischarten findet. Der zweite Beobachter schließlich geht von Kant aus: wenn wir wissen, wie uns Erkenntnis möglich ist, d. h. hier: wenn wir über das Netz Bescheid wissen, dann können wir allgemeine und notwendige Aussagen machen über die möglichen Gegenstände unserer Wissenschaft. Und diese Aussagen sind zuverlässiger als alle, die ihre Grundlage in der Erfahrung, d. h. hier im Fischefangen, haben.

4.5. Konventionalistische Positionen und der Relativismus

Konventionalismus bedeutet, daß in einer empirischen Wissenschaft gewisse Fundamentalsätze durch Beschluß festgesetzt werden, wobei es weniger „objektive Kriterien" sind, die zu dem Beschluß führen als vielmehr das Bedürfnis, bestimmte wissenschaftliche Erfahrungen möglichst „handlich" in ein geschlossenes Begriffs- und Satzsystem zu bringen. Dieses ist dann aber auch, da auf „Wollensentscheidungen" beruhend, theoretisch unangreifbar, also immun gegen Widerlegungen. Eng verbunden ist mit diesem konventionalistischen Standpunkt der kohärenztheoretische Wahrheitsbegriff: die Wahrheit einer Aussage besteht darin, daß sie sich widerspruchsfrei (kohärent) in ein Aussagensystem einfügen läßt. Allgemein gilt als Vorbild des Konventionalismus der Physiker und Wissenschaftstheoretiker Henri Poincaré. Bei Eduard May und Karl R. Popper finden sich konventionalistische Elemente, manche ihrer Kritiker bezeichnen sie auch als Konventionalisten, jedoch weisen sie für sich selbst diese Einordnung zurück.

Gegen die Realisten, denen May ansonsten durchaus verbunden ist, erhebt er den Vorwurf, daß es ihnen mit ihrem empirisch-induktiven Vorgehen unmöglich sei, fundamentale Allgemeinaussagen, wie z. B. das Kausalitätsprinzip, aufzustellen und zu deren Letztbegründung, d. h. über das bloße hic et nunc (Hier und Jetzt) hinaus, vorzudringen. Traditionell blieben daher nur zwei Auswege: der Kantische Transzendentalismus oder die Berufung auf Evidenz. Kant verankert, wie wir gesehen haben, die allgemeinen Prinzipien in den Kategorien unseres Denkens. Damit sind sie von apriorischer Notwendigkeit, und alle auf ihnen beruhenden naturwissenschaftlichen Aussagen erlangen den Charakter der Allgemeingültigkeit. Das ist es, was Kant seine Kopernikanische Wende nennt, „daß wir annehmen, die Gegenstände müssen sich nach unserem Erkenntnis richten, welches so schon besser mit der verlangten Möglichkeit einer Erkenntnis derselben a priori zusammenstimmt, die über Gegenstände, ehe sie uns gegeben werden, etwas festsetzen soll"[56]. Allein dieser Standpunkt befriedigt May nicht; er ist im Grunde eben doch – wie gesagt – Realist. Nicht das Subjektiv-Phänomenale ist ihm letzte Antwort; er fragt nach dem Wassein des Seienden.

Und da bleibt offenbar nur die Möglichkeit der auf aristotelisch-scholastischem Boden gewachsenen Lehre von der Selbstgegebenheit der Realobjekte in der Evidenz. Diese könne aber erst dann zu einer Letztbegründung der Wissenschaften führen, wenn folgende zwei Postulate anerkannt würden:

1. die Zuverlässigkeit der Intuition, die man hinnehmen muß, ohne exakte Kriterien dafür nennen zu können; und
2. die Übereinstimmung von Real- und Denkkategorien.

Hinsichtlich beider Postulate bestehen jedoch, so May, erhebliche Bedenken. Da es für die „exakte Intuition" kein rationales Kriterium gibt, ist keine Abgrenzung gegenüber Irrtümern, Täuschungen, ja selbst Aberglauben und Okkultismus möglich. Auch unbewußte Faktoren können auf die Intuition Einfluß haben. Und was die Übereinstimmung von Real- und Denkkategorien betrifft, so sei selbst Nicolai Hartmann in seiner „Kategorialanalyse" nicht über eine Durchmusterung des Gegebenen auf Zusammenhänge und Unterschiede, die in erster Linie eine Sammlung und Beschreibung des Vorgefundenen darstellen, hinausgekommen (zu Hartmann siehe 5.2).

So sieht sich May gezwungen, den Erkenntnisanspruch seiner Naturphilosophie auf einen Standpunkt zu reduzieren, den er die „Theorie der Wahlfreiheit" nennt. Damit ist folgendes gemeint: Jeder naturwissenschaftliche Versuch werde doch in der Absicht unternommen, aus dem ungeheuer verfilzten Gewebe des Naturgegebenen einzelne Komponenten herauszulösen und „rein" zur Darstellung zu bringen. Aber ohne eine vorausgehende *Festsetzung* sei es gar nicht möglich zu definieren, was „reiner Vorgang" und was „Störung" ist. Diese Setzungen im voraus werden im Kontext einer Theorie vollzogen. Findet eine apriorisch vorausgesetzte Form, d. h. eine Hypothese oder Theorie, ihre empirische Bestätigung, so bezeichnet man sie als Naturgesetz, wenngleich nicht bewiesen sei, daß es sich um ein *Natur*gesetz von ontologischem Range handelt. Tritt dagegen die Bestätigung nicht ein, so müsse trotzdem die angenommene Form (Hypothese, Theorie) noch nicht als unbedingt falsch verabschiedet werden. Vielmehr trete eben jetzt das spezifisch Philosophische auf den Plan: der Naturwissenschaftler stehe vor der *Wahl,* die vorausgesetzte Form beizubehalten und die Abweichungen als solche von diesem Fixpunkt aus zu erklären oder aber eine neue Form in Ansatz zu bringen. Wonach also wird er seine Wahl treffen?

Das Streben nach einheitlicher und vereinfachender Ordnung, sagt May, das die gesamte Philosophie- und Wissenschaftsgeschichte durchziehe – man denke auch an unsere Beispiele von Newton (S. 61) und Einstein (S. 63) – war und sei entscheidend für das Prinzip dieser Wahl, angefangen von dem ionischen (frühgriechischen) Suchen nach dem Urstoff bis zum Machschen Ökonomieprinzip („der Zweck aller Begriffe und Gesetze ist Denkökonomie"). Auch die „kritische Naturphilosophie", zu der sich May bekennt, vermöge nicht anzugeben, welche Formengarnitur das Erfassen des wahren Seins garantiere und damit ontologisch zu bewerten sei. Die zunehmende mathematische Beherrschung der Natur habe zwar zu Vereinfachungen und damit sicherlich zu Erkenntnis geführt; darüber hinaus jedoch könne auch sie nicht gehen. Sie wolle damit zwar nicht das weitere Fragen unterbinden, sei jedoch nicht in der Lage, selbst einen Beitrag zu leisten. Sie warne lediglich davor, diese oder jene Formelgarnitur willkürlich zum metaphysischen Weltbild zu erheben.

Diese Aussagen Mays sind nicht frei von Resignation. Seine ursprünglich erhobene Forderung nach Letztbegründung konnte ihm nicht gelingen. In der Tat erscheint sie ohne eine gewisse Subjektivität – ob im transzendentalen Sinne Kants oder im Sinne realistischer Selbstgegebenheit und evidenter Einsicht – unerreichbar. Selbst der Rückgriff auf das Prinzip der Einfachheit (Simplizitätsprinzip) hat nur praktische Gründe; sein ontologischer Rang ist zweifelhaft. Außerdem ist die Frage offen, was Einfachheit überhaupt bedeutet. May spricht von der zunehmenden mathematischen Beherrschung der Natur als Zeichen von Einfachheit, Einstein wird konkreter und spricht von mathematisch einfachen Begriffen und einfachen Gleichungen, die zwischen ihnen möglich sind, worin die Hoffnung des Theoretikers liege," das Wirkliche in seiner Tiefe zu erfassen"[57].

Karl R. Popper wendet ein, daß der Begriff der Einfachheit in diesem Sinne doch nur ein ästhetisch-pragmatischer sei und wiederum nicht anders als durch Konvention, und zwar nach außerwissenschaftlichen Gesichtspunkten, zustande komme. Fehlt aber ein wissenschaftliches Kriterium der Theorienauswahl, so müsse diese Entscheidung als wissenschaftlich willkürlich, d. h. als konventionalistisch angesehen werden, denn: eine konventionalistische Naturwissenschaft sei eine begriffliche Konstruktion, die mittels von uns festgesetzter Naturgesetze die Eigenschaften einer künstlich geschaffenen Begriffswelt bestimme. Und da wir diese Hypothesen (bzw. Gesetze) selbst festsetzen, immunisieren wir sie gewissermaßen gegen Falsifikationen, weil ja aus ihnen selbst erst folgt, was eine Beobachtung, eine Messung, ein starrer Maßstab oder eine richtig gehende Uhr sind. Dies aber widerspricht einer Grundforderung Poppers: Theorien müssen *falsifizierbar* sein.

Weshalb rechnet man dann aber Popper selbst zu den Konventionalisten? Weil auch bei ihm der Beschluß eine Rolle spielt, zwar nicht auf der Ebene der Hypothesen und Theorien, wohl aber auf der Ebene der Basissätze. Popper geht davon aus, daß Wahrheit auf einen objektiven Sachverhalt abzielt, dessen Bestehen oder Nichtbestehen von der Zeit und der Verschiedenheit der urteilenden Personen unabhängig ist. Man nennt diese Sachverhalte auch Tatsachen. Tatsachen, die zur Nachprüfung eines Satzes (einer Aussage) dienen, müssen allgemein zugänglich und intersubjektiv nachprüfbar sein. Nach verbreiteter Auffassung gründet die Feststellung der Übereinstimmung von Satz und Tatsache in einer Wahrnehmungsevidenz, in einem (nicht ausschaltbaren) Erlebnis. So argumentiert z. B. Victor Kraft[58] gegen den kohärenztheoretischen Wahrheitsbegriff, daß dieser eben nur für *ideelle* Systeme hinreiche, weil man bei ihnen die Frage nach ihrer Wirklichkeit nicht zu stellen brauche. Würden jedoch alle widerspruchsfreien Systeme zugelassen werden, so wäre auch eine „grotesk abenteuerliche Welt" nicht ausgeschlossen. Für die Wahrheit von Wirklichkeitsaussagen müsse aber mehr verlangt werden als bloße Widerspruchsfreiheit, es müsse insbesondere die Übereinstimmung von Wahrnehmungserlebnissen mit Folgerungen aus theoretischen Voraussetzungen hinzukommen. Nur, und das ist Poppers Einwand, die Anerkennung bestimmter Basissätze (Protokollsätze, vgl. S. 35) als Grundlage einer Theorie werde nicht durch Tatsachen erzwungen, sondern beruhe auf *Beschluß.* Und das aus folgendem Grund: Schon Jakob Fries habe gezeigt, daß man Sätze der Wissenschaft entweder dogmatisch einführen oder sie begründen müsse. Begründen aber könne man Sätze wiederum nur durch Sätze. Das führe entweder zu einem unendlichen Regreß oder – an irgendeiner Stelle – zur Berufung auf Wahrnehmungsevidenz (Popper nennt das Psychologismus) oder schließlich zum Abbruch des Verfahrens durch Beschluß. Dafür entscheidet sich Popper. Jede Nachprüfung einer Theorie müsse schließlich bei irgendwelchen Basissätzen haltmachen, und niemals zwingen uns *logische* Verhältnisse dazu, gerade bei einem bestimmten Basissatz stehenzubleiben. *Praktisch* werde man dort stehenbleiben, wo die Nachprüfung und damit eine intersubjektive Einigung leicht zu erzielen ist. Also liegt der Beschluß auf der Ebene der Basissätze.

„Die Basissätze", sagt Popper, „bei denen wir jeweils stehenbleiben, bei denen wir uns befriedigt erklären, die wir als hinreichend geprüft anerkennen – sie haben wohl insofern den Charakter von Dogmen, als sie ihrerseits nicht weiter begründet werden. Aber diese Art von Dogmatismus ist harmlos, denn sie *können* (kursiv vom Verf.) ja, falls doch noch ein Bedürfnis danach auftreten sollte, weiter nachgeprüft werden. Wohl ist dabei die Kette der Deduktion grundsätzlich unendlich, aber dieser ‚unendliche Degreß' ist unbedenklich, weil durch ihn [nach unserer Theorie] keine Sätze bewiesen werden sollen oder können. Und was schließlich die psychologistische Basis betrifft, so ist es sicher richtig, daß der Beschluß, einen

Basissatz anzuerkennen, sich mit ihm zu begnügen, mit Erlebnissen zusammenhängt – etwa mit Wahrnehmungserlebnissen; aber der Basissatz wird durch diese Erlebnisse nicht begründet; Erlebnisse können Entschlüsse, also auch Festsetzungen *motivieren,* aber sie können einen Basissatz ebenso wenig begründen wie einen Faustschlag auf den Tisch"[59].

Von hier aus kommen wir zu dem, was man Poppers *Falsifikationstheorie* nennt. Es mag überraschen, daß Popper sagt, nach seiner Theorie sollen und können keine Sätze bewiesen werden. Welche Funktion erfüllen denn dann die Basissätze?

Erfahrungswissenschaften sind für Popper Theoriensysteme, „reine" Beobachtungen gibt es nicht. Mit Eddington ist er der Meinung, daß die Theorien die „Netze" sind, die wir auswerfen, um die „Welt" einzufangen, zu rationalisieren, zu erklären und zu beherrschen. Zwar ist der Ursprung einer Theorie in der Intuition zu suchen, doch bedarf sie anschließend einer deduktiven Überprüfung, d. h. es werden Sätze abgeleitet, die untereinander und bezüglich anderer Sätze auf ihre logischen Beziehungen hin (z. B. Widerspruchsfreiheit, Implikation usw.), aber auch auf ihre empirischwissenschaftliche Bewährung untersucht werden.

Das Kriterium der empirisch-wissenschaftlichen Bewährung kann aber nach Popper nicht in der Verifikation der Sätze gesucht werden, weil ja All-Aussagen – und solche sind die Naturgesetze in der Regel (z. B. „alles Eisen rostet") – gar nicht endgültig verifiziert werden können: man hätte eine endlose Kette von Fällen faktisch zu überprüfen. So setzt Popper an die Stelle der Verifikation die Falsifikation: ein empirisch-wissenschaftliches System muß an der Erfahrung, z. B. an den Basissätzen, scheitern können. Und damit weist er den Basissätzen eine Aufgabe zu: an ihnen müssen Theoriensysteme scheitern können. Diesem Falsifikationsverfahren liegt der modus tollens zu Grunde, den wir oben in der Logik kennengelernt haben.

Wir hoffen, sagt Popper, mit Hilfe neu zu errichtender wissenschaftlicher Systeme neue Vorgänge zu entdecken. Deshalb habe man auch an falsifizierenden Experimenten höchstes Interesse, denn sie eröffnen Aussichten auf neue Erfahrungen. Ja, mehr noch: der *Falsifizierbarkeitsgrad* einer Theorie könne sogar als Kriterium dienen, um eine wissenschaftliche Entscheidung zwischen verschiedenen möglichen Theorien zu treffen. Es gibt nämlich Theorien, die leichter und solche, die weniger leicht zu falsifizieren sind. Und wenn man unter „Einfachheit" „leichte Falsifizierbarkeit" verstehen sollte, dann könne er sogar Einfachheit in diesem Sinne als Auswahlprinzip akzeptieren.

So komme es also für die Naturbeschreibung darauf an, möglichst leicht falsifizierbare Theorien aufzustellen und bevorzugt sei jene Theorie, „die sich im Wettbewerb, in der Auslese der Theorien am besten behauptet, die am strengsten überprüft werden kann und den bisherigen strengen Prüfungen auch standgehalten hat"[60].

Würde es schließlich gelingen, eine Theorie aufzustellen, die bei weiterer Einschränkung des Spielraums der zugelassenen Vorgänge an der Erfahrung tatsächlich scheitern müßte, so wäre damit ‚unsere besondere Welt', ‚die Welt unserer Erfahrungswirklichkeit' aus der Menge aller *logisch möglichen* Erfahrungswirklichkeiten mit der größten für eine theoretische Wissenschaft erreichbaren Genauigkeit ausgezeichnet.

Damit nähern wir uns dem, was man „absolute Wahrheit" nennt, absolute Gewißheit jedoch, so Popper, kann es nicht geben, denn jede theoretische Konstruktion kann einmal scheitern. Dies gründet in der *Asymmetrie von Verifikation und Falsifikation,* wie folgende Überlegung zeigt: In der Mathematik kennt man die „Goldbach-Vermutung": Jede gerade natürliche Zahl, die größer oder gleich 4 ist, kann als Summe zweier Primzahlen dargestellt werden. Auf dieses Beispiel verweist Popper und sagt, diese Vermutung würde zwar durch ein einziges Gegenbeispiel falsifiziert, jedoch durch den Aufweis noch so vieler Zahlen, auf die der Satz zutrifft, nicht verifiziert werden. Naturgesetze, so wurde schon gesagt, haben ebenfalls die logische Form von All-Sätzen. Sie sprechen Verbote aus, indem sie nicht sagen, was existiert, sondern was nicht existiert. Z.B. sagt der Satz von der Erhaltung der Energie: „Es gibt kein perpetuum mobile." Und der Satz „Alle Raben sind schwarz" sagt „Es gibt keine nicht-schwarzen Raben." Daran erkennt man, daß die Naturgesetze falsifizierbar sind, der Energiesatz etwa dadurch, daß es gelingt zu beweisen „der dort stehende Apparat ist ein perpetuum mobile." Im Falle des Satzes von den Raben würde zur Falsifikation der intersubjektiv nachprüfbare Satz hinreichen, daß im Tierpark zu N. eine Familie von weißen Raben lebt.

Gegen diese Überlegung Poppers wendet Béla Juhos ein, es sei ein Irrtum zu meinen, daß ein Naturgesetz wie ein mathematisches durch ein einziges Gegenbeispiel notwendig falsifiziert werde. An dem Satz „Alle Raben sind schwarz" halten wir auch heute noch fest, obwohl vereinzelte Fälle von nicht-schwarzen (weißen) Raben bekannt sind. Für falsch werden empirische Allsätze erst dann erklärt, wenn die „Nichtübereinstimmung mit der Wirklichkeit", nämlich die Gegenbeispiele, selbst mit Gesetzmäßigkeit auftreten. Das heißt: ein Naturgesetz als empirischer Allsatz kann nur durch ein anderes empirisches Gesetz falsifiziert werden. In diesem Sinne sagt auch J.M. Bocheński, es sei eine Naivität zu meinen, daß ein Naturwissenschaftler ein gut bewährtes Gesetz preisgebe, nur weil er ein oder zwei widersprechende Basissätze gefunden habe, oder daß eine Theorie, die ein großes Wissenschaftsgebiet abdeckt, aufgegeben werde, wenn sie ein paar neue Gesetze nicht mehr deckt.[61]

Daraus folgt nun insbesondere, daß ein wirklich falsifizierendes Gesetz, um wissenschaftlich relevant zu sein, seinerseits hinreichend justifiziert sein muß. Von daher wird die Asymmetrie in Frage gestellt. Juhos will nicht bestreiten, daß die Feststellung von Widersprüchen, Unverträglichkeiten, Nichtübereinstimmungen ein sehr wichtiges methodisches Mittel der empirischen Forschung sei, er wolle aber die Unrichtigkeit der Ansicht nachweisen, „daß eine notwendig endgültige und vollständige Falsifikation der allgemeinen empirischen Sätze erzielt werden könne, während die Ermittlung von Übereinstimmungen der Sätze mit der Wirklichkeit, d.s. die Verifikationen, für die Geltung der zu prüfenden Sätze irrelevant sei"[62].

Poppers Gedanken wirken über den Bereich der naturwissenschaftlichen Grundlagendiskussion hinaus. Sie erfüllen eine Brückenfunktion zwischen ethischen und technologisch-wissenschaftlichen Entwürfen einerseits und sozialen Praktiken andererseits (Hans Lenk). Hans Albert erweiterte sie zu einem allgemeinen Fallibilismus, der insbesondere auch den sozialwissenschaftlichen Bereich einbeziehen sollte und als *Kritischer Rationalismus* bekannt wurde. Als solcher steht er in der Auseinandersetzung mit dem Rationalismus wie auch mit dem Neopositivismus. Wir erinnern uns, daß für die realistische Erkenntnislehre der korrespondenztheoretische Wahrheitsbegriff im Vordergrund steht, das Übereinstimmen von Aussage und Sachverhalt. Das Wahrsein einer Aussage wird aber erst dadurch zur Erkenntnis, daß die Gewißheit hinzutritt, die Sicherheit darüber, daß Wahrheit vorhanden ist. Das erfordert eine Begründung, eine Rechtfertigung unserer Überzeugung. Nach dem von Albert so genannten Münchhausen Trilemma führt der Begründungsanspruch aber dazu, daß wir uns – wie Münchhausen – am eigenen Schopfe aus dem Sumpf ziehen müssen. Die Begründungsforderung muß nämlich entweder zu einem unendlichen Regreß oder zu einem Begründungszirkel führen. Das erste ist unmöglich, das zweite aus logischen Gründen abzulehnen. Was bleibt, ist – analog zu Poppers Beschluß über Basissätze – ein Abbruch des Begründungsverfahrens. Da uns aber jener „archimedische Punkt" fehlt, um einen Abbruch genau an der Stelle objektiv zu rechtfertigen, kann es sich nur um eine subjektive Entscheidung und insofern um eine selbstfabrizierte Rechtfertigung handeln. Die Evidenz, auf die sich die Realisten dabei berufen, nennt Albert ein auf Offenbarung (der Vernunft oder der Sinne) gegründetes Dogma. Je mehr dagegen eine Theorie dem Scheiternkönnen ausgesetzt sei, je kühner sie sei, desto größere empirische Aussagekraft habe sie, desto größer sei ihre Wahrscheinlichkeit, also: desto empfehlenswerter sei sie. Erkenntnis, so sagt Hans Albert, bewegt sich zwischen Konstruktion und Kritik; sie ist ein Teil der menschlichen Praxis, in der laufend Entscheidungen getroffen werden müssen. Die Theorie der Erkenntnis ist eine Theorie dieser Praxis. Sie liefert selbst kritische Gesichtspunkte für die Beurteilung ihrer Resultate und Methoden sowie Anhaltspunkte für rationale Entscheidungen[63]. – Es bleibt nur zu wünschen, daß der Theorienpluralismus, angewandt auf den gesellschaftlichen Bereich, nicht zu „kühnen Theorien" führt, die irreversible und ungewollte Fakten schaffen, ohne daß diese „Handlungskonsequenzen" in voller Tragweite vorhersehbar gewesen wären. Aber darüber nachzudenken, ist Aufgabe anderer Wissenschaftsdisziplinen.

Nun zum *Relativismus!* Dieser tritt in einer subjektiv-relativistischen und in einer spezifisch-relativistischen (von species = Art) Form auf. Nach der erstgenannten Form liege es bei jedem einzelnen, etwas als wahr oder als falsch, als seiend oder als nicht-seiend, als gültig oder als ungültig anzusehen. Es liegt auf der Hand, daß ein solcher subjektiver Relativismus nicht nur jede wissenschaftliche Ansatzmöglichkeit zerstören, sondern auch jedes menschliche Gemeinschaftsleben undenkbar machen würde. Interessant und diskussionswürdig ist dagegen die andere Variante des Relativismus, die spezifisch-relativistische: nicht der Mensch als Individuum, wohl aber der Mensch als species auf seiner Evolutionsstufe und in seiner historischen Situation bestimmt über Werte, beschließt über Normen, legt fest, was Wahrheit ist.

Erinnern wir uns noch einmal Kants Gedanken: Unser Verstand hat es eingerichtet, daß uns die Wirklichkeit, über deren Ansich wir nichts weiter wissen als daß es sie gibt, in bestimmter Weise Erkenntnis wird. Das ist im Grunde schon eine Variante des Relativismus, nämlich daß unser Erkennen nicht nur vom Objekt, sondern auch von (transzendental-)subjektiven Gegebenheiten her bestimmt ist. Das Relativismusproblem geht auf den griechischen Philosophen Protagoras zurück. Protagoras war ein Mann des 5. vorchristlichen Jahrhunderts, einer interessanten Phase der frühen Entwicklung des griechischen Denkens zwischen Mythos und System, angesiedelt an der Schnittstelle von kosmologisch-naturphilosophischer und anthropologisch-praktischer Periode der antiken Philosophie. An der Schwelle dieses Jahrhunderts stehen die Namen Parmenides und Heraklit. Ihre Frage gilt dem Sein und dem Werden. Heraklit, der Seher, schaut auf den Wandel, auf Werden und Vergehen, Parmenides, der Denker, denkt, was ist, denkt das Sein, denn „Sein ist." Das ist, sagt Hermann Glockner[64], in archaischer Weise ausgedrückt, was spätere Logiker in die Formel „A = A" gekleidet und als Satz der Identität bezeichnet haben.

Anders die Fragestellung in der anthropologischen Periode. Angesichts des wachsenden Bedürfnisses breiterer Kreise, Zugang zu erhalten zu den Ergebnissen der Wissenschaften und im öffentlichen, insbesondere im politischen Leben eine Rolle zu spielen, entstand eine Nachfrage nach geeigneten Lehrern. Und so strömten aus allen Teilen Griechenlands Männer verschiedenster Schulen nach Athen, um ihr Wissen anzubieten. Daraus wurde ein Geschäft, zumal die demokratische Staatsform demjenigen Chancen eröffnete, der seine Vorstellungen gut vorzutragen und zu verteidigen wußte. Deshalb suchte man Lehrer der Beredsamkeit mit der Fähigkeit, möglichst jeder Ansicht zum Siege und jeder Absicht zum Erfolg zu verhelfen. – Sollte dem aber so sein, sollte es also tatsächlich weniger auf den Inhalt eines Satzes als auf seine Verpackung ankommen, dann wäre doch im Grunde alles relativ und nichts allgemeingültig. Diesen Schluß zogen die Sophisten und stellten damit das Thema der anthropologischen Periode der griechischen Philosophie oder – wie man auch sagt – der griechischen Aufklärung. Ihre Aufgabe aber sahen sie recht nüchtern: wenn dem Menschen schon die ganze Wahrheit nicht zugängig ist, dann muß er sich mit dem zufrieden geben, was für ihn wahr ist. Und wenn der objektive Maßstab fehlt, um zu entscheiden, wer Recht hat, dann kommt es darauf an, wer Recht behält, wer also seine Sache gut und geschickt zu vertreten weiß.

Einer dieser Sophisten, vielleicht der bedeutendste unter ihnen, war Protagoras. Von ihm wird folgende Anekdote berichtet: Unter den jungen Leuten, die zu Protagoras kamen, um Unterricht in Rhetorik zu nehmen, war auch Euathlus, der Rechtsanwalt werden wollte. Man vereinbarte, daß Euathlus die Hälfte des Honorars an Protagoras sofort, die andere Hälfte dann zu zahlen habe, wenn er seinen ersten Prozeß gewonnen habe. Euathlus aber dachte gar nicht daran, einen Prozeß zu führen und drückte sich so an der Zahlung vorbei. Da ging Protagoras zum Richter und sagte: Ich verklage den Euathlus, und so bekomme ich mein Geld auf jeden Fall. Entweder, weil Du mir Recht gibst und ihn zur Zahlung verurteilst oder – falls ich verliere – weil dann Euathlus seinen ersten Prozeß gewonnen hat. Aber der Unterricht des Protagoras zeigte seinen Erfolg. Euathlus nämlich sagte zum Richter: genau das Gegenteil ist richtig. Ich brauche in keinem Falle zu zahlen, denn entweder gewinne ich den Prozeß, dann sprichst Du mich ja von der Zahlung frei, oder ich verliere, dann brauche ich auch nicht zu zahlen, weil ich noch keinen Prozeß gewonnen habe. Solche Art von Scheinbeweisen nennt man heute noch sophistisch; genauer jedoch trifft man das Anliegen der Sophisten, wenn man an ihre kritischen Auseinandersetzungen mit Tradition, menschlichen Setzungen (im Recht z. B.) und Erkenntnis denkt.

Schon in der kosmologischen Periode, so bei Heraklit oder bei Empedokles, gab es Beispiele für die Annahme einer – psychologisch verstandenen – Identität von Wahrnehmen und Denken, einer Auffassung, der auch Protagoras folgte. Wahrnehmung aber ist, wenn man so will, das Resultat zweier ‚Bewegungen', eines Sich-Zeigens der Dinge, also etwas, das den Objekten zukommt, und eines Auf-das-Objekt-Zugehens des Subjekts, eines subjektiven Aktes also. Daraus wurde geschlossen, daß der Mensch die Dinge nicht erkennt wie sie sind, sondern wie sie im Akt des Erkanntwerdens für ihn, aber auch nur für ihn, sind: und sie sind in diesem Moment und in bezug auf ihn so, wie er sie vorstellt. Solcher Erkenntnis, die im Akt der Wahrnehmung nur für den Wahrnehmenden entsteht, fehlt natürlich die logische Allgemeingültigkeit. Und da Protagoras kein anderes Wissen als das aus der Wahrnehmung anerkennt, gibt es für ihn auch keine allgemeingültige Erkenntnis. Dies drückt er in dem berühmten Satz aus, daß der Mensch das Maß aller Dinge sei.

Platon hat später diese Wahrnehmungstheorie zwar im Grunde übernommen, aber doch entscheidend ergänzt: zwar sei es richtig, daß Sinneswahrnehmung nicht zu Wahrheit, sondern zu bloßer Meinung führt, aber der Mensch habe ja noch einen anderen, spezifischen Erkenntnisweg, den des Denkens. Und nur durch dieses gelinge ihm der Zugang zur Wahrheit, so wie z. B. mathematisches Denken in das Reich der Mathematik führe, das auch nicht von dieser Welt sei. Der Satz des Protagoras aber, der sogenannte homomensura-Satz, über dessen subjektivistische oder art-spezifische Auslegung gestritten wird, impliziert Konsequenzen, insbesondere

a) im Bereich des (wissenschaftlichen) Erkennens, also eine mehr theoretische Fragestellung und

b) im Bereich des ethischen Handelns, also eine Thematik der praktischen Philosophie, auf die wir später zu sprechen kommen werden.

Eine dritte Variante des Relativismus ist der Gruppenrelativismus, der die Wahrheit von Aussagen auf bestimmte Gruppen innerhalb der Menschheit einschränkt. So hat Wilhelm Dilthey in seiner Abhandlung „Die Typen der Weltanschauung und ihre Ausbildung in den metaphysischen Systemen"[65] die Auffassung vertreten, daß die verschiedenen Weltanschauungstypen nur für verschiedene Menschentypen und somit nur relativ wahr sind. Er geht aus von der Tatsache der Gegensätzlichkeit der philosophischen Systeme und kommt von hier aus zu der Auffassung, daß die weltanschaulichen Überzeugungen der Menschen keine sinnvollen Antworten auf die objektive Struktur der Welt sind, sondern vom Menschen geschaffene und durch die Verschiedenartigkeit seiner Lebensverfassung und seines Charakters gestaltete Gebilde. Und eben darum können sie nicht den Anspruch auf absolute Wahrheit erheben: sie sind abhängig vom Menschen und seiner Entwicklung. „Jede Weltanschauung ist historisch bedingt, also relativ und begrenzt."

Drei Weltanschauungstypen glaubt Dilthey unterscheiden zu können, die er als Naturalismus, Idealismus der Freiheit und objektiven Idealismus bezeichnet. Der erstgenannte Typ hat den Empirismus zur erkenntnistheoretischen Grundlage, ist materialistisch und – in der Ethik – hedonistisch (siehe unten 8.3) orientiert. Grunderlebnis des zweiten Typs ist die Unabhängigkeit des Geistes gegenüber der Kausalität der Natur. Gleichzeitig weiß sich das geistige Ich gebunden durch sittliche Verpflichtungen. Eine Orientierung an Kant ist unübersehbar. Die seelische Haltung, aus der der dritte Typ hervorgeht, ist die Kontemplation, in der sich unser Gefühlsleben zu einer Art universeller Sympathie erweitert und in der sich alle Dissonanzen des Lebens auflösen in einer Harmonie der Dinge. Der objektive Idealismus sieht den einzelnen eingebunden in das All-Leben, das dem Universum immanent ist und das Ganze durchdringt. Diese Typen stehen nach Dilthey selbstmächtig nebeneinander, jeder überzeugt von der Richtigkeit seiner Sicht, und so ist jedes System wahr, freilich nur für den Menschentyp, aus dessen Lebensverfassung es hervorgegangen ist. „Das reine Licht der Wahrheit ist nur in verschieden gebrochenem Strahl für uns zu erblicken."

Formen des Relativismus sind schließlich auch noch der Pragmatismus und der Skeptizismus. Wahrheitsnorm ist für den Pragmatismus das *Ziel,* das durch die Erkenntnis erreicht werden soll. Ist eine Erkenntnis dem Ziele förderlich oder hat sie sich bewährt, so ist sie wahr. Wahr ist also, was nützt. Da aber die Ziele und Wünsche der Menschen unterschiedlich sind, sind auch ihre „Wahrheiten" unterschiedlich. Der Pragmatismus hat keine Dogmen und keine Lehre außer seiner Methode. Er ‚liegt in der Mitte unserer Theorien wie ein Korridor in einem Hotel. Unzählige Zimmer gehen auf diesen Korridor. In dem einen dieser Zimmer finden Sie vielleicht einen Mann, der an einer atheistischen Schrift arbeitet, im nächsten einen anderen, der auf seinen Knien um Glauben und Kraft betet, in einem dritten einen Chemiker, der die Eigenschaften eines Körpers untersucht. In einem vierten wird ein System idealistischer Metaphysik entworfen und in einem fünften wird die Unmöglichkeit jeder Metaphysik bewiesen. Ihnen allen aber gehört der Korridor zu eigen. Alle müssen ihn passieren, wenn sie einen praktikablen Weg in ihre Zimmer oder aus denselben brauchen"[66].

Auf die möglichen Varianten der Skepsis haben wir schon oben (S. 48) hingewiesen und auch eine universelle Skepsis abgelehnt. Die übrigen skeptischen Spielarten haben Gemeinsamkeiten mit den erwähnten Relativismen und werden manchmal mit diesen gleichgesetzt, so z. B. die relative Skepsis mit dem spezifischen Relativismus. Einige Besonderheiten lassen sich herausstellen, z. B. ein Gedankengang Kurt Hübners[67] mit dem Ergebnis, die Natur sei für uns eine – im kybernetischen Sinne – Black Box, von der wir nur die Eingangs- und Ausgangswerte kennen, aber nichts vom inneren Mechanismus wissen, ja schon die Frage danach sei sinnlos; eine sicherlich skeptische Position.

Mit dem Hinweis darauf, daß uns im Rahmen der Naturphilosophie noch das interessante Problem der evolutionären Erkenntnistheorie beschäftigen wird, sei das Thema „Erkennen" abgeschlossen.

5. Das Sein

Die Frage nach dem Sein ist Gegenstand der *Ontologie* (griech. Seinslehre), ein Name, der sich durch Christian Wolffs Arbeit „Erste Philosophie oder Ontologie" (1730) eingebürgert hat. Nach Wolff lassen sich an allen Dingen unterscheiden: substantielle Bestimmtheiten, Eigenschaften und Zustände.Die Ontologie erforsche den Aufbau der Dinge und die zwischen ihnen bestehende Ordnung. Es wurde schon oben darauf hingewiesen, daß die Seinsfrage Parmenides aufgeworfen hat, der als Grundeigentümlichkeiten des Seins Einheit, Gleichartigkeit, Unveränderlichkeit, Unentstandensein und Unvergänglichkeit nannte. Bei Platon kommt das Sein im eigentlichen Sinne den Ideen zu, sein Schüler Aristoteles bestimmt als grundlegende Aufgabe der Philosophie, „das Seiende als Seiendes und das, was ihm an sich zukommt"[68] zu betrachten. Über Aristoteles erlangte das Seinsproblem eine zentrale Stelle in der mittelalterlichen Philosophie, hier z. B. bei Thomas von Aquin. In der Folgezeit wurde der Anspruch der Ontologie wie überhaupt jeder Metaphysik auf Wissenschaftlichkeit mehr und mehr bestritten. Zu den ernst zu nehmenden Kritikern gehören Kant und die Vertreter des logischen Positivismus.[69]

Hinsichtlich des Aufbaus der Dinge unterscheidet die Ontologie zwischen Real- und Idealprinzipien. Reale Elemente eines Körpers sind z. B. die Moleküle bzw. Stoffe, aus denen er zusammengesetzt ist. Sie zu untersuchen ist Sache der Naturwissenschaften. Die ideale Betrachtungsweise zielt auf das allgemeine Wesen des Gegenstandes und seine individuellen Bestimmtheiten. Beide lassen sich zwar begrifflich auseinanderhalten, real jedoch nicht voneinander trennen. Aber diese begrifflichen Unterscheidungen sind, so sagt die Ontologie, nicht willkürlich, sondern haben ein fundamentum in re, also eine Grundlage in der Sache.

Hier knüpfen zwei Thematiken an: einmal das oben (S. 49) bereits angesprochene Universalienproblem und zum anderen das Thema Substanz – Akzidens bzw. Stoff – Form, das auch unter dem Namen Hylemorphismus bekannt geworden ist. Zunächst noch ein paar Gedanken zum *Universalienproblem.*

Wir hatten oben den Universalienrealismus und den Nominalismus konfrontiert und darauf hingewiesen, daß der strenge Realismus ein selbständiges Existieren dessen annimmt, was in Allgemeinbegriffen ausgesagt wird, während der Nominalismus Allgemeinbegriffe als bloße Namen auffaßt, mit deren Hilfe wir Gemeinsamkeiten an den Dingen gedanklich zusammenfassen. In der neueren Ontologie wird vorwiegend eine Position vertreten, als deren Vorläufer man Aristoteles, aber auch den Spätscholastiker Franz Suarez ansieht, ein *gemäßigter Realismus.* So wird einerseits zugegeben, daß Allgemeines nicht so existieren kann, wie es sich denken läßt, nämlich losgelöst von jeder Konkretisierung, aber es wird andererseits festgehalten, daß im Individuellen Allgemeines enthalten ist. Wie sollten wir, sagt z. B. Victor Kraft, Ähnlichkeiten oder Gemeinsamkeiten – wie der Nominalismus will – herausheben können, wenn wir nicht einen Auswahlgesichtspunkt, einen Bezugspunkt hätten, um die Abstraktion des „Ähnlichen" vom individuell Gegebenen vorzunehmen? Und dieser Bezugspunkt kann doch nur eine allgemeine Eigenschaft an den Dingen sein. Dieses Allgemeine, so Kraft, existiere, indem es gedacht werde, als ein Glied innerhalb einer Erlebnisreihe, individuell, subjektiv, in vielfacher ähnlicher Wiederholung. Insofern sei es etwas Psychisches. Seinem Gehalt nach jedoch müsse es als Beschaffenheit oder Beziehung etwas Objektives und Identisches sein. So gebe es zwar nur individuelle Dreiecke, individuelle Rot-Nuancen, individuelle Kreise. Aber in diesen Individuen „existiere" die Dreieckigkeit, die Röte, die Kreisförmigkeit als eine identische Beziehung oder Eigenschaft an allen Mitgliedern der Klasse[70].

5.1 Die Substanz

Nun zur Frage nach der Substanz. Die Substanz war bei Aristoteles ursprünglich die Grundkategorie, und Kategorie bedeutete Aussageweise. Eine Aussage aber enthält im Sinne des Aristoteles – wie oben in der Logik gezeigt – mindestens einen Subjekt- und einen Prädikatbegriff (von der Kopula abgesehen) . Die Substanz ist also zunächst das Subjekt, über das wir Aussagen machen. Nun ist aber unser Aussagen Ausdruck des Denkens, und unser Denken bezieht sich auf die Wirklichkeit. Also sind auch die Kategorien nicht bloße Denkkategorien (wie etwa bei Kant), sondern Seinskategorien, oberste Seinsbestimmungen. Wenn ich sage „Sokrates ist Athener", so ist „Sokrates" nicht nur Subjekt des Satzes, sondern auch ein

Wesen, von dem ich etwas aussage. Und auch dieses *Wesen* nennt Aristoteles Substanz, genauer sogar „erste Substanz."

Gegen den Sensualismus, der das Seiende mit dem sinnlich Erfaßbaren gleichsetzt, wendet Aristoteles ein, zwar seien in der Sinnenwelt Werden und Vergehen gegeben, aber gerade der Wechsel setze doch etwas voraus, das wechselt, das Eigenschaften verliert und erhält. Ohne ein Beharrendes gäbe es nicht nur keinen sinnlichen Wechsel, sondern auch keine Wissenschaft, denn Wissenschaft ziele eben nicht auf die wechselnden Eigenschaften, sondern auf das Bleibende, das zugleich den Charakter des Allgemeinen hat. Im Allgemeinen gründet das Einzelne, und das Wissen von diesem Grund ist höheres Wissen als es die auf das Einzelne und seine Eigenschaften gehende Wahrnehmung vermittelt. Erst das Denken ergreift am Gegenstand sein Wesen und damit das die einzelnen Eigenschaften begründende Allgemeine.

Wie aber das Einzelne nicht ohne das Allgemeine, so kann auch – wie schon angedeutet – das Allgemeine nicht ohne das Einzelne sein. Deshalb kommt der Begriff „Substanz" im primären Sinne dem Einzelwesen zu, dem Allgemeinen aber in einem abgeleiteten Sinne als „zweite Substanz."

Die Analyse der Einzelsubstanzen führt zu zwei neuen Begriffen, die als grundlegend für das gesamte aristotelische System anzusehen sind: Materie und Form. Zu ihnen finden wir einen Zugang, wenn wir uns die aristotelische Auffassung des Werdens vergegenwärtigen. Das Werden fordert zu seiner Erklärung nach Aristoteles vier Prinzipien:

1. Das, woraus etwas wird, die Materialursache (causa materialis), z. B. das Baumaterial,
2. die Form, die im Werden verwirklicht wird, die Formursache (causa formalis), z. B. ein Haus,
3. das, was das Hervortreten der Form bewirkt, die Wirkursache (causa efficiens), z. B. die Bauwerker,
4. den Zweck, dem das Werden dient, die Zweckursache (causa finalis), z. B. das Wohnen.

Zweck- bzw. zielgerichtete Prozesse heißen teleologisch (telos = Ziel, Zweck); teleologisches Denken bestimmt die aristotelische Naturauffassung. Materie als letztes Substrat des Werdens ist in ihrem ursprünglichen Sinne (als erste Materie, materia prima) kein aktuell Seiendes, sondern bloße Potentialität. Wie ein Samenkorn dazu da ist, eine Pflanze zu werden, so ist die Materie dazu da, eine Form aufzunehmen und durch diese „etwas", d. h. Wirklichkeit zu werden. Die Form ist das Wirklichkeitsprinzip, das die Materie prägt und bestimmt. Von hier aus läßt sich Werden charakterisieren als die Verwirklichung von Möglichem, und der Hylemorphismus wird verständlich durch die Wortverbindung von hyle = Stoff und morphe = Form.

Die unter eine Form gebrachte und damit zu einem Wesen geprägte materia prima ist der seinsmäßige Kern eines Einzelwesens, seine Substanz. Aber diese ist zunächst noch eine metaphänomenale Wirklichkeit, die offen ist für – unselbständige – Bestimmungen, die Akzidentien. Ist die reine Substanz noch so etwas wie ein Sein in sich, so wird sie, wenn sie in Akzidentien entfaltet ist, Gegenstand des Erfahrungsbereichs; man nennt sie dann auch „zweite Materie." Das ist dann die Materie, mit der es z. B. die Physik zu tun hat, während die materia prima nur Objekt der Ontologie ist. Die Substanz bestimmte Aristoteles daher auch als etwas, das zu seinem Sein keines Trägers bedarf und grenzte sie damit ab gegenüber den Akzidentien, die unselbständige Bestimmungsstücke der Substanz sind.

Der mittelalterliche Interpret des Aristoteles war Thomas von Aquin. Er stimmt mit dem Stagiriten (=Aristoteles, der aus Stageira stammt) darin überein, daß das Einzelding das wahrhaft Wirkliche sei und ihm daher die Bezeichnung „Substanz" in erster Linie gebühre. Nur dem Einzelding, dem Konkreten, komme in der Natur selbständiges Dasein zu, und als aktual und für sich Seiendes sei es ein Substantielles, an dem Entstehen und Vergehen vor sich gehen. Es sei aber auch eingebettet in das Ganze der Welt, in den ordo (=kosmische Ordnung), der eine teleologische Betrachtung des Naturgeschehens erfordere.

Um die Struktur der unbelebten und belebten körperlichen Substanzen bloßzulegen, greift Thomas auf das aristotelische Begriffspaar Materie und Form zurück, das er als die inneren Prinzipien der Dinge darstellt. Die Form verleiht der Materie Sein und Aktualität, während sie andererseits, indem sie durch die Materie begrenzt wird, ein naturhaftes Einzeldasein in einem Einzelding erhält. Wie die Form Prinzip der Aktualität ist, so ist sie auch Erkenntnis- und Tätigkeitsprinzip der Dinge. Auf Grund ihres höheren Seins gegenüber der Materie bedeutet sie das Vollkommenere, durch sie steht das Ding in Beziehung zum obersten Seinsprinzip. Infolge ihrer mehr oder weniger großen Vollkommenheit bilden die Formen ein Stufenreich und sind die Ordnungsprinzipien in der Welt. Dabei nennt Thomas das zur Formsubstanz verdichtete und im Begriff faßbare Allgemeine auch essentia (Wesenheit oder Sosein) und unterscheidet es so vom Dasein (esse oder existentia) der endlichen Dinge.

Wie gesagt sind für Thomas die Einzeldinge die „ersten Substanzen", die er durch eine Reihe von Merkmalen charakterisiert. So ist ihm die Substanz ausgezeichnet durch die „Subsistenz", das Insichsein oder Fürsichsein (Perseität). Dieses Merkmal betont den Unterschied gegenüber dem akzidentell Seienden, das nicht für sich (per se) sein kann, sondern nur an einem anderen (in alio). Ferner ist die Substanz Träger der Akzidenten, also der unselbständigen Seinsweisen, die dem Wandel unterliegen. Insofern ist sie das Dauerhafte, Bleibende, wenn auch prinzipiell Veränderbare, denn es gibt nach Thomas auch substantiellen Wandel. Das wäre aber ein Wesenswandel, der etwas anderes ist als der Wandel der Akzidentien wie z. B. der Farbe, Größe, Lage usw. Schließlich ist die Substanz Tätigkeitszentrum, das Seiendes zu verursachen vermag. Das aus Substanz und Akzidentien zusammengesetzte Seiende nennt Thomas unum per accidens (akzidentelle Einheit) im Gegensatz zum unum per se, der substantiellen Einheit.

Bei Kant sind Substanz und Akzidens – wie schon oben erwähnt – keine Seinskennzeichen, sondern Kategorien des Verstandes, durch die wir Erkenntnisse gewinnen. Sie beziehen sich daher auf die Erscheinungen, nicht auf die Dinge an sich. Die Substanz ist in erster Linie, im Gegensatz zu den Akzidentien, das Beharrende, während das Moment des Selbstandes dem „Ding an sich" zugeschrieben wird. Der Unterschied gegenüber der aristotelisch-thomistischen Auffassung liegt nach Walter Brugger[71] darin, daß nach Kant die Erscheinungen zwar Erscheinungen des Dings an sich sind, es aber in seinem besonderen Sosein unerkannt lassen, während es im aristotelisch-thomistischen Sinne eine solche Kluft zwischen Ding an sich und Ding für uns (=Erscheinung) nicht gibt. Durch die Akzidentien tritt die Substanz in ihrem besonderen Sosein in Erscheinung.

Abschließend sind noch zwei Positionen zu erwähnen: Descartes' Zwei-Substanzen-Lehre und Spinozas Substanzmonismus. Erinnern wir uns des Substanzbegriffs bei Aristoteles: Die Substanz ist das in-sich-seiende (d. h. also eigenständige) Wesen eines Dinges und der (empirisch unzugängliche) Träger der unselbständigen Seinsweisen, der Akzidentien. Die Akzidentien wiederum können Wesensakzidentien sein und der jeweiligen Substanz notwendig zukommen, wie dem Menschen die Vernünftigkeit, oder sie können unwesentlich sein (kontingent), wie das Alter, die Größe, das Ausse-hen eines Menschen.

Descartes knüpft an den Aspekt der Selbständigkeit (Perseität) der Substanz an und bestimmt sie als das, was zu seiner Existenz keines anderen bedarf. Dies trifft strenggenommen – wie Descartes auch selbst erkannte – nur auf die göttliche Substanz zu, die er als die vollkommene Substanz bezeichnete. Um aber die Eigenständigkeit der übrigen Dinge in der Welt nicht gänzlich aufzuheben, schränkte er für diese den Substanzbegriff ein im Sinne einer zulässigen Ab-hängigkeit von der vollkommenen Substanz. Also sind auch die Dinge dieser Welt – geschaffene – Substanzen. An ihnen aber erken-nen wir zwei Attribute: Räumlichkeit und Bewußtsein, Ausdeh-nung und Denken, und zwar im Sinne des ausschließenden Oder: was räumlich ist, ist nicht geistig, und was geistig ist, ist nicht räumlich. Diese Auffassung von der Existenz zweier getrennter Wirklichkeitsbereiche, Geist und Materie, nennt man *Dualismus*. Damit stellt sich aber auch das Problem einer Wechselwirkung zwischen beiden. Da im Menschen unbestritten Körper auf Geist und Geist auf Körper wirkt, mußte Descartes in ihm, aber auch nur in ihm, einen Kontakt zwischen den beiden Reichen anneh-men. Denn grundsätzlich gilt: in der Sphäre der Ausdehnung herrscht mechanische Gesetzlichkeit, so also z. B. auch im Tier-reich, in der Sphäre des Immateriellen herrschen Zweckmäßigkeit und Freiheit.

Descartes' Nachfolger unternahmen mehr oder weniger überzeu-gende Versuche, dieses Aufeinanderwirken von Geistigem und Stofflichem zu erklären, dazu gehört auch die oben erwähnte „prä-stabilierte Harmonie" von Leibniz. Die klarste, aber auch radikal-ste Konsequenz zog Spinoza. Spinozas Philosophie ist *monistisch*, d. h. es gibt überhaupt nur eine Substanz, eine Wirklichkeit, und das ist Gott. Deshalb heißt Spinozas Monismus auch Pantheismus (Gott ist alles) im Unterschied zum Materialismus (alles ist Mate-rie) oder zum ontologischen Idealismus (alles ist Geist). Spinoza setzt also bei Descartes' vollkommener Substanz an und hält diesen Gedanken konsequent durch. Die Substanz ist alles, was immer es auch geben mag, Körper und Geist, Leib und Seele, Teile und Gan-zes, Individuelles und Allgemeines. Und sie ist deswegen alles, weil alles, was uns als Seiendes erscheint, nicht nur sich aus ihr ergibt, sondern sie selbst ist, und nichts anderes mehr[72]. Daraus resultiert die berühmte Spinozistische Formel: „Gott oder die Natur oder die Substanz." Wenn aber Gott = Natur ist, dann muß auch alles determiniert sein, dann kann es keine Freiheit geben, dann ist der Mensch der Sklave Gottes, auch sein Erkennen ist nur ein Erleiden.

5.2 Neue Ontologien

Man sollte nun nicht meinen, daß die Beschäftigung mit ontologischen Fragestellungen nur eine Angelegenheit vergangener Jahrhunderte gewesen sei. Auch das 20. Jahrhundert kennt bemerkenswerte ontologische Entwürfe, so unter anderem von Paul Häberlin, Alfred North Whitehead oder Willard van Orman Quine. Die Reihe ließe sich fortsetzen. Wenn daher hier zwei Philosophen noch etwas ausführlicher zu Wort kommen sollen, so ist die Auswahl willkürlich; es handelt sich um die „Neue Ontologie" von Nicolai Hartmann und um die „Fundamentalontologie" von Martin Heidegger.

„Heute mehr als je", sagt Hartmann, „ist es die Überzeugung der Ernstgesinnten, daß die Philosophie praktische Aufgaben habe"[73]. Aber an diese praktischen Aufgaben kann man nicht ohne Wissen um das Seiende herantreten, ja, ohne irgendwelche Grundanschauungen über das Seiende kann keine Philosophie bestehen. „Das gilt unabhängig von Standpunkt, Richtung und Weltbild"[74]. Deshalb gibt es unter den geschichtlich vorliegenden Systemen der Philosophie keines, für das der Problembereich des Seienden nicht wesentlich wäre. „Die tiefsinnigeren unter ihnen haben denn auch zu aller Zeit die Seinsfrage gestellt und sie entsprechend ihrem Gesichtskreis zu beantworten gesucht"[75].

Aber Hartmann will eine neue Ontologie; die alte Ontologie der substantiellen Formen und Wesenheiten lehnt er ab, „weil an ihr unter allen Umständen eine Verselbständigung des ‚Allgemeinen' hängt, und damit zugleich die Tendenz aufkommt, das Allgemeine rein um seiner selbst willen zu etwas Prinzipiellem und Grundlegendem umzustempeln"[76]. Die Kategorien aber, von denen die neue Ontologie handelt, „sind weder durch Definition des Allgemeinen noch durch Ableitung aus einer formalen Tafel der Urteile gewonnen, sondern Zug um Zug den Realverhältnissen abgelauscht"[77]. Und die Erkenntniskategorien werden erst von den Seinskategorien aus rückwärts (durch Reflexion auf die Erkenntnisfunktion) *erschlossen*. Diese Sachlage ist von größter Tragweite, denn es folgt aus ihr, daß die Erkenntnistheorie im Kategorienproblem nicht selbständig ist, sondern ein ontologisches Eindringen in das ganze Gegenstandsfeld der Erkenntnis zur Voraussetzung hat; „ja daß überhaupt die Erkenntnistheorie für sich allein nicht Fundamentalphilosophie sein kann, wie die transzendentale Schlußweise es immer stillschweigend voraussetzte, sondern ihrerseits einer ontologischen Vorarbeit bedarf"[78]. Der Weg der neuen Ontologie stellt sich so als *Kategorialanalyse* dar, ein Verfahren, das die ganze Breite der Erfahrung voraussetzt, sowohl der des Alltags, als auch der wissenschaftlichen.

Hartmann wendet sich gegen Descartes: „Die Vorstellung vom Menschen, als wäre er aus zwei heterogenen Substanzen zusammengesetzt, hat sich als irrig erwiesen. Dafür ist das Menschenwesen als Ganzes viel zu sehr aus einem Guß, sind Aktivität, Leiden, Zustände zu offensichtlich zugleich leiblich und seelisch. Und vor allem besteht das eigentliche Leben des Menschen doch in einem unteilbaren Ineinander des Inneren und des Äußeren. Nur ein phantasievoller Unsterblichkeitsglaube konnte von jener Trennung der ‚Substanzen' Nutzen ziehen; das wirkliche, konkrete Leben mit seinem ständigen Ineinandergreifen beider Sphären ließ sich auf diese Weise nicht verstehen"[79]. Die wahren Merkmale der Realität hängen also nicht an den Kategorien des Raumes und der Materialität, sondern an denen der Zeit und der Individualität. „Räumlich sind nur die Dinge und die Lebewesen, einschließlich der Prozesse, in denen ihr Dasein hinfließt; zeitlich aber sind außerdem auch die seelischen und geistigen Vorgänge. In der Zeit eben ist alles Reale, im Raume nur ein Teil – man könnte sagen, nur die eine Hälfte der realen Welt, nämlich ihre niederen Gebilde"[80]. Und mit der Zeitlichkeit hängt untrennbar die Individualität zusammen. Das Reale ist vergänglich und unwiederbringlich. Es entsteht wohl immer wieder Gleichartiges, aber niemals Identisches. Nur das Allgemeine kehrt wieder und ist in diesem Sinne „ewig", was man einst als Sein höherer Ordnung verstand. In Wahrheit ist es ein unselbständiges Sein, denn Realität hat das Allgemeine nur in den zeitlichen und individuellen Realfällen. „Was einst für ein Reich der Vollkommenheit galt, das Reich der Wesenheiten, deren schwache Abbilder die Dinge sein sollten, das gerade hat sich als Reich des unvollständigen Seins erwiesen, das nur in der Abstraktion verselbständigt wurde. In dieser Einsicht liegt vielleicht der greifbarste Gegensatz der neuen Ontologie zur alten"[81].

Die Realität stellt sich für Hartmann in vier sich überlagernden Seinsschichten dar: Unbelebtes, Belebtes, Seelisches, Geistiges, wobei in höheren Gebilden die niederen Schichten mit enthalten sind.

„Der Organismus kann nicht ohne Atome und Moleküle bestehen, wohl aber diese ohne ihn. Der Mensch enthält darum alle Seinsschichten in sich, und es ist leere Abstraktion, ihn einseitig als nur geistiges Wesen zu betrachten. An den höchsten Gebilden der realen Welt kehrt der ganze Schichtenbau der Welt verkleinert wieder"[82] (siehe untenstehendes Schema). Da nun jede Schicht ihre typischen Kategorien (Grundbestimmungen) aufweist, einige davon aber auch in höheren Schichten wiederkehren, sieht Hartmann die Notwendigkeit zu der bereits erwähnten Kategorialanalyse und zu einer Schichtungsanalyse gegeben.

	Mineral	Pflanze	Tier	Mensch
Geistiges				x
Beseeltes			x	x
Belebtes		x	x	x
Unbelebtes	x	x	x	x

Unter den Kategorien gibt es Fundamentalkategorien, die durch alle Schichten hindurchgehen, sich zwar abwandeln, aber doch durch Gleichartigkeit durchgehender Grundzüge gewissermaßen von innen her für eine Verbundenheit der Seinsschichten sorgen. Zu ihnen gehören z. B. Determination und Dependenz. Auf jeder Höhenlage nimmt dieses Grundverhältnis neue Form an: von Kausalität und Wechselwirkung im Unbelebten bis zu bewußtem Tun und sittlichem Handeln im Geistigen. So kommt Hartmann schließlich zu folgenden 5 Schichtungsgesetzen:

1. In jeder Schicht gibt es Kategorien, die in der höheren wiederkehren, nicht aber in der niederen.
2. Es gibt auch ein Abbrechen der Wiederkehr auf einer gewissen Höhe.
3. Bei ihrem Übergreifen auf höhere Schichten wandeln sich die Kategorien ab; was unverändert durchgeht ist nur ein kategoriales Grundmoment.
4. Die Wiederkehr einer niederen Kategorie macht nie die Eigenart einer höheren Schicht aus; diese beruht vielmehr auf dem Hinzutreten eines kategorialen Novums.
5. Die aufsteigende Reihe der Seinsformen bildet kein Kontinuum, sondern an den sogenannten Schichtendistanzen heben sich die benachbarten Seinsschichten eindeutig voneinander ab.

Diese Gesetze ergänzt Hartmann schließlich noch durch 4 Dependenzgesetze, in denen er die Art der kategorialen Abhängigkeit zwischen den Seinsschichten bestimmt. Die Konsequenzen dieser

Thesen reichen hinein in naturphilosophische und anthropologische Probleme und überschreiten daher bereits die eigentliche ontologische Thematik. Deshalb wenden wir uns nun – wie angekündigt – noch einer anderen ontologischen Position zu, der Martin Heideggers[83].

Die Grundfrage jeder Philosophie, so Heidegger, ist die nach dem Sein; sie war es für Platon, sie war es für Aristoteles. Spätere haben sie häufig vernachlässigt gegenüber der Frage nach dem Seienden, nach den Dingen, dem Menschen und deren Wesen. Aber Heidegger geht es um das Wesen des Seins, ja, in seiner Sprechweise, um den Sinn von Sein. Aber welches Seiende kann man nach dem Sein befragen? Offenbar nur den Menschen. Er ist das „Loch zum Sein", er und nur er kann die Grenzen des Seienden überschreiten. So geht es also um den Menschen, aber nicht wie in der Anthropologie um den Menschen als solchen, sondern um den Menschen als Weg zum Sein. Menschliches Sein ist Dasein, und das Wesen des Daseins liegt in seiner Existenz, aber nicht unbedingt aktuell, sondern eher als Ziel, das zu verwirklichen dem Dasein als Möglichkeit aufgegeben ist. Also müsse die Seinsfrage von der Existenz her aufgerollt werden und das kann nichts anderes heißen als die Grundstrukturen des menschlichen Daseins aufzudecken.

Die Menschen, die uns im Alltag begegnen, sind gut oder schlecht, gebildet oder ungebildet. Diese Unterschiede sind nur verschiedene Weisen, dazusein; sie sind zufällig. Notwendig verwirklicht sich unser Dasein im „In-der-Welt-Sein" und im „Mitsein." Menschliche Existenz ist von Haus aus „In-der-Welt-Sein." Der Welt begegnen wir nicht nur im Erkennen, sondern auch durch das Tun, das Hantieren, das Herstellen, ja die Welt wird bei Heidegger zu einer „Funktion des Menschen." Wie der Magnet um sich ein Kraftfeld entwirft, so ist auch die Welt Entwurf des Menschen. Jedes Ding ist „Zeug" für den Menschen: der Hammer ein Zeug zum Einschlagen von Nägeln, die Lampe ein Zeug zur Beleuchtung, die Wohnung ein Zeug zum Wohnen. Das Zeug hat kein eigentliches Sein, es ist Vorhandensein oder Zuhandensein. Die Welt, unter Einschluß des Belebten, muß vom Menschen her verstanden werden, wird vom Menschen „besorgt."

Eine derart veränderte Weltsicht braucht aber auch neue Maßstäbe, um Dasein, Vorhandensein, Zuhandensein zu messen. So nennt Heidegger die Grundbestimmungen oder Grundcharaktere des Daseins Existenziale. Ob ein Mensch uns nah oder fern ist, läßt sich nicht in Metern oder Kilometern messen. Denn menschliche Existenz ist nicht nur zugleich mit der Welt verwirklicht, sondern auch mit anderen Menschen, die uns als Mitsein begegnen, ja Heidegger formuliert: „Dasein ist wesenhaft Mitsein"[84]. Doch mit dem alltäglichen Zustand des Gemeinschaftslebens ist auch ein Verfall gegeben: die Verfassung des „man." Man denkt, man liest, man urteilt, man empört sich oder hält sich zurück. „In der anonymen Kollektivität dieses 'man' ist jede Besonderheit des Einzelnen eingeebnet, alles ist gleichförmig geworden unter dem Zwang der unsichtbaren und doch unwiderstehlichen Macht. Der Mensch ist gar nicht er selbst, sondern in ihm lebt das ‚man' "[85]. Die Erhebung zur Eigentlichkeit seiner Existenz ist daher notwendig die Loslösung von dieser Eingebundenheit in die Gemeinschaft des „man" und die Rückbesinnung auf die im eigenen Innern gelegenen Möglichkeiten. Selbst und Masse stehen einander gegenüber als Eigentlichkeit und Uneigentlichkeit des Daseins.

Lauschen wir unseren Stimmungen, so verweisen sie auf unsere Befindlichkeit, offenbaren uns nicht nur, daß wir sind, sondern daß wir zu sein haben. Bleibt uns auch das Woher und Wohin unserer Existenz verborgen, so enthüllt sich doch das Dasein als zufällig und gebrechlich. Eine unbekannte Macht hat uns – ungefragt – in unser Da geworfen, eine Last uns auferlegt, die wir zu tragen haben. Daraus entsteht die Angst. Im Gegensatz zur Furcht, die sich auf Bestimmtes richtet, fehlt bei der Angst ein solches bestimmtes Objekt. Die Angst ist grundlos, ist Seinsentleerung. Der alltägliche Mensch flüchtet vor ihr in die Betriebsamkeit, in den gefüllten Terminkalender, in die Betäubung des Lärms.

Und ähnlich wie sich der Mensch – meistens – uneigentlich zur Angst verhält, so verhält er sich auch uneigentlich gegenüber seinem Tod. „Er trivialisiert ihn dadurch, daß er ihn als ein erst in der Zukunft eintretendes Ereignis abtut, das ihn gegenwärtig noch nichts angeht. Dadurch verschleiert er sich die Tatsache, daß der Tod in jedem Augenblick möglich ist. Das eigentliche Sein zum Tode kann daher nur darin bestehen, daß vor ihm nicht ausgewichen, dieser vielmehr ausgehalten wird, und zwar gerade in seinem unbestimmten Möglichkeitscharakter. Dieses Aushalten, in welchem Heidegger ein letztes Existenzideal sieht, wird von ihm ‚Vorlaufen in den Tod' genannt"[86].

5.3 Ontologie und Logik

Damit beenden wir die Darstellung zweier Repräsentanten der modernen Ontologie und wenden uns einem anderen Problem zu: In welchem Verhältnis stehen Sein und Denken zueinander, ist unsere Logik ontologisiert oder unsere Ontologie logisiert? Oder mit anderen Worten: Denken wir über die Wirklichkeit so, wie wir denken, weil die Wirklichkeit so ist, oder stellt sich uns die Wirklichkeit so dar, weil wir sie nur so denken können? Wir beginnen unsere Überlegungen mit der Frage nach den *Modalitäten* Möglichkeit, Tatsächlichkeit (Wirklichkeit) und Notwendigkeit. Eine Diskussion dieser Frage ist insofern schwierig, als hier Psychologisches, Logisches und Ontologisches ineinander fließen. In allen Fällen geht es um die Behauptungsweise, um das Behauptungsgewicht, das in eine Aussage hineingelegt wird. Dieses Gewicht kann abgeschwächt oder verstärkt werden aus psychologischen oder aus sachbedingten Gründen. Wir interessieren uns primär für die ontologischen Modalitäten, d. h. ob ein Sachverhalt einfach nur besteht, der auch nicht zu sein brauchte, ob er mit innerer Notwendigkeit besteht, so daß ein Nicht- oder Anderssein aus seinsimmanenten Gründen unmöglich ist, und schließlich ob die inneren oder äußeren Bedingungen dafür gegeben sind, daß ein Sachverhalt bestehen kann, also möglich ist.

Unter „Sachverhalt" verstehen wir alles, was von uns zum Bezugspunkt einer Aussage gemacht werden kann, also z. B. „es regnet", „ich freue mich", „Gerechtigkeit ist gut", „es gibt kein perpetuum mobile", „2 · 2 = 4." Diese Sachverhalte sind Seiendes (wenn auch, wie man leicht sieht, recht unterschiedlicher Art), und wir wollen – mit Rücksicht auf negative Existenzaussagen wie „es gibt kein perpetuum mobile" – Zustände in der Gegenstandsordnung einbeziehen. Hier also ist die Gegenstandsordnung derart, daß ein perpetuum mobile darin nicht vorkommt. Seinsimmanente Gründe nennen wir diejenigen Voraussetzungen in der Seinsordnung, die das Bestehen eines Sachverhaltes zulassen oder nicht zulassen. Daran zeigt sich recht deutlich eine enge Bezogenheit der ontologischen Betrachtungsweise auf die logische. Denn es wurde schon oben darauf hingewiesen, daß ich nur etwas als Voraussetzung für irgendeinen Zustand oder Prozeß ansprechen kann, was sich mir gemäß meiner Denk- und Erkenntnisstruktur als solche darstellt.

Da sich Sein im Realen wie im Idealen entfaltet, bezieht man die ontologischen Modalitäten auf reale und auf ideale Sachverhalte.

Dabei müssen aber Unterschiede beachtet werden. Eine ontologische Möglichkeit in bezug auf einen idealen Sachverhalt wird in folgendem Satz ausgesagt: „Ein gerechtes Staatswesen ist möglich." Damit soll nicht gesagt sein, daß es ein solches Staatswesen gibt, auch nicht, daß konkret bekannt ist, wie man es verwirklichen kann, sondern lediglich: Staatswesen und Gerechtigkeit schließen sich nicht aus, sind in bezug auf Seiendes miteinander vereinbar, auch wenn menschliche Unzulänglichkeiten nicht zur Verwirklichung führen. Eine reale Möglichkeit setzt demgegenüber aber gerade das Vorliegen der realen Bedingungen, die für den Erfolg erforderlich sind, voraus, so wenn ich z. B. sage: „Es ist möglich, daß meine Mannschaft das Spiel gewinnt." D.h.: die physischen Bedingungen dafür sind erfüllt. Oder man sagt: „Es ist möglich, daß es gleich regnen wird." Das bedeutet, daß nach den Wetterbedingungen in jedem Augenblick der Regen einsetzen kann.

Dem Begriff des Möglichen ist der des Unmöglichen kontradiktorisch entgegengesetzt, d. h.: was nicht möglich ist, ist unmöglich, und was nicht unmöglich ist, ist möglich. Ideal unmöglich ist in sich Widersprüchliches, Prädikationen[87], die nicht auf ein Seiendes beziehbar sind wie z. B. ein viereckiger Kreis. Real unmöglich ist etwas, dessen Verwirklichung ausgeschlossen ist, weil z. B. naturgesetzliche, physische oder psychische Fakten entgegenstehen.

Nun zu den Begriffen Notwendigkeit und Tatsächlichkeit (Kontingenz). Zunächst ist evident, daß beide den der Möglichkeit voraussetzen, sich also nicht auf Unmögliches beziehen können. Jedoch besteht folgender Unterschied: Die Nichtwirklichkeit des bloß Tatsächlichen (Kontingenten) ist möglich, die Nichtwirklichkeit des Notwendigen nicht. Damit steht die Notwendigkeit in konträrem Gegensatz (vgl. oben S. 19) zur Unmöglichkeit: notwendig ist das, dessen Nicht- oder Anderssein unmöglich ist.

Mitunter findet man, daß der Begriff der Notwendigkeit gesondert auf ideal und real Seiendes bezogen wird. Ideal notwendig, so sagt man, ist z. B. der Sachverhalt folgender Aussagen: „Die Winkelsumme im euklidischen Dreieck beträgt (notwendig) zwei Rechte" oder „Die Kugel ist (notwendig) rund." Kant nannte diese bekanntlich analytische Urteile. Als real notwendig bezeichnet man dagegen alles, was durch die allgemeinen Naturgesetze eindeutig bestimmt ist, z. B. „Bei jedem mechanischen Vorgang wird die Entropie (notwendig) vermehrt." Dieser Grundsatz ist in den Naturwissenschaften anerkannt. In philosophischer Sicht steht allerdings entgegen, daß Naturgesetze aus logischen Gründen niemals im strengen Sinne allgemeingültig sind, sondern immer nur eine mehr oder weniger große Wahrscheinlichkeit und eine Gültigkeit im Rahmen einer Theorie auf ihrer Seite haben. Und selbst das bestbestätigte Gesetz sagt doch im Grunde genommen nur Faktisches aus, nicht aber, daß ein Anderssein unmöglich wäre. Ein Stein fällt, da das Fallgesetz gilt, derart, daß der Fallweg dem Quadrat der Fallzeit proportional ist. Aber warum soll das notwendig so sein? Das Naturseiende ist *tatsächlich* so wie es ist, Entwicklungen, Prozesse, verlaufen *tatsächlich* so, wie sie verlaufen. Und niemand kann die Möglichkeit ausschließen, daß alles anders sein könnte, ja daß sich vielleicht manches überhaupt nur für uns so *darstellt,* Phänomen für uns ist, weil unsere Sinne und unser Denken nur diesen bestimmten Aspekt der Wirklichkeit erfassen und verstehen können. Ohne Spekulationen anzustellen, muß man doch davon ausgehen, daß alles Naturgeschehen einschließlich der ihm immanenten Gesetzlichkeit, der Existenz des Menschen und seiner Fähigkeiten zu denken, zu erkennen und zu handeln kontingent ist, nicht-notwendig, so lange wir unter Notwendigkeit verstehen, daß ein Nicht- oder Anderssein aus seinsimmanenten Gründen unmöglich ist. Deshalb beschränken wir den Begriff ontologischer Notwendigkeit auf *ideal* Seiendes.

Um den Unterschied von Notwendigkeit und Tatsächlichkeit auszudrücken, sprach die klassische Philosophie einerseits von Tatsachenwahrheiten, andererseits von Wesenswahrheiten. Leibniz setzte an diese Stelle die Unterscheidung vérités de fait und vérités de raison. Durch den Ausdruck raison (= Vernunft) wird der enge Zusammenhang zwischen der im Wesen eines Dinges sich anzeigenden notwendigen Wahrheit und der in der menschlichen Vernunft bereitliegenden Notwendigkeit im Sinne einer „ewigen logischen Geltung" sichtbar.

Betrachten wir noch einige von der Ontologie diskutierte Urteile von „idealer Notwendigkeit": „Wirklichkeit gründet in Möglichkeit", „Keine Wirkung ohne Ursache", „Zwischen Sein und Nichtsein gibt es kein Drittes", „Wenn a größer ist als b und b größer als c, dann ist a größer als c", „Wenn alle Katzen Raubtiere sind und alle Raubtiere Fleischfresser, dann sind alle Katzen Fleischfresser." In alle diese Sätze – im letzten Beispiel in den Schlußsatz – ließe sich das Wort „notwendig" einfügen.

Aber worin besteht die Notwendigkeit dieser Sätze? Offenbar in dem logisch-sprachlichen Zwang, in den Gesetzmäßigkeiten unseres Denkens und Sprechens. Doch dieser logische Vollzug hängt nicht in der Luft, ist nicht willkürlich und wirklichkeitsfremd, sondern er gründet in ontischen Sachverhalten, in Tatsachen, die wir erfahren und an die wir unser Denken angepaßt haben. Stellen wir uns – zum letztgenannten Beispiel – eine Menge Raubtiere vor, darunter sind Katzen, wir beobachten, daß alle Raubtiere Fleisch fressen, also auch die Katzen. Man kann sich das leicht – wie oben gezeigt wurde – an Mengendiagrammen verdeutlichen. Wir kommen damit zu dem – zunächst paradoxen – Ergebnis, daß

- die Logik auf Sachverhalte zielt und insofern in ontischen Verhältnissen fundiert ist; logische Gesetze gründen in Seinsgesetzen, die Logik ist ontologisiert,
- in der Form, unter der wir über Sachverhalte reflektieren, insbesondere in den von uns erkannten ‚Seinsgesetzen' unsere Denkgesetze bereits enthalten sind; die Ontologie ist logisiert.

Wir werden versuchen, diese Zusamenhänge im Kapitel „Natur" einsichtig zu machen.

Ähnliche Beziehungen wie zwischen den Seins- und den logischen Modalitäten finden wir übrigens auch bei den sogenannten obersten *Prinzipien,* wo wiederum zwischen Seins- und logischen Prinzipien unterschieden wird. Seinsprinzipien können material oder formal sein. Materiale Seinsprinzipien suchen den Seinsbegriff, der als umfangreichster ja auch der inhaltlich ärmste ist (vgl. oben S. 17), näher zu bestimmen. Hier setzt die Lehre von den „Transzendentalien" an (was übrigens gar nichts mit Kants Transzendentalphilosophie zu tun hat), d. h. einer im wesentlichen auf Thomas von Aquin zurückgehenden Unterscheidung von Seinsmerkmalen.

Durch die formalen Seinsprinzipien wird der Seinsbegriff dagegen inhaltlich nicht bereichert, sie sollen vielmehr aus ontologischer Sicht Grundsätze sein hinsichtlich des allgemeinen Verhaltens von Seiendem zu Seiendem oder zu Nichtseiendem. Zu ihnen gehören das Identitätsprinzip, das Widerspruchsprinzip, das Prinzip vom ausgeschlossenen Dritten (tertium non datur) und das Prinzip vom zureichenden Grunde. Aristoteles hat ein Prinzip gekennzeichnet als ein Erstes, woher etwas ist oder wird oder erkannt wird. Diese Bestimmung zeigt bereits einen Bezug sowohl auf Seins- als auch auf logische (Erkenntnis-) Prinzipien.

Umstritten ist, ob das Prinzip der Identität eine Berechtigung hat. Man hat diesem Prinzip unterschiedliche Fassungen gegeben, so z. B. „Was ist, ist", „Sein ist notwendig Sein", „A = A." Manche Philosophen, wie z. B. Johann Gottlieb Fichte, machen es zum Ausgangspunkt ihres Philosophierens, andere sehen in ihm eine bloße Tautologie. In den vergangenen Jahren wurde es beim konstruktivistischen Aufbau der Mathematik – da unter logischem Aspekt – wieder stärker berücksichtigt.

Das Widerspruchsprinzip wurde ursprünglich in der aristotelischen Fassung eingeführt: „Es ist unmöglich, daß dasselbe demselben unter demselben Gesichtspunkt zugleich zukommt und nicht zukommt." Dieser Satz ist zweifellos notwendig wahr, doch enthält er nach Auffassung mancher Autoren für ein Prinzip noch zu viele Zusatzbestimmungen wie „denselben Gesichtspunkt" oder die „Gleichzeitigkeit", so daß heute gelegentlich gesagt wird: „Es ist innerlich unmöglich, daß Sein Nichtsein ist." Wenn einige dagegen halten, in der Wirklichkeit gebe es überhaupt keine Widersprüche, sondern nur im Denken, dann bestätigen sie allerdings gerade dieses Prinzip als Seinsprinzip.

Auch der Satz vom ausgeschlossenen Dritten existiert in einer ontologischen Fassung: „Zwischen Sein und Nichtsein gibt es kein Drittes", entweder besteht ein Sachverhalt oder er besteht nicht. Auf die Frage, ob ich das entscheiden kann, kommt es dabei nicht an.

Schließlich gibt es noch das Prinzip vom zureichenden Grunde, von Leibniz als Grundsatz formuliert, von Arthur Schopenhauer eingehend diskutiert: nichts geschieht ohne zureichenden Grund, nichts ereignet sich, ohne daß es einem geistigen Wesen, das die Dinge hinreichend erkennte, möglich wäre, einen Grund anzugeben, warum es so ist und nicht anders. Das ist im Grunde eine Position des Rationalismus (vgl. oben S. 57). Für Schopenhauer ist der Satz vom zureichenden Grunde das Prinzip aller Erklärung, der deshalb selbst keiner Erklärung fähig ist, weil diese ihn ja voraussetzen würde. Dieser Satz, sagt Schopenhauer, hat eine vierfache Wurzel. Er ist:

1. Kausalgrund, d. h. Grund des Aufeinanderwirkens der anschaulichen Dinge, und damit Grund des Werdens,
2. Erkenntnisgrund: wenn ein Urteil eine Erkenntnis ausdrücken soll, dann muß es einen zureichenden Grund haben,
3. Seinsgrund, als solcher betrifft er die Determiniertheit der Beziehungszusammenhänge in Raum und Zeit,
4. Motivationsgrund unseres Handelns: „Die Motivation ist die Kausalität von innen gesehen"[88].

So viel zu den Modalitäten und den Seinsprinzipien. Victor Kraft, Mitglied des Wiener Kreises, hat sich in bemerkenswerter Weise mit dem Verhältnis von Logik und Sein beschäftigt. Zur Abrundung der vorgetragenen Standpunkte und exemplarisch für den neueren Diskussionsstand, sollen seine Grundgedanken kurz skizziert werden: Kraft stellt sich die Frage: Wie kann Logik begründet werden? Ein formaler Logikkalkül, wie wir ihn etwa oben in Gestalt der Aussagenlogik kennengelernt haben, kann Logik nicht begründen, er setzt ja seinerseits eine sinnerfüllte Logik voraus, d. h. er setzt z. B. voraus, daß man weiß, was Widerspruchsfreiheit oder was Identität ist. Diese Sätze sind „Normen der Ordnung", Anweisungen zum richtigen Denken. Richtiges Denken aber stiftet Ordnung. Und so zeigt sich in der Logik ein Doppelcharakter: sie ist einerseits ein Regelsystem, um Ordnung zu stiften, und sie ist andererseits selbst ein System von Ordnungsbeziehungen, also eine theoretische Wissenschaft. „Diese beiden Gestalten der Logik", sagt Kraft, „stehen aber keineswegs in einem Widerspruch zu einander; sie stellen nicht eine Alternative dar, die eine Entscheidung verlangt. Denn es handelt sich um zwei verschiedene Seiten der Logik, die miteinander durchaus verträglich sind. Je nachdem man das gesetzmäßige Verfahren, die Ordnungsbildung, oder das Ergebnis des Verfahrens, die schon gebildete Ordnung ins Auge faßt, zeigt die Logik den einen oder anderen Charakter"[89]. So stehen Logik und Ordnung in enger Beziehung: Logik normiert das Denken, Denken konstituiert Ordnung, also gilt: „ohne Logik keine Ordnung." Die Frage ist nun aber, ob auch das Umgekehrte gilt: „ohne Ordnung keine Logik?" Haben die logischen Voraussetzungen der Sätze vom Widerspruch und der Identität eine Basis in der Ordnung des Seienden?

Kraft möchte im Grunde genommen eine solche ontologische Verflechtung nicht zugeben. Er sagt: Wenn die Logik in allen möglichen Welten gilt, dann nur deshalb, „weil sie für die *gedankliche Ordnung* jeder Wirklichkeit gilt, nicht weil sie die ontologische Struktur jeder Wirklichkeit wiedergibt"[90]. Aber – räumt er ein – diese Ordnung ist auch nicht in jedem Material herstellbar. Enthielte die Logik absolut nichts über Tatsachen, so müßte sie auf jede Art Wirklichkeit anwendbar sein und es hätte keinen Sinn, „der Wirklichkeit Logizität zuzuschreiben oder abzusprechen, sie als rational oder als irrational zu bezeichnen."[91] Voraussetzung für eine Logikanwendung ist aber doch die Möglichkeit sinnhafter Interpretation der formalen Systeme, also ihre Semantik, zu der auch eine sprachliche Komponente gehört. In diesem logisch-sprachlich darzustellenden Material muß es Gleiches oder Ähnliches geben, müssen sich Klassen bilden lassen, um die Quantoren anwenden zu können, müssen die Verhältnisse des Schließens vorliegen, d. h. in dieser Wirklichkeit müssen Naturgesetze formulierbar sowie transitive Beziehungen und Bedingungsverhältnisse auffindbar sein. Und weil diese Voraussetzungen nicht in jedem Material erfüllt sind, ist auch Ordnung nicht in jedem Material herstellbar. Es kommt, sagt Kraft, auf dessen strukturalen Charakter an. Aber ist dieser strukturale Charakter denn etwas anderes als eine ontische Basis? Also kommen wir doch zu dem Ergebnis, daß auch die Logik nicht absolut trennbar ist von der Seinswirklichkeit, daß sie – wie wir gesagt haben – ein fundamentum in re, eine Grundlage im real Seienden hat.

5.4 Die Ontologie der Information

Wir wollen das Kapitel abschließen mit einigen Gedanken zur Ontologie der Information. Wir wissen ja, daß man reales und ideales Sein, daß man Dinge in der Wirklichkeit von Gedankendingen unterscheidet und daß man hinsichtlich offener Systeme von drei Strömungsgrößen spricht: Materie, Energie und Information. Für uns stellt sich also die Frage: wie ist die Information ontologisch einzuordnen? Ist sie real oder ideal Seiendes, existiert sie nur im Verstand oder hat sie eine Basis in der Wirklichkeit?[92]

Der Informationsbegriff ist in die moderne wissenschaftliche Diskussion durch die Nachrichtenübertragungstechnik eingeführt worden. Ausgangspunkt dieser Überlegung war ein Übertragungssystem, das aus Sender, Kanal und Empfänger besteht. Sender und Empfänger müssen über einen gemeinsamen Zeichenvorrat, den Code des Systems, verfügen. Störbeeinflussung bei der Übertragung kann die Zeichen verändern oder unerwünschte hinzufügen. Worauf es ankommt, sind Zuverlässigkeit und Menge des Übermittelten, also eine optimale Ausnutzung des Kanals, nicht aber Inhalt und Bedeutung und schon gar nicht die Wirkung der Nachricht auf den Empfänger. So folgte man dem Galileischen dictum „messen, was meßbar ist, und meßbar machen, was es noch nicht ist" und metrisierte die „Information." Claude E. Shannon und Warren Weaver fanden – in Anlehnung an die Thermodynamik – ein Maß für die Unsicherheit des Erscheinens eines Elements aus einer Zeichenmenge und bestimmten den Entscheidungsgehalt einer Binärentscheidung (= eine Entscheidung zwischen zwei Möglichkeiten) als 1 bit (von binary digit). Worauf es in dieser Theorie überhaupt nicht ankam, waren Semantik und Pragmatik (also Bedeutung und Wirkung der Nachricht), weshalb Shannon und Weaver sagen konnten: zwei Nachrichten, die eine beladen mit Bedeutung, die andere reiner Unsinn, können unter dem Gesichtspunkt der Information äquivalent sein[93].

Eine derartige formal-syntaktische Betrachtungsweise von Information mag wissenschaftlich-technischen Zwecken gerecht werden, und in einem solchen Falle ist es legitim, andere Aspekte zu vernachlässigen. In philosophischer Sicht aber hat der Begriff auch eine logische, eine ontologische und eine anthropologische Dimension.

Logisch gesehen ist der Informationsbegriff kein einfaches Prädikat, sondern – man vgl. (S. 200) den Begriff „Verantwortung" – eine vierstellige (tetradische) Relation, denn Information bezieht sich auf einen Geber, einen Empfänger, einen Träger und einen Inhalt. Betrachten wir ein Beispiel: Es gibt materielle Systeme, die die Eigenschaft haben, rot zu leuchten (z. B. Leuchtkugeln). Nun kann die Menge aller roten Leuchtkugeln und äquivalenten Signale die Eigenschaft haben, ein Notsignal darzustellen (z. B. in den Bergen). Dieses Signal ist in unserem Sinne zwar potentielle, aber noch keine aktuelle Information, weil erst noch ein Empfänger hinzukommen muß, der das Signal wahrnimmt, in ihm ein Zeichen erkennt und seinen Inhalt (seine Bedeutung) decodiert und darauf reagiert. Damit kommt der anthropologische Aspekt ins Spiel: die Einbeziehung von Semantik und Pragmatik. Denn weil es nur der Mensch ist, der um Kontext, Theorie, Bezugsrahmen und Bedeutungshintergrund einer Nachricht oder einer Beobachtung weiß, wodurch diese erst Information wird, und weil es nur der Mensch ist, der um seine Reaktion auf die Nachricht weiß – reagieren können andere Systeme auch, aber um die Reaktion wissen, zwischen Möglichkeiten auswählen, die Reaktion gewichten und in ihrer Wirkung und Angemessenheit abschätzen, also ein gewisses Element von Freiheit in die Reaktion hineinbringen, das kann nur der Mensch – deshalb sprechen wir von einer anthropologischen Dimension der Information.

Nun zur ontologischen Dimension. Norbert Wiener hatte offengelassen, was Information ist und sich mit der Feststellung begnügt: nicht Materie und nicht Energie. Georg Klaus – ein Repräsentant des (dialektischen) Materialismus – wird da konkreter und bezeichnet sie als dritten wesentlichen Aspekt der Materie (neben Stoff und Energie). Dem schließt sich in einer im übrigen sehr eingehenden und bemerkenswerten Untersuchung der Physiker (und Kybernetiker) Horst Völz an[94]. Schließlich meint Gotthart Günther – sicherlich zu recht – man könne Information doch weder nur auf der physisch-materiellen, noch allein auf der subjektiv-spirituellen Seite unterbringen, denn sie sei weder bloßer Bewußtseinsinhalt noch identisch mit ihrem materiellen Träger, also ein Drittes. Aber was ist das Dritte, diese Nichtmaterialität? Günther zieht sich auf eine „metaphysische Fundamentalgegebenheit" zurück[95]. Aber würde das nicht auch auf anderes zutreffen, das zwischen Subjektivität und Materialität steht? Was ist denn z. B. die Relativitätstheorie oder der Satz des Pythagoras oder Beethovens Neunte?

Hier setzt Karl R. Popper mit seiner „Welt 3" ein. Popper ist der Meinung, daß weder die monistische noch die dualistische Weltsicht befriedigen könne und daß man sein Augenmerk deshalb auf jene Philosophen richten sollte, die auf die Existenz einer *dritten Welt* hingewiesen haben, wie z. B. Platon, die Stoiker, Leibniz, Bolzano und Frege, ohne daß er sich jedoch mit diesen im einzelnen identifizieren möchte. Aber den Grundgedanken einer pluralistischen Weltdeutung nimmt er auf und sagt, die erste Welt (Welt 1) sei die physikalische, also das, was man so allgemein als die „Wirklichkeit" bezeichnet, Welt 2 sei die bewußtseinsimmanente und Welt 3 die der „Intelligibilia", der Ideen im objektiven Sinne. Popper erläutert: „Es ist die Welt der möglichen Gegenstände des Denkens: die Welt der Theorien an sich und ihrer logischen Beziehungen; die Welt der Argumente an sich; die Welt der Problemsituationen an sich."[96] Diese Welt ist selbständig und doch vom Menschen geschaffen (im Gegensatz zur Ideenwelt Platons). Sie enthält nicht nur Wahrheiten – ebenfalls entgegen Platon –, sondern auch Irrtümer. Und sie ist selbständig, weil sie – einmal geschaffen – neue Probleme und damit neue ‚Gegenstände' produziert, so wie z. B. eine Theorie Folgeprobleme auslöst. Aber trotzdem könnte diese Welt nicht sein, wenn es nicht den Menschen gäbe, und sie kann in Welt 1 nichts bewegen, wenn der Mensch es nicht vermittelt. Erfaßt werden ihre Gegenstände vom Menschen in einem aktiven Prozeß, in einer Art Nachschöpfung[97] oder auch Aktualisierung des Möglichen[98]. Wenn wir also unterscheiden zwischen aktueller Information, die in einem empfangenden System Wirkung zeigt, Handlung auslöst, und einer potentiellen (z. B. in eine Nachricht „verpackte") Information, in der aktuelle Information lediglich bevorratet ist, dann könnten wir mit Popper sagen, daß jene potentielle Information, jene ‚Gehalte von Informationsspeichern' und von Sprache[99], Gegenstände der Welt 3 sind.

„Information in Sprache" – Sprache in der weiten Fassung unseres sich sprachlich artikulierenden Denkens – das ist auch ein zentraler Gedanke bei Carl F. von Weizsäcker. Auch für ihn hat Information objektiven Charakter, und wie Popper sieht er Verbindungen zur platonischen Idee. Wichtiger jedoch erscheint ihm der aristotelische Begriff der Form, der ja, wie man leicht sieht, auch etymologisch in „Information" enthalten ist.

„Ist Information etwa ein materielles Ding?", fragt von Weizsäcker, vielleicht die Druckerschwärze auf einem Telegrammzettel? Oder ist sie ein Bewußtseinsinhalt, also das, was ich denke, wenn ich das Telegramm lese? – Man vgl. ähnliche Überlegungen oben bei Günther. Beide Deutungen scheitern, sagt Weizsäcker, an dem, worum willen der Informationsbegriff überhaupt eingeführt worden ist, an dem objektiven Charakter der Information. „Nehmen wir an, die Druckerschwärze auf dem Zettel sei die Information. Dann ist das, was ich in Hamburg niedergeschrieben habe, als ich das Telegramm aufgab, und das, was der Empfänger in München in die Hand bekommt, nicht dieselbe Information, denn es sind verschiedene Zettel; Information ist gerade das, was beiden Zetteln gemeinsam ist.

Nehmen wir an, der Denkvorgang in der Seele des Menschen, der den Inhalt des Telegramms denkt, sei die Information. Dann ist das, was ich gedacht habe, als ich das Telegramm aufgab, andere Information als das, was der Empfänger gedacht hat, als er das Telegramm empfing. Nicht unser jeweiliger Bewußtseinsakt, sondern das, was dieser Bewußtseinsakt weiß, ein beiden, sonst so verschiedenen bewußten Personen Gemeinsames, ist die Information.

Man beginnt sich daher heute daran zu gewöhnen, daß Information als eine dritte, von Materie und Bewußtsein verschiedene Sache aufgefaßt werden muß. Was man aber damit entdeckt hat, ist an neuem Ort eine alte Wahrheit. Es ist das platonische eidos [= Idee], die aristotelische Form, so eingekleidet, daß auch ein Mensch des 20. Jahrhunderts etwas von ihnen ahnen lernt."[100] – Also ein erneuter Versuch, das „Dritte" zu deuten.

Bleiben wir noch etwas bei der Idee der forma! Die forma ist im aristotelisch-scholastischen Denken Prinzip der Aktivität und der Ordnung. Denn Ordnung im Seienden heißt, daß eine Mannigfaltigkeit zu einer Einheit gebracht, von einem Gesetz oder Sinn geprägt ist. Damit steht der Ordnungsbegriff einerseits in der Nähe des Ganzheits- und des Systembegriffs (und damit implizit des Strukturbegriffs), andererseits ist er bezogen auf die Regelmäßigkeit von Ereignissen. Aber nicht jede Struktur oder Sequenz ist Information, vielmehr müssen ein Informationsgefälle (vergleichbar einem Energiegefälle beim Arbeitsprozeß), die ‚Verstehbarkeit‘ der Nachricht und das Auslösen von Eigenaktivität hinzutreten. Dazu ist zunächst der Mensch in der Lage: er erforscht das Unbekannte, er entschlüsselt den Code, und er handelt auf Grund empfangener Information. Deshalb könnte man in einem ersten Ansatz sagen, daß Ordnungsdarstellung, wie sie sich, schrittweise komplizierend, vom Anorganischen über das Organische und Beseelte hin zum Menschen vollzieht (vgl. die Schichten bei Nicolai Hartmann), auf dieser Stufe Information wird: Information als Ordnungsdarstellung auf der Stufe des reflektierenden Bewußtseins, d. h. des logisch denkenden, begrifflich erkennenden, ethisch wertenden und sinnvoll-final handelnden Menschen.

Aber diese Deutung erscheint doch noch etwas eng, wenn man daran denkt, daß der Empfänger einer Nachricht ja auch ein Computer (hinsichtlich eines Inputs) oder ein Organismus (hinsichtlich der Erbinformation) sein kann. Deshalb suchen wir einen neutraleren Ansatz und sagen: In ontologischer Sicht ist Information eine Struktur, die in einem empfangenden System etwas bewirkt. Wir werden diesen Gedanken im nächsten Kapitel nochmals aufnehmen und etwas weiterführen.

6. Die Natur

Unser Wort „Natur" kommt vom lateinischen „natura", das wiederum genau dem griechischen „physis" entspricht. Deshalb ist „Physik" bei Aristoteles das Studium der Natur. „Natürlich" ist zunächst einmal der ursprüngliche Zustand eines Dinges gegenüber späteren, durch Kultur oder Erziehung bewirkten Modifikationen. Ferner versteht man unter der Natur das Wesen eines Seienden, auch das innere Prinzip seiner Entwicklung, wodurch etwas das wird, was es seinen Anlagen gemäß werden soll. Schließlich ist Natur die Gesamtheit der vom Menschen nicht gesetzten Dinge, etwas, das wir nicht gemacht haben. „Natürlich" ist letztlich alles, was den dieser Natur immanenten Gesetzmäßigkeiten unterliegt. Die wichtigsten Gegenbegriffe zu „Natur" sind also „Geist" und „Kultur", zu „natürlich" „übernatürlich" und „künstlich."
Diese Natur erfahren wir im Handeln, sagt Robert Spaemann, „als eine Ordnung der Dinge, die in ihren fundamentalen Gesetzen durch Handeln nicht beeinflußbar ist, aber umgekehrt gerade wegen ihrer Gesetzmäßigkeit die Verläßlichkeit bietet, ohne die gar keine Absicht je handelnd verwirklicht werden könnte. Und dies nicht nur deshalb, weil wir mit bestimmten Reaktionen der Dinge auf unser veränderndes Eingreifen rechnen müssen, sondern auch deshalb, weil die Motivation, die uns bestimmte Absichten fassen und an ihnen festhalten läßt, von natürlichen Trieben gespeist wird."[101] Der Mensch ist aber ein „von Natur" auf „Überschreiten der Natur" angelegtes Wesen, jedoch nicht im Sinne einer nur „progressiven Herrschaft über die Natur", sondern derart, daß „Natur im Handeln als Maß des Handelns erinnernd bewahrt wird." „Der fundamentale Akt der Freiheit ist der des Verzichtes auf Unterjochung eines Unterjochbaren, der Akt des ‚Seinlassens'. In ihrer gegenseitigen Anerkennung und Freilassung allein überschreiten natürliche Wesen die Natur"[102].
Klassische Naturphilosophie war zunächst Ontologie, insofern sie das Wesen der körperhaften Dinge zu bestimmen suchte. Lösungsversuche waren u.a. der oben erwähnte Hylemorphismus und der Dynamismus. Letzterer wurde, von Leibniz' Monadologie ausgehend, vor allem von Roger Boscovich in seinem 1759 erschienenen Buch „Philosophiae naturalis theoria" dargestellt und vertreten.

Nach ihm sind die Körper aus endlich vielen unausgedehnten Kraftpunkten zusammengesetzt, die sich in unterschiedlichen Abständen befinden und durch Anziehung und Abstoßung miteinander in Wechselwirkung stehen. Aus diesen Kräften ergeben sich die Eigenschaften der Körper. Im 19. Jahrhundert schloß sich Domenico Palmieri an der Universität Gregoriana in Rom diesem Dynamismus an, verlor aber dafür seinen Lehrstuhl.

Ein zweites Zentralthema der klassischen Naturphilosophie war die Frage nach Raum und Zeit. Ausgangspunkt waren die Newtonschen Begriffe des absoluten Raumes und der absoluten Zeit: der absolute Raum bleibe ohne Beziehung auf einen Gegenstand stets gleich und unbeweglich, die absolute Zeit fließe ohne Beziehung auf irgendein äußeres Geschehen gleichmäßig dahin. Kant gab in seiner 1770 erschienenen Schrift „De mundi sensibilis atque intelligibilis forma et principiis" Newton zwar zu, daß die Dinge nur in Raum und Zeit möglich seien, bestritt aber deren Absolutheit und bezeichnete Raum und Zeit als apriorische Gesetzmäßigkeiten der sinnlichen Erkenntnis, worin sich Gedanken andeuten, die er in seinen späteren kritischen Schriften weiter ausführt.

Nicolai Hartmann sagt zwar mit Recht, Naturphilosophie sei keine zweite Naturwissenschaft, aber Naturphilosophie kann auch nicht am Wissenstand der Naturwissenschaften vorbeigehen, sonst wird sie spekulativ, was es zeitweise auch gegeben hat, so etwa im Deutschen Idealismus. Dies stieß die Vertreter der Wissenschaft, wie z. B. Justus von Liebig, ab und führte zu einer allgemeinen Verachtung der Naturphilosophie. Deshalb mußte zu Beginn des 20. Jahrhunderts Wilhelm Ostwald feststellen: das Wort Naturphilosophie hat einen üblen Klang. Doch kaum 30 Jahre später kam Carl Friedrich von Weizsäcker zu dem Ergebnis: es ist ein empirisches Faktum, daß alle führenden theoretischen Physiker unserer Zeit philosophieren.

Daran wird deutlich, welch starke Veränderungen in der Naturphilosophie unserer Zeit stattgefunden haben und wie auch die Fragestellungen zum Teil andere geworden sind. So sind
- erstens durch das Eindringen der experimentierenden Wissenschaft in tiefere Schichten der Materie wichtige erkenntnis- und wissenschaftstheoretische Überlegungen notwendig geworden,
- zweitens ist die Naturphilosophie in den letzten 30 Jahren von den durch die Physik aufgeworfenen Problemen mehr und mehr zu Themen mit biologischer Problematik, also etwa zu Fragen der Evolutionstheorie oder der Genetik, gelangt, und

– drittens ist ein ganz neuer Bereich dadurch erschlossen worden, daß es nicht mehr nur um das Erkennen der Naturgegebenheiten und die Möglichkeiten ihrer Reproduktion im technischen Prozeß geht, sondern nicht minder dringlich um die Erhaltung und Pflege der Natur.

Deshalb kann man – etwas summarisch – sagen: In der Naturphilosophie Wilhelm Ostwalds – zu Beginn dieses Jahrhunderts – bildeten den Ausgangspunkt in der Hauptsache Mechanik und Energetik, in der Naturphilosophie Werner Heisenbergs – in der Mitte dieses Jahrhunderts – die Probleme der Elementarteilchen, Phänomene der Quantenmechanik und der Relativitätstheorie, in der Naturphilosophie des ausgehenden Jahrhunderts sind es neben neueren Entwicklungen in der Physik (z. B. Chaostheorie) Probleme der genetischen Information, der Evolution und der Hegeverantwortung, die allerdings bereits in den Bereich Ethik verweist, so daß man Klaus Michael Meyer-Abich darin zustimmen wird, daß der theoretischen heute eine praktische Naturphilosophie an die Seite zu stellen ist. Zwischenzeitlich hat es allerdings auch Phasen gegeben, in denen Naturphilosophie praktisch nicht gefragt war und von wissenschafts- und sprachtheoretischen Überlegungen völlig verdrängt wurde.

6.1 Theoretische Naturphilosophie

Wir wenden uns nun zunächst dem theoretischen Teil zu. Seitdem Galilei die schon erwähnte These vertreten hat „Das Buch der Natur ist in mathematischen Lettern geschrieben", ist die Naturwissenschaft, und zwar genauer gesagt: zunächst die klassische Physik, mathematisiert. Die klassische Physik umfaßt die Zeit von der Renaissance bis zum Ende des 19. Jahrhunderts. Etwa ab 1900, mit dem Erscheinen der Planckschen Theorie der Wirkungsquanten, spricht man von der modernen Physik. Daneben wurden bedeutsam die Einsteinsche Relativitätstheorie, die Heisenbergsche Unschärferelation, die Kopenhagener Schule der Quantenmechanik, die Theorie des Atombaus und die Entdeckung neuer Elementarteilchen. Mit ihnen allen waren zahlreiche naturphilosophische Probleme – erkenntnistheoretische und ontische Fragen – verbunden.

Aus der Quantentheorie ergaben sich die Erkenntnis einer Unstetigkeit der Wirklichkeit, die Existenz von energetischen Quanten

(E = h · v) und – im Zusammenhang damit – die Existenz dreier wichtiger Naturkonstanten: des (erwähnten) Wirkungsquantums sowie der Lichtgeschwindigkeit, die zwar früher bekannt war, jetzt aber in einer allgemeineren Bedeutung erkannt wurde, und einer Elementarlänge 10^{-13} cm. Plancks Quantentheorie und Rutherfords Ergebnisse über das Streuungsverhalten kleinster Materieteilchen an dünnen Folien führten zu Bohrs bekanntem Atommodell, das aus einem Kern und diesen – wie die Planeten die Sonne – umkreisenden Elektronen bestand. „Damit wurde es mit einem Schlag möglich, an die Deutung des umfangreichen experimentellen Materials heranzugehen, das in den Spektren der Atome und Moleküle, im periodischen System der Elemente, kurzum im ganzen Bereich der älteren Atomphysik bereitlag."[103]

Die Relativitätstheorie führte zur Überwindung jenes Standpunktes der klassischen Physik, der dem Naturgeschehen einen absoluten Raum und eine absolute Zeit unterlegte, ohne nach der Möglichkeit einer empirischen Verifizierung dieser Annahmen zu fragen. Denn die klassische Physik war eine Physik idealisierter Größen wie ausdehnungsloser Massepunkte, starrer Körper oder instantaner Signalübermittlung, während Einsteins Theorie eine Physik *beobachtbarer* Größen ist, d. h. sie beschreibt die Natur wie sie sich zeigt, wenn man sie mit realen Meßgeräten untersucht. Einstein fand auch – was von ontologischer Bedeutung ist – die Existenz von Lichtquanten (Photonen) und den Zusammenhang von Energie und Masse (E = m · c^2). Schließlich erklärt die Relativitätstheorie die Abhängigkeit des Raumes von den Masseverteilungen und Kraftfeldern und läßt „die Union von Raum und Zeit" in einer höheren Dimensioniertheit, nämlich im vierdimensionalen Raum-Zeit-Kontinuum, durch Hermann Minkowski mathematische Gestalt annehmen.

Heisenberg zeigte in seiner Unschärferelation, daß die Genauigkeit der gleichzeitigen Messung gewisser Größen, wie z. B. Ort und Impuls eines Teilches, begrenzt wird durch die Größe des Planckschen Wirkungsquantums. Daraus folgte, daß über Ort und Impuls von Elementarteilchen nicht gleichzeitig genaue Angaben gemacht werden können. Heisenberg veranschaulichte die theoretischen Überlegungen einmal durch folgendes Bild: wenn wir an einem Teilchen etwas messen wollen, dann müssen wir es beleuchten. Die Beleuchtung übt aber wegen der Energie der auffallenden Photonen eine Wirkung aus. Messe ich also den Impuls, so verändere ich den Ort des Teilchens, und messe ich den Ort, so verändere ich seinen

Impuls, und zwar jeweils in mir unbekannter Weise. Damit war dem Determinismus, d. h. der strengen Vorausberechenbarkeit alles Naturgeschehens, wie sie Laplace postuliert hatte, eine Absage erteilt worden.

Es stellte sich aber auch das sogenannte Welle-Teilchen-Problem, womit man die Unzulänglichkeit der Beschreibung der Elementarteilchen entweder als Korpuskeln oder als Wellen meinte: Sie können uns vielmehr als beides erscheinen, das Wie hängt von der Versuchsanordnung ab; Niels Bohr prägte dazu den Begriff der Komplementarität. Erkenntnistheoretisch rückten deshalb die Kopenhagener Physiker in die Nähe des Idealismus. In den Bildern, Modellen, Theorien erkennen wir unsere eigenen Fußspuren, denn wir sind nicht nur Zuschauer, sondern auch Mitwirkende im „großen Schauspiel des Daseins."[104] Die Gesetze erhielten die Form statistischer Aussagen.

Und damit tauchte ein weiteres Problem auf, nämlich das der Sprache. Um inhaltlich über die moderne Physik, also auch über die Quantenphysik, reden zu können, brauchen wir eine Fachsprache, das ist die Umgangssprache, angereichert durch Fachausdrücke (Termini). Wir haben aber keine andere Fachsprache für physikalische Probleme als die der klassischen Physik mit Begriffen wie Welle und Teilchen, Ort und Impuls, Kausalität und Substantialität. Insofern ist die klassische Physik ein Apriori der Quantenphysik, von dem wir aber wissen, daß es zur vollständigen Beschreibung der Phänomene ungeeignet ist. Das bedeutet keine Aufhebung des Realitätsbezugs, es bedeutet vielmehr, daß die Physiker mit ihrem Begriffssystem eine Sekundärwirklichkeit aus ‚Sachverhalten' aufspannen, die eben nur beziehbar sind auf das System, und die man nicht einfach der Natur an sich zuschreiben kann. Die Natur ist das Vorgegebene, die Naturwissenschaft ist ein Werk des Menschen, in dem er sich selbst wiederfindet, in dem er auf seine Fragen erfährt, was die Natur für ihn ist, nicht was sie an sich ist. Das kann man die *Perspektivität* der menschlichen Sichtweise nennen.

Noch in den fünfziger Jahren sah man in Protonen und Neutronen die elementaren Bausteine der Atomkerne und damit die tiefsten Bausteine der Materie. Heute ist längst bekannt, daß auch diese wieder zusammengesetzt sind; die „Urteilchen" der Materie nennt man Quarks und Leptonen. Die Physiker nehmen an, „daß die Leptonen und Quarks durch ein großes Symmetrieprinzip miteinander verwandt sind. Hierbei sind die Leptonen und Quarks nichts weiter als verschiedene Manifestationen derselben Grundmaterie, desselben Urbauteilchens".[105] Wir wollen diesen interessanten naturwissenschaftlichen Erkenntnissen hier nicht weiter folgen. Philosophisch stellt sich jedoch die Frage: Was ist dann eigentlich die Materie? Kann man den Begriff, der ja mit vielen Vorstellungen und einer ganzen Ideologie belastet ist, auf diesen Bereich des Elementaren überhaupt noch anwenden? Wenn Symmetrien und nicht Körperhaftes das Letztgegebene in der Natur sind, ist es dann nicht viel näherliegend, das Natureseiende von einem immateriellen, statt von einem materiellen Prinzip her zu bestimmen?

Da es also mit vorstellbaren Modellen und sprachlichen Beschreibungen im Bereich der Mikrophysik nicht vorangehen kann, bleibt nur noch der Rückgriff auf die Formel. Aber einerseits ist das im Grunde nur ein Aufschieben der Schwierigkeiten, weil ja irgendwann einmal auch die Formel gedeutet werden muß, andererseits stellt sich damit – nun in naturphilosophischer Fragestellung – das Problem eines ontischen Zusammenhangs von logischer und Naturgesetzlichkeit. Dies war schon Gegenstand der Überlegungen von Friedrich Dessauer (vgl. oben S. 62).

Im Zentrum der naturwissenschaftlichen Methode steht, so Dessauer, die logische, vorzugsweise mathematische Verarbeitung des Erfahrungsmaterials. Dennoch bleibe eine Doppelspurigkeit von Natur und Naturwissenschaft bestehen: wissenschaftliche Darstellung bedeute stets isolierende Auswahl; Begriffe, Urteile, Symbole und Modelle sind Annäherungen an die Wirklichkeit. Die Mathematik sei dagegen – zunächst jedenfalls – einspurig, denn für den Mathematiker scheinen die Symbole, Axiome und Sätze ideell für sich zu stehen. Es dränge sich aber die Frage auf, warum sich mit dem „logischen Strukturspiel Mathematik", das doch nur dem Erfordernis der Widerspruchsfreiheit unterliege, beispielsweise ein Problem der Spektroskopie lösen lasse. Wir erinnern uns, daß auch Einstein diese Frage aufgeworfen hat (vgl. oben S. 64).

Dessauer sagt dazu: Der Mensch, der vor etwa einer Million Jahren auf der Erde auftaucht, hat mit seinem Auftreten und mit seinem Denkprozeß keinerlei Einfluß auf Naturgesetze und Naturkonstanten. Die Planeten zogen ihre Bahnen vorher, ziehen sie jetzt und werden sie künftig ziehen, ob ein Mensch davon weiß oder ob sein Geschlecht untergegangen ist. „Alle Versuche, darzulegen, daß der Mensch durch sein Denken erst die Ordnung in den Kosmos hineintrage, scheiterten an der Tatsache, daß er in seinem Denken so lange irrt – oft jahrhundertelang –, bis es sich einer durch Erfahrung sich offenbarenden Vorgegebenheit angepaßt hat."[106]

Aber: die Ordnungsstruktur der Mathematik ist logisch. Das bedeutet, daß der Mensch sie *potentiell* in irgendeinem Sinne besitzt, wenngleich sie hinsichtlich ihrer Entstehung unverkennbar empirische Züge trägt. Das Kriterium ihres methodischen Vorgehens ist die Richtigkeit, d. h. die logische Widerspruchsfreiheit gegenüber den gewählten Axiomen und Symbolen, von denen aus man weiter operiert. Anders in der Naturwissenschaft. Ihr Kriterium ist die Wahrheit, die Übereinstimmung von Aussage und objektivem Tatbestand. D.h. in jedem Falle trifft die „dominante Erfahrung", und das ist die Antwort aus der Natur selbst, die Entscheidung.

So ergeben sich für Dessauer zwei Ansätze, um die Korrespondenz von Mathematik und Naturnomik einsichtig zu machen. Der erste liegt beim Mathematiker selbst: da er in der Wahl des Ausgangspunktes für sein System frei sei, könne er diesen ja auch im Anschluß an die Erfahrungen aus der realen Welt wählen, und tatsächlich sei die Mathematik in ihren Anfängen so vorgegangen. Indessen müsse es aber auch noch einen anderen Zusammenhang geben, müssen die logisch-notwendigen Beziehungen eine *Entsprechung* in den empirisch-kontingenten Strukturen besitzen. „Das bedeutet, daß die verstandes-transzendente, an sich bestehende Ordnung der Natur, dieser ordo post rem (Nomik nach den Tatsachen), zugeordnet sein muß der geistimmanenten Ordnung der Logik, diesem ordo ante rem (vorgegebene Ordnung), der im mathematischen Seinsbereich angewandt wird"[107] und der von den Mathematikern sozusagen auf Vorrat geschaffene logische Struktursysteme enthält, unabhängig davon, ob sie einmal in der Naturwissenschaft Anwendung finden oder nicht. – Wir erinnern uns, daß Popper solche Systeme als Gegenstände der Welt 3 bezeichnet.

Die mathematischen Zeichen repräsentieren bestimmungsarme Begriffe, und eben diese Armut an Bestimmungen erlaubt und erleichtert das logische Weiterflechten des mathematischen Relationsnetzes. Deshalb ist Mathematik Entfaltung logischer Beziehungen zwischen Objekten mit wenigen Seinsbestimmungen, wobei die Objekte und Relationen durch Symbole vertreten werden. Die Logik aber, die diesen Prozessen zugrunde liegt, hat als Substrat, als Voraussetzung, ein naturgesetzliches Geschehen: In dem logischen Bemühen und geistigen Schauen, das mathematischer Arbeit zugrunde liegt, „hat die biologische Unterlage, haben die Funktionen unseres Gehirns ihren Platz; sie sind Träger der Erkenntnis. Und man darf nie vergessen, daß sie entwicklungsfähig sind, nicht nur beim Einzelmenschen, sondern auch bei der Menschheit. Anthropologisch darf man ja nicht übersehen, daß der Mensch ein in Jahrhunderttausenden unter dem Einfluß der Umwelt geformter, gewandelter Erdenbewohner ist. Grundsätzlich ist dem Menschen der Zugang zu den Gebieten der Natur offen, und weil das Substrat, die Voraussetzung seiner bewußten (und unbewußten) Geistestätigkeit, naturgesetzlich ist, kann die Korrelation in der Erkenntnis beider Gebiete nicht verwundern. Seine Abstraktionsfähigkeit, seine materiellen Begabungskomponenten reifen im Laufe der Generationen. Die Vorbedingung der Erkenntnis ist also in Entwicklung und bietet in zunehmendem Maß ein besseres Substrat."[108] Hier klingen Gedanken der Evolutionstheorie an, die Dessauer schon auf den Erkenntnisprozeß bezieht. Wir werden diese Überlegungen unten weiterführen.

Dessauer schließt mit dem Gedanken, daß *Strukturforschung* der Erkenntnis die Wege frei gebe. Übereinstimmung der Strukturen erlaube das Abbilden von Zügen der einen auf die andere. Es sei also ein Verfahren, das auf Analogien beruht. Beim Übergang von einem Partner der Analogie zu einem anderen, bei der Umdeutung, der „Übersetzung" der Symbole bleiben die Strukturzüge, die Zuordnungen unverändert. Eine „vergleichende Ontologie der Strukturen" führt oft weit über die Ontologie der Substanzen hinaus „und läßt uns die Begründung für die Möglichkeit der Übereinstimmung von logischem Begriffsdenken, Sprache, Schrift und vorgegebenem Sachverhalt der Natur in größerer Nähe erforschbar sehen".[109]

„Ordnung" in den Naturwissenschaften hat man bisher in dreierlei Hinsicht gesehen:

1. im Sinne von Klassifikation und Systematik, wovon besonders in der biologischen Taxonomie[110] Gebrauch gemacht wird,
2. im Sinne von Regelmäßigkeit der Dinge oder Ereignisse, die zur Formulierung allgemeiner Gesetze führt,
3. im Sinne von Organisiertheit oder Desorganisiertheit, wie sie im Gegeneinander von physikalischer Entropie und Negentropie Ausdruck findet.[111]

Zu 1. handelt es sich um den Aufbau logischer Systeme mit Sinnzusammenhang, deren Struktur im wesentlichen festgelegt wurde auf Grund bestimmter, den Naturobjekten (Pflanzen, Tieren) immanenter Merkmale. In der Struktur findet die Ordnung des Systems ihren Ausdruck.

Zu 2.: Hier kann es sich einerseits um periodische Anordnungen handeln, wie z. B. in Kristallstrukturen, andererseits um das geordnete Entstehen z. B. von Elementarteilchen oder allgemeiner um die innere Geordnetheit des physikalischen Geschehens, die Voraussetzung dafür ist, daß die Naturwirklichkeit rationalisierbar, d. h. auf Denkmodelle und logische Operationen abbildbar und sprachlich beschreibbar ist. Denn die unserem Denken immanente Logik ist unsere Teilhabe an der Seinsordnung schlechthin, sie ist der uns innewohnende Ordnungsmaßstab, ohne den wir überhaupt keine Ordnung zu erkennen vermöchten, ohne den kein Physiker, Chemiker oder Biologe in der Lage wäre, aus der Fülle von Beobachtungsdaten einer Versuchsreihe auch nur eine einzige Gesetzmäßigkeit auszukristallisieren.

Zu 3.: Ein weiterer Anwendungsbereich des Ordnungsbegriffs in der Naturwissenschaft ist der Zusammenhang von Komplexität und Entropie oder – wie man auch sagt – von Ordnungs- und Unordnungstendenz. Nach dem 2. Hauptsatz der Thermodynamik (Entropiesatz) strebt die Natur, so hat es Ludwig Boltzmann formuliert, stets von einem weniger wahrscheinlichen zum wahrscheinlicheren Zustand, d. h.: energetische Gefälle gleichen sich aus, Wärme geht vom wärmeren auf den kälteren Körper über, gespeicherte Energie der Lage (z. B. Wasser in einem Staubecken) strömt zum energieärmeren niedrigeren Niveau, aufgewirbelter Staub verteilt sich schön gleichmäßig im Zimmer und bevorzugt keineswegs den Platz auf einer Kehrrichtschaufel. Es besteht also eine allgemeine Tendenz zur „Unordnung", zur Zerstreuung, zur Dissoziation, und da „Unordnung" als proportional zur physikalischen Größe „Entropie" definiert wurde, nimmt auch die Entropie (= der nicht mehr in Arbeit umwandelbare Teil der Energie) – in einem abgeschlossenen System – stets zu. Dabei sollte man das Anstreben des wahrscheinlicheren Zustandes nicht mit teleologischen Tendenzen in Verbindung bringen; in der statistischen Mechanik ist einfach derjenige Zustand der wahrscheinlichere, der durch die größere Anzahl von Möglichkeiten (Mikrozuständen) realisierbar ist.[112] Dies löst aber die Frage aus, wie kann es dann in der Natur zur Entwicklung höherer Ordnung kommen, wie können komplexe Systeme entstehen, wie kommt es zu Negentropie (= Ordnung, Information, als Gegenbegriff zu Entropie)? Hier spielt in der neueren Physik der Gedanke einer – unter gewissen Voraussetzungen möglichen – Selbstorganisation der Materie eine Rolle. Diese Voraussetzungen sind

a) ein hinreichender Abstand vom thermodynamischen Gleichgewicht (also ein Temperaturgefälle) und

b) eine ständige Zufuhr unverbrauchter Energie, um das energetische Gefälle aufrechtzuerhalten.

Dabei kommt es zum spontanen Auftreten stabiler Muster, die man dissipative Strukturen nennt.

Ilya Prigogine und Isabelle Stengers berichten dazu interessante Erkenntnisse, so z. B. das Auftreten von Strukturen in Flüssigkeiten beim Erhitzen[113], Hermann Haken, Begründer der „Synergetik", der Lehre vom Zusammenwirken, ergänzt sie durch Beispiele aus seinem Bereich, insbesondere am Beispiel des Lasers, d. h. eines Systems, in dem eine zeitlich streng periodisch geordnete Lichtwelle auftritt. Da diese Welle auf- und abschwingt, handelt es sich um eine dynamische Ordnung. Das System selbst ist offen, da ihm ständig elektrische Energie zugeführt wird. Während aber etwa bei der Lichtabstrahlung einer Lampe die einzelnen angeregten Atome völlig unabhängig voneinander agieren, ist das Geschehen im Laser durch einen „Ordner" geregelt. Die Bewegung der Elektronen wird durch diesen Ordner, wie die Synergetiker sagen, versklavt. Umgekehrt kommt aber die Lichtausstrahlung erst durch das Verhalten der Atome (bzw. Elektronen) zustande, so daß man von einer zirkulären Kausalität spricht: Die Lichtwelle ordnet die Atome, die Atome erzeugen die Lichtwelle. Erhöht man in diesem Laser die Stromstärke, d. h. verändert man die Anfangsbedingungen des Systems, so tritt an die Stelle der geordneten Lichtwelle eine ganz unregelmäßige Lichtausstrahlung. Diesen neuen Zustand bezeichnet man auch als „deterministisches Chaos", was bedeuten soll, daß das System nicht berechenbar ist, weil es äußerst empfindlich und unvorhersagbar auf kleinste Veränderungen in den Anfangsbedingungen reagiert.

So diskutiert man also heute Fragen der Entstehung von Ordnung aus Chaos wie auch umgekehrt des spontanen Übergangs von Ordnung in Chaos[114] und im Zusammenhang damit die einer noch weitgehend undurchschaubaren Art von Vernetzung und neuer Ganzheitlichkeit[115]. Als bisherige Forschungsergebnisse werden genannt:

1. Ungeachtet der Geltung deterministischer Gesetze kann in komplexen Systemen infolge geringster Schwankungen oder Meßungenauigkeiten in den Anfangsbedingungen lawinenartig ein völlig unvorhersagbares „chaotisches" Verhalten eintreten (deterministisches Chaos). Beispiel: Der Flügelschlag eines Schmetter-

lings kann durch Auslösen geringster Luftbewegung in weit entfernten Bereichen einen Wirbelsturm hervorrufen.
2. In offenen, d. h. in einem Fließgleichgewicht befindlichen Systemen können spontan Ordnung und Strukturen entstehen. Beispiel: Vorsichtiges Erhitzen einer Flüssigkeitsmenge kann bei Überschreiten eines Schwellenwertes spontan zu einer komplexen räumlichen Organisation des Systems führen.
3. In vielen natürlichen und technischen Systemen finden sich „selbstähnliche" Strukturen, das heißt, daß in unterschiedlichen räumlichen oder zeitlichen Maßstäben gleichartige Muster auftreten, die (oft wie sogenannte „russische Puppen") ineinander geschachtelt sind. Solche Strukturen heißen seit Benoit Mandelbrot „Fraktale"[116]. Interessante Beispiele hierfür liefert heute die „Computerkunst."

Das alles sind Themen von hoher naturphilosophischer Relevanz, jedoch wäre es verfrüht, sie schon zur Grundlage weiterer philosophischer Überlegungen machen zu wollen. Viel wichtiger scheint mir die damit verknüpfte Einsicht zu sein, daß uns erneut deutlich wird, daß unser Wissen um diese Seinswirklichkeit begrenzt und unser Weltbild noch sehr offen ist.

6.2 Das Leben: Die Semiotik des genetischen Codes

Leben ist auf das engste verbunden mit Information. Deshalb rückt die Frage nach der Information – nunmehr unter naturphilosophischem Gesichtspunkt – wieder in den Vordergrund unseres Interesses. Nach Manfred Eigen müssen schon vor etwa 4 Milliarden Jahren in einem Gebräu aus Wasser und organischen Molekülen, der sogenannten Ursuppe, informationstragende Moleküle entstanden sein, die sich gesetzmäßig vervielfältigen konnten. Und diese Fähigkeit der Vermehrung oder Selbstreproduktion gehört neben dem Stoffwechsel zu jenen Funktionen, an denen man das Vorhandensein von Leben erkennt. Leben ist im einfachsten Falle an den Organismus „Zelle" gebunden. In der Zelle ist die Information darüber gespeichert, was sie zu tun hat bzw. was aus ihr werden soll.
Jürgen Seetzen schreibt der Information über Energie und Materie hinaus kategoriale Bedeutung zu, derart, „daß Information die Be-

dingung der Möglichkeit für das Verhalten lebender Strukturen oder Systeme ist, das sich in Raum und Zeit und auf der Basis energetischer und materieller Prozesse abspielt. Wir kennen keine lebende Struktur, die nicht ‚informiert' ist, das heißt, die nicht in jeder ihrer Zellen den vollständigen Code zur Replikation und Ausdifferenzierung ihrer „Organe" (Werkzeuge) in sich trägt."[117]

Man vergleicht die Organisation der Lebewesen auch mit der Wahrnehmung staatlicher Aufgaben (Unsöld). Wie die Trennung in Legislative und Exekutive im Staat, so haben wir im Organismus die für Anweisungen zuständigen Träger der Information, des know how, die *Nuklein*säuren; sie sorgen für die Selbstreproduktion. „Ausführende Organe" sind die Proteine (Eiweißkörper), die ihre Funktionen gemäß den Anweisungen der Informationsinstanz ausüben; sie sorgen für Aufbau und Funktion des Organismus. Die Eiweißmoleküle – Makromoleküle – bestehen aus *Aminosäure*ketten (Sequenzen), in denen die Reihenfolge der Säuren die Eiweißsorte bestimmt. Aminosäuren zeichnen sich durch die Aminogruppe ($-NH_2$) und eine für Kettenbildungen besonders geeignete Bindung (Peptidbindung) aus. Bemerkenswert ist, daß in allen Organismen nur 20 verschiedene Aminosäuren vorkommen. Einige Proteine sind in ihrer Tätigkeit auf gewisse Substanzen oder Reaktionen spezialisiert, sie heißen Enzyme. Die Proteine bilden die Hauptmasse des Protoplasmas.

Der Code, also die Information für das Entstehen der Sequenzen, liegt gespeichert in den Erbanlagen des Organismus, dem Genom, und zwar in der DNS. Die DNS ist – ähnlich wie die Eiweißstoffe – ein langes Kettenmolekül, das aus „Nukleotiden" besteht. Die Nukleotide ihrerseits setzen sich zusammen aus Phosphorsäure, einem Zucker (Desoxyribose) und einer organischen Base. Die – stets gleichen – Zucker- und Phosphorsäureanteile sind miteinander verbunden, während an der freien Valenz des Zuckers eine der vier organischen Basen (Adenin, Guanin, Thymin und Cytosin, abgekürzt A, G, T, C) angreift. Diese 4 Buchstaben sind das „Alphabet" des genetischen Codes. Ihre Reihenfolge in der DNS bestimmt, in welcher Anordnung die im Plasma der Zelle herumschwimmenden Aminosäuren gekoppelt werden, damit eine bestimmte Sequenz (Eiweißsorte) entsteht. Jeweils drei Nukleotide sind zu einem *Triplett* (Codewort) verbunden, das wiederum je eine der 20 Aminosäuren „aufruft." Es gilt als ein entscheidender wissenschaftlicher Erfolg, daß die Schrift des genetischen Codes heute entziffert ist. „Wir wissen, was die ‚Wörter' der einzelnen Tripletts bedeuten, welche Aminosäuren sie codieren."[118] Dabei ist die Tatsache von besonderem Interesse, daß der genetische Code universell ist, d. h. also für alle Lebewesen gilt, ob „Kastanienbaum, Regenwurm, Krokodil oder Mensch" und damit einen Hinweis auf „die Verwandtschaft alles Lebenden" gibt. Deshalb ist die Entwicklung des genetischen Codes im Laufe der Geschichte unseres Planeten gleichbedeutend mit der Entstehung des Lebens, dessen Prinzip bei aller Differenzierung, das es im Laufe der Jahrmillionen dauernden Evolution erfahren hat, beibehalten worden ist. Auch das ist ein naturphilosophisch interessanter Aspekt.

Der Aufbau eines Proteins geht nun so vor sich, daß von der in Form von Nukleotid-Tripletts in der DNS gespeicherten Information ein „Abdruck" in einer Ribonukleinsäure (RNS) gefertigt wird, wobei in der RNS lediglich die Base Thymin (T) durch Uracyl (U) ersetzt ist. Im übrigen unterscheiden sich DNS und RNS auch im Zuckermolekül, wovon sich die Namensgebung als „Ribose" und „Desoxyribose" herleitet. Die DNS-Struktur wird also isomorph auf die RNS-Struktur abgebildet, d. h. in der RNS finden wir die Nukleotide A, C, G und U, die ebenfalls Tripletts bilden. Eine bestimmte Aminosäure, z. B. das Glycin, wird durch ein oder mehrere solcher RNS-Tripletts, hier beispielsweise durch das Triplett GGU, „aufgerufen." Die Folge der Tripletts enthält so die „Befehle", Aminosäuren zu einem Eiweißkörper zu synthetisieren. Man spricht daher von einem „hochorganisierten Regelkreis" der Proteinsynthese, bei dem sich Nukleinsäuren und Proteine gegenseitig bedingen (Küppers[119]), ein Prozeß, den Maturana – wie gezeigt – als autopoietisch bezeichnet.[120]

Triplettsequenz und Aminosäuresequenz sind also „co-linear." Der 4-Zeichen-Code von DNS und RNS wird in einen 20 Zeichen-Code der Aminosäure übersetzt. Einen DNS-Abschnitt, der die Information zur Bildung eines bestimmten Proteins enthält, nennt man ein Gen. Gene sind verantwortlich für die Vererbung, d. h. für die Weitergabe der Information an die Nachkommen zum Zwecke der Ausbildung eines bestimmten Merkmals. Mutationen, die zu erbfesten Veränderungen führen, entstehen durch Kopierfehler beim Abtasten der Information. Diese können spontan, damit aber relativ selten, oder durch äußere Einflüsse bedingt – und dann häufiger – auftreten.

Dazu kommt als weiterer Aspekt der biologischen Information, daß die Lebewesen aufgrund ihrer Informiertheit in der Lage sind, sich in lebenserhaltender Weise zu verhalten. Information steuert das

Verhalten oder anders ausgedrückt, das Verhalten lebender Strukturen ist immer informativ bedingt (Seetzen). Mutation und Selektion (survival of the fittest) wurden zu Prinzipien einer biologischen Evolutionstheorie.

Das folgende Schema stellt den Informationsprozeß in Lebewesen übersichtlich zusammen:

Informationsträger: DNS

besteht aus:

Nukleotiden =
$\begin{cases}\text{Phosphorsäure +} \\ \text{Zucker +} \\ \text{einer organischen Base = Adenin (A) oder} \\ \text{Guanin (G) oder Thymin (T) oder Cytosin} \\ \text{(C).}\end{cases}$

Die Basen treten als Tripletts auf, deshalb gibt es $4^3 = 64$ Möglichkeiten im sogenannten 4-Zeichen-Code.

Die DNS wird isomorph auf die RNS abgebildet.

In der RNS besteht der gleiche Triplettaufbau wie in der DNS, jedoch mit Uracyl (U) statt Thymin (T).

Jedes Triplett ruft eine von 20 verschiedenen Aminosäuren auf.

Jede Aminosäure besteht aus einer Aminogruppe ($-NH_2$), einer Carboxylgruppe ($-COOH$) und einem Säurerest.

Jede Aminosäuresequenz bestimmt eine Eiweißsorte im 20-Zeichen-Code.

Wir nannten die Kennbuchstaben der organischen Basen, A, G, T, C, (bzw. U statt T in der RNS) das Alphabet des genetischen Codes und ein Nukleotid-Triplett ein Codewort (=Informationseinheit). Küppers spricht deshalb von der „Molekularsprache", hinter der er mehr als eine bloße Metapher sieht. Das setzt aber die Gültigkeit einer Semiotik voraus, und deshalb verweist er zunächst auf die Syntax, d. h. die „organisierte Beziehung der Einzelsymbole untereinander." Wie die menschliche Sprache, so besitze auch die genetische Molekularsprache eine syntaktische Dimension; denn die Einzelsymbole (Nukleotide) der Erbinformation wirken in ihrer linearen Anordnung nicht beziehungslos nebeneinander, sondern sind in hierarchischer Stufung zu operationalen Einheiten zusammengefaßt. Aber die Molekularsprache habe auch einen semantischen

Aspekt, einen Sinn und eine Bedeutung, und zwar „im Hinblick auf die Aufrechterhaltung jener funktionellen Ordnung, wie wir sie in spezifischer Form bei lebenden Systemen vorfinden"[121]. Deshalb stellt Küppers die Frage nach Sender und Empfänger der genetischen Information.

Sender einer genetischen Nachricht sind – wie gesagt – die Nukleinsäure-Moleküle, Empfänger ist die Zelle. Der Inhalt der Nachricht ist die Information über eine Basensequenz. Ihn „versteht" die Zelle und reagiert darauf. So ist also in *syntaktischer* Sicht die genetische Information durch die *Struktur* eines Nukleinsäuremoleküls, also durch eine Nukleotid-Kette gegeben. Diese sogenannte Strukturinformation determiniert Struktur und Funktion eines Lebewesens. Sie macht aber lediglich eine quantitative Aussage im Sinne der Shannonschen Informationstheorie, d. h. über den in bits meßbaren Entscheidungsgehalt einer „Zeichenkette", hier der Triplett-Sequenz. Sie sagt aber nichts über den Beitrag eines bestimmten Makromoleküls zur Induzierung oder Aufrechterhaltung einer funktionalen Ordnung und ist deshalb auch biologisch und naturphilosophisch von geringerem Interesse als die *semantischen* und *pragmatischen* Aspekte der biologischen Information.

Und diese beiden sind nach Küppers' Auffassung – ähnlich wie in der menschlichen Sprache – nicht voneinander zu trennen, denn der semantische Aspekt komme genau dort zum Tragen, wo die Information pragmatisch verbindlich werde. „Wie sich am Beispiel der menschlichen Sprache zeigt, kann es Semantik in einem *absoluten* Sinn offenbar nicht geben, sondern immer nur *relativ* in bezug auf einen semantischen Referenzrahmen. Auch die genetische Information besitzt keine absolute Semantik, sondern nur eine relative, bezogen auf die spezifischen Umweltbedingungen, an die das betreffende Lebewesen angepaßt ist. Die Umwelt stellt quasi eine extern lokalisierte Information dar, an der die Semantik der genetischen Information selektiv bewertet wird."[122] Und ein Informationsgehalt ist umso höherwertig, je besser das Lebewesen an die Umweltbedingungen angepaßt ist, je zweckmäßiger es im Sinne einer „Teleonomie" funktioniert. Damit, so schließt Küppers, sei der Anschluß an zwei philosophische Thesen C. F. von Weizsäckers hergestellt, wonach der semantische Aspekt von Information nur über den pragmatischen Aspekt objektiviert werden kann: 'Information ist nur, was verstanden wird" und „Information ist nur, was Information erzeugt"[123], womit auch unsere oben angegebene vorläufige Bestimmung präzisiert ist: Information ist eine Struktur, die in einem empfangenden System etwas bewirkt.

Für C. F. von Weizsäcker ist Evolution Informationsgewinn, für Erhard Oeser ist sie Informationsverdichtung[124]; ich möchte noch einen Schritt weitergehen und sagen: Evolution ist Informationsqualifizierung. Die biologische Evolution hat Information verdichtet im Sinne höherer Komplexität, d. h. größerer Varietät und Konnektivität. Aber mit der Stufe höherer Komplexität traten auch neue Möglichkeiten, neue Qualitäten hervor. Und diese sollten berücksichtigt werden.[125] Und auch bei Küppers spielt ja, wie wir sahen, die Wertigkeit der genetischen Information eines Lebewesens im Hinblick auf sein Angepaßtsein an die Umweltbedingungen und damit im Hinblick auf einen Überlebensvorteil eine wichtige Rolle, so daß man auch in seinem Sinne sagen könnte, Evolution ist Qualifizierung von Information. Denn sie hat in bekannter Weise zur Entwicklung der vielen Arten von Pflanzen und Tieren geführt, und sie hat schließlich zur Herausbildung jener Körpermerkmale geführt, die den Menschen auszeichnen: der aufrechte Gang, die Ausbildung des perspektivischen Sehens und der Greifhand und die Ausbildung des Neocortex (mit entsprechenden Folgen wie z. B. der Sprachentwicklung).

Daß der Übergang vom Anorganischen zum Organischen natürlich erklärbar ist, gehört heute zum Allgemeingut der Wissenschaft. Nach Friedrich Wöhlers Harnstoffsynthese (1828) war es vor allem der erstmals 1953 von Stanley Miller durchgeführte und seitdem oft wiederholte und variierte Versuch, Methan, Ammoniak, Kohlendioxyd und Wasserstoff in einer Glasapparatur elektrischen Entladungen (vergleichbar den Gewittern) auszusetzen, um damit das Geschehen in einer „Uratmosphäre" zu simulieren, wobei er anschließend die spontane Entstehung wichtiger Biopolymere (Lebensbausteine) wie z. B. Aminosäuren nachweisen konnte. Hinzu kam, daß auch in dichten interstellaren Wolken und in Meteoriten organische Moleküle bzw. Aminosäuren, und zwar in einem Verhältnis, das dem in Lebewesen entspricht, vorgefunden wurden. Das „immer gleiche Ergebnis", sagt Hoimar von Ditfurth, bestehe nun offensichtlich in der spontanen, angesichts der Eigenschaften der Materie und der Naturgesetze unausbleiblichen Entstehung von Biopolymeren. Das sei ein wahrhaft aufregendes Ergebnis der heutigen Forschung. Mit ihrer Hilfe werde hier der nahtlose Übergang von der kosmischen zu einer biologischen Evolution sichtbar.[126] Und dies führe auch, meint v. Ditfurth weiter, zu einer neuen Sicht der Rolle des Menschen im Kosmos. Konnte noch vor wenigen Jahren Jacques Monod[127] die „Sinnlosigkeit der menschlichen Existenz" vor dem Hintergrund einer fremdartigen kosmischen Wirklichkeit verkünden, so zeige sich jetzt, daß dieser angeblich so fremdartige, so lebensfeindliche Kosmos vielleicht sogar unsere Wiege sein könnte.

Für Bernd-Olaf Küppers ist die so oft diskutierte *Zweckmäßigkeit* der Lebewesen eine Tatsache. Wenn man Artefakten, wie z. B. einer Kamera, Zweckmäßigkeit zuerkennt, dann kann man sie natürlichen Organen, wie dem Auge, nicht gleichzeitig absprechen. Zweckmäßigkeit ist aber nicht gleichbedeutend mit Teleologie (wonach dem Naturgeschehen eine Absicht (ein Zweck) zu Grunde liegt), sondern – wie erwähnt – mit *Teleonomie*. Diesen Begriff hat Colin Pittendrigh 1958[128] eingeführt: Teleonomes Verhalten oder ein teleonomer Prozeß werden 1) durch ein Programm gelenkt und sind 2) abhängig von der Existenz eines Zieles oder eines Endpunkts, der in dem Programm vorgesehen ist. „Dieser Endpunkt kann eine Struktur sein, eine physiologische Funktion oder ein Fließgleichgewicht, das Erreichen eines neuen geographischen Standorts oder eine triebbefriedigende Endhandlung"[129]; 3) – so wird gelegentlich noch hinzugefügt – wäre als Merkmal der Teleonomie die „systemerhaltende" (also nicht nur funktionstüchtige) Zweckmäßigkeit zu nennen[130]. Nach Küppers begegnet man teleonomischen Strukturen auch auf der molekularen Ebene: „Jede Zelle ist eine außerordentlich komplexe und hochorganisierte Einheit, die aus vielen Millionen Molekülen aufgebaut ist. Alle Moleküle einer Zelle wirken in einem genau aufeinander abgestimmten Funktionsschema zusammen, um den Ordnungszustand ‚Leben' aufrechtzuerhalten"[131]. Dabei spielen Rückkopplungen eine wichtige Rolle.[132] „Rückkopplungen führen dazu, daß der ‚Endzustand' eines Systems nicht ein für allemal fixiert ist, sondern zum Ausgangspunkt einer neuen Entwicklung wird." So verliert sich der „Anfang" des Systems in seiner Entwicklungsgeschichte, die „Anfangs"bedingungen haben den Charakter von „Rand"bedingungen. „Randbedingungen sind, genaugenommen, Auswahlkriterien: Durch sie wird die Vielzahl naturgesetzlich möglicher Prozesse auf die faktisch ablaufenden eingegrenzt. Bei sich selbst organisierenden Systemen werden die Rand- beziehungsweise Anfangsbedingungen immer wieder verändert."[133] Diese ursprünglich unspezifischen Randbedingungen wurden nun im Verlaufe der Selbstorganisation in biologische, und zwar genetische Information verschlüsselnde Randbedingungen transformiert, sind also insofern nicht-kontingente, unter evolutiven Gesichtspunkten aus einer Menge physikalisch gleichwertiger Alternativen ausgewählte Größen. Dies interpretiert Küppers so, daß die natürliche Selektion den Gradienten der Evolution festlege, nicht aber die „Optimierungsroute" im einzelnen oder mit anderen Worten: Naturgesetzlich erklären lasse sich nur das „Dasein" biologischer Strukturen, nicht aber ihr „Sosein", denn dieses spiegele die *historische Einzigartigkeit* lebender Systeme wider und entziehe sich prinzipiell einer naturgesetzlichen Beschreibung. Das aber führt zu der naturphilosophisch bedeutsamen Feststellung: „Der Ursprung biologischer Information läßt sich zwar als *allgemeines* Phänomen erklären, die biologische Information ist jedoch nicht in ihrem konkreten Inhalt aus den Gesetzmäßigkeiten der Physik und Chemie ableitbar."[134]

Mit diesen Überlegungen wollen wir den theoretischen Teil der Naturphilosophie beenden und uns ihren praktischen Aspekten zuwenden, die erst in den letzten Jahren allgemeine Beachtung gefunden haben. Zu den Wegbereitern gehört sicherlich das Starnberger Institut C.F. von Weizsäckers, das verknüpft ist mit den Namen Klaus M. Meyer-Abich, Michael Drieschner, Gernot Böhme, Wolfgang van den Daele und Wolfgang Krohn.

6.3 Praktische Naturphilosophie

Wir leben in einer aufregenden Zeit. Das ist nicht nur politisch gemeint. Wir leben in einer aufregenden Zeit auch was den Stand von Naturwissenschaft und Technik angeht. Die Physik des Subatomaren hat heute eine Ebene erreicht, bei der man fragen muß, ob sie nicht die Grenze des materiell-experimentell überhaupt Zugänglichen darstellt. Ferner diskutiert man Fragen der Entstehung von Ordnung aus Chaos wie auch umgekehrt des spontanen Übergangs von Ordnung in Chaos und im Zusammenhang damit Fragen einer noch weitgehend undurchschaubaren Art von Vernetzung und neuer Ganzheitlichkeit. Biologie und Biochemie haben durch Entschlüsselung des genetischen Codes Einblicke in die Informationsprozesse der organismischen Ontogenese und Phylogenese sowie ihre durch genetische Eingriffe mögliche Steuerung erhalten (Gentechnologie). Informatik und Informationstechnologie bilden Bewußtseinsprozesse auf Computerprogramme ab, entlasten mittels der Robotertechnik den Menschen von ihn gefährdenden bzw. ihn über- oder unterfordernden Tätigkeiten und der Schritt zum neuronalen Computer, der gehirnähnliche Leistungen vollbringen kann, scheint immer näher zu rücken. Diese sogenannte High-Tech, die sich von der klassischen, auf Bedarfsdeckung ausgerichteten Technik grundlegend unterscheidet und manchmal den Eindruck einer gewissen Eigendynamik erweckt, d. h. manchmal aussieht als sei sie der Steuerung durch den Menschen bereits entzogen, bietet Chancen und Risiken. Zwar sind wir es gewohnt, mit Risiken zu leben und gut zu leben, ohne Risiko wäre kein Fortschritt möglich, aber die heutigen Risiken lassen sich in vielen Fällen nur noch schwer abschätzen. Eine „Risikogesellschaft" nennt Ulrich Beck diese historische Situation.[135]

Daß man ein technisches Gerät zum Schaden anderer mißbrauchen kann, daß man mit einem Hammer eine Hütte bauen oder einen Menschen erschlagen kann, das wußte man schon immer. Daß aber auch der gutwillige und für ihre eigentlichen Zwecke legitime Einsatz von Technik das Risiko des Zuviel impliziert, daß vernetzte Systemzusammenhänge dazu führten, daß Handelnde und Betroffene nicht mehr in einem räumlichen oder zeitlichen Zusammenhang zu stehen brauchen und von daher die Gefahr einer Verletzung der Angemessenheit und der Zumutbarkeit von ungewollten, aber oft unvermeidbaren Nebenfolgen besteht, das ist ein Ergebnis unserer Tage. Nie zuvor hatte der Mensch die Macht, alles Leben in einem ökologischen Teilsystem oder global zu vernichten, Erbgut zu verändern, den Menschen selbst zu beeinflussen und zu kontrollieren. Nie zuvor ist ein weltweiter ökonomischer (und politischer) Konkurrenzkampf auf technischer Grundlage so hemmungslos ausgetragen worden. Und wenn, wie z. B. in der Umweltproblematik, erst kumulierende Effekte sich zur Schädlichkeit aufsummieren und einen toxischen Schwellenwert überschreiten, dann greift auch das Verursacherprinzip in Fragen der Verantwortlichkeit nicht mehr (H. Lenk).[136]

Daß die klassische Gesinnungsethik nicht mehr ausreicht, jene Ethik, die sich allein auf die gute Absicht, auf den guten Willen gründet und die Veranwortung für die Folgen einer Handlung sozusagen dem lieben Gott überläßt, nach dem Motto: was kann der Schmied dafür, wenn mit seinem Schwert jemandem der Kopf abgeschlagen wird, ist kaum noch zu bestreiten. Gute Gesinnung, mag dem einzelnen das Himmelreich garantieren, aber für menschliche Kooperation ist sie nicht hinreichend (Hans Sachsse). Doch nicht nur das: heute wird auch darüber diskutiert, ob es genügt, Verantwortung nur für etwas Getanes zu übernehmen oder ob nicht auch Vorbeugung verantwortet werden muß. Nach traditioneller Auffassung hieß Verantwortung stets kausale Zurechnung begangener Taten. Und nie wurde jemand rechtlich oder moralisch belangt für eine Handlung, die er nach anerkanntem Wissensstand und geltendem Recht ordnungsgemäß ausgeführt hat. Anders der erweiterte Verantwortungsbegriff, der einerseits das heute in Forschung und Produktion vorherrschende kollektive Handeln einbezieht, wobei also der einzelne nur Mitverursacher ist, andererseits aber auch die *Sache* betrifft, die auf unser Handeln Anspruch erhebt, so z. B. die relative Unversehrtheit nicht-menschlicher Wesen. Dabei vollzieht sich der Übergang von einer Verursacherverantwortung zur sogenannten *Hegerverantwortung* (H. Jonas)[137], die (colere = pflegen) sprachgeschichtlich die Wurzel unseres Kulturbegriffs bildet.

Freilich, die idyllische Annahme, zu einer alternativen Lebenswelt zu kommen, ist unrealistisch. Wir brauchen und wollen die moderne Technik und ihre Weiterentwicklung zur Aufrechterhaltung eines allgemeinen Wohlstands- und Gesundheitsniveaus, zur Deckung unserer Ansprüche auf Versorgung mit Nahrung, Energie, Information und öffentlichen Dienstleistungen, und wir brauchen noch sehr viel mehr Technik, allein aus humanitären Gründen, um die katastrophalen Konsequenzen der drohenden weltweiten Übervölkerung zu mildern. Denn während auf der einen Seite für die meisten Menschen in der Dritten Welt eine hohe Kinderzahl angesichts der strukturellen Gegebenheiten individuell die günstigste Lösung darzustellen scheint, blockieren auf der Seite der westlichen Industrienationen, die diesen circulus durchbrechen könnten, ethische und religiöse Bedenken die erforderlichen Schritte (F. J. Radermacher).[138] Der unerträgliche Anpassungsmechanismus zwischen der Zahl der Menschen und den Ressourcen dieser Erde in Form eines millionenfachen Verhungerns wäre ein Hohn auf die technisch-wissenschaftliche Zivilisationsgesellschaft des 20. und 21. Jahrhunderts.

Hier zeigt sich die Notwendigkeit eines Brückenschlages von Naturwissenschaft und Technik zu Anthropologie und Ethik. Hier zeigt sich, daß Naturwissenschaft und Technik als Formen menschlichen Handelns den Menschen nicht ausklammern können, weder was die erkenntnistheoretischen Voraussetzungen angeht, noch was die Auswirkungen, ihre „pragmatische Dimension" angeht. Die „zwei Kulturen", von denen Charles P. Snow meinte, daß sie sich nicht mehr verständigen könnten[139], sind wieder auf dem Weg zueinander. Gegenwartsphilosophie ist wieder innovativ und offen auch für Phantasie und Spekulation, sie wagt es wieder, die Seins- und die Sinnfrage zu stellen, was in der großen Phase der „Philosophy of Science" und der „logischen Sprachanalyse" verpönt war. Dem analytischen Denken tritt wieder das ganzheitliche an die Seite, dem quantitativen das qualitative, dem Erklären das Verstehen, der Rationalität die Intuition. Ein neues Wertbewußtsein zeigt sich im Hinblick auf die Natur. Das Weltbild der Physik wird erweitert durch ein Weltbild der Physis (W. Ch. Zimmerli)[140], und physis ist die Natur, aber auch das Geschöpf, das Gewordene, das lange Zeit im Schatten des Interesses am „Gemachten", an Produktion und Produkt stand. Quasireligiöse Aufbrüche – auch außerhalb der Kirchen –, ökumenische Prozesse für Frieden, Gerechtigkeit und Bewahrung der Schöpfung sowie eine tiefe Sehnsucht vor allem Jüngerer nach Gemeinschaft, Verläßlichkeit, Sinn und Zukunft sind weitere bemerkenswerte Tatsachen unserer Zeit. Dies alles verweist auf eine enge Verbundenheit von Natur und Kultur, von Theorie und Praxis, von Erkennen und Handeln und berührt deshalb zutiefst auch die Anliegen *praktischer Naturphilosophie*. Entsprechend unserer Darstellung des menschlichen Erkennens, also der mehr theoretischen Seite des Wollens, soll die folgende Skizze die mehr praktische Seite, das Handelnwollen, verdeutlichen.[141]

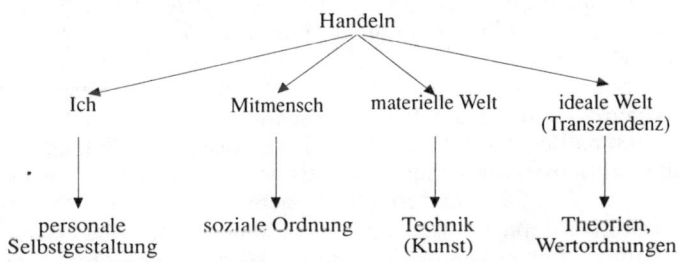

Hubert Hendrichs, ein Vertreter der „Praktischen Naturphilosophie", konfrontiert die Begriffe „Lebensprozesse" und „wissenschaftliches Denken"[142]. „Wissenschaft" ist ihm die Technik der Erkenntnisgewinnung, -darstellung, -speicherung und -tradierung. „Technik" heißt Prozesse organisieren und standardisieren, so insbesondere auch Lebensprozesse domestizieren, lebendige Struktur isolieren. Da sich aber Lebendigkeit gerade als Existenzform lebender Zusammenhänge mit besonderen Eigenschaften und Tendenzen ihrer Komponenten äußert, ist sie im isolierenden Denken der Wissenschaft nicht zu fassen.

Hendrichs gehört auch zu den Streitern für eine neue Sicht der Natur, insbesondere des Lebens. Die formallogische zweiwertige Rationalität habe nur einen Blick für die quantitative Seite des Phänomens, „selbstlose Prozesse" werden auf Aspekte reduziert, die sie als Mittel zum Zweck egoistischer Ziele – oder als Fehlleistungen dieser Ausrichtungen – erscheinen lassen. So werde übersehen, daß lebende Struktur auch die Tendenz und die Fähigkeit habe, mit Gegenspielern in der Realisation allgemeinerer Aktionen und Leistungen zusammenzuarbeiten, ja daß eine formallogisch widerspruchsfreie Beschreibung und Erklärung der Natur und ihrer immanenten Dialektik und Vernetzung überhaupt unmöglich sei. Denn die Dialektik sei kein bloßes Konstrukt der Vernunft, sondern wurde aus der Natur gewonnen, aus der vollen Erfahrung organismischer Prozesse. Und als Unternehmen der Vernunft sei Dialektik kein Gegenzug gegen das „natürliche" Denken, sondern gegen das „technisierende" Denken im Rahmen der zweiwertigen Logik. „Die Prozeßdynamik der Lebendigkeit produziert ‚Symmetriebrüche' – Ungleichgewichte, Zwischenfälle, ‚Ausrutscher', Mißverständnisse –, die geheilt werden im Rahmen und auf der Grundlage neuer Orientierungen und Kontakte zu allgemeineren Prozessen im gemeinsamen Ganzen. Je mehr ein Ganzes mehr ist als die Summe seiner Teile, um so mehr Heilmöglichkeiten bietet es für deren Dynamik."[143]

Diese Seite des lebendigen Geschehens – und damit Lebendigkeit überhaupt – könne die formallogisch-analysierende Sicht eines Wissenschaftlers, der auf domestizierte, aus ihrem Entstehungs- und Funktionszusammenhang herausgelöste Isolate angewiesen sei, nicht erfassen. Sie erfordere einen Sachverstand, der nicht über quantitative Berechnungen gewonnen, sondern nach langjähriger Anleitung durch erfahrene Fachleute in langjähriger eigener Empirie – und das heiße auch durch Resonanzfähigkeit – erworben und entwickelt werde.

Was Hendrichs erreichen will, faßt er selbst zusammen: „Es geht
a) um den Aufweis der Erkrankung des modernen Denkens, seiner Isolation von der vollen Realität;
b) um den Aufweis einer in Vorstellung und Argumentation zu beachtenden Mindestkomplexität der Realität und ihrer Wirkungsmöglichkeiten, sowie

c) um den Aufweis der Notwendigkeit, sowohl für Erkenntnis als
auch für verantwortliches Handeln das Unverstandene, nicht
Verfügbare zu achten; es geht
d) um den Aufweis von Qualitäten – Eigenschaften und Tendenzen
– in der lebenden Natur, die vernünftiges, verantwortliches
menschliches Handeln unterstützen können, und
e) um den Aufweis, daß die Achtung vor der unverstandenen Fülle
der Realität und ihrer unvorstellbaren Möglichkeiten heilende
[d. h. Störungen auffangende, Schäden regenerierende] Wirkun-
gen erschließen kann."[144]

Schließlich geht es um Sinn und Würde der Wirklichkeit und um
das Erwecken und Erhalten der Wahrnehmungsfähigkeit für das,
was *Lebendigkeit* bedeutet: für die volle Dynamik lebender Prozesse, „bevor die stark vereinfachenden Ansätze und Konzeptionen
der Wissenschaft, der Politik und der Massenmedien sie zum Erlö-
schen gebracht haben; bevor das wissenschaftlich-technisierte Hinsehen die Prozesse des Lebens bis zur ‚Verständlichkeit' domesti-
ziert, auf wenige Qualitäten, Funktionen und Ausrichtungen reduziert hat."[145]

Hendrichs trägt seine, oft in Frageform gekleideten Thesen vorsichtig vor, bewußt der Tatsache, daß ihm Widerspruch ins Haus steht.
Die apodiktische Selbstverständlichkeit mancher Biologen, Geneti-
ker oder Evolutionstheoretiker ist ihm fremd. Sein Blick ist auf
Ganzheiten gerichtet, einen wichtigen Wegbereiter seiner Ideen
sieht er in Alfred N. Whitehead. Sein Toleranzprinzip fordert Achtung vor dem anderen, auch vor dem Leben und besonders auch vor
den höheren Tieren, deren Verhalten von ihm manchmal als Vor-
stufe menschlicher Leistungen wie Altruismus, Verantwortung und
Moralität gedeutet wird, ohne daß er damit einen grundsätzlichen
Unterschied von Mensch und Tier verwischen will.

Es ist kein großer Schritt, von Hendrichs Achtung vor der Natur zu
Hans Jonas' und Hans Lenks *Verantwortung* gegenüber der Natur[146]. Es gehöre sozusagen zur besonderen menschlichen Würde,
„repräsentativ für andere nichtmenschliche Naturwesen, für die
Natur überhaupt verantwortlich mitdenken, eben diese Verantwortung übernehmen zu müssen und zu können. Hans Jonas fordert
daher, angesichts der ungeheuer gewachsenen technologischen
Macht des Menschen und der möglichen Gefährdungen von Natur
und Kreatur durch die Nebenwirkungen umfassender Industriali-
sierungen, den Verantwortungsbegriff zu erweitern, die herkömmli-
che ‚Verursacherverantwortung' zu einer ‚Treuhänder'-Verantwor-

tung, zu einer ‚hegerischen' Naturfürsorge und Präventationsverantwortlichkeit zu erweitern" (H. Lenk[147]). Natürlich bleibe die Verursacherverantwortung bestehen, werde aber durch die erweiterte Verantwortung überformt, ergänzt, modifiziert.

Klaus Michael Meyer-Abich geht noch einen Schritt weiter und fragt nach den „Bedingungen einer gerechten Verfassung der menschlichen Herrschaft in der Natur nach dem Gleichheitsprinzip"[148]: Wie wir uns in der Natur verhalten sollen, sei keine Frage, bei der es nur auf uns oder auf die Natur ankomme, sondern hier gehe es um die beiderseitige Relation, um den Naturzusammenhang des menschlichen Lebens. Ähnlich wie das absolutistische Denken im politischen Bereich verkündete: „Der Staat, das bin ich", so heiße es im Hinblick auf die Natur absolutistisch: „Die Natur, das sind wir Menschen." Und ähnlich wie der absolutistische Staat vom Rechtsstaat abgelöst wurde, komme es darauf an, an die Stelle der absolutistischen Naturauffassung ein Zusammenleben im Sinne einer *Rechtsgemeinschaft* aller Dinge und Lebewesen treten zu lassen. Die traditionelle Auffassung der Natur als Sache (= res) beruhe auf der Voraussetzung einer Zusammenhanglosigkeit von Natur- und Rechtsordnung, die heute deshalb problematisch geworden sei, weil die Rechtsordnungen zu wenig Rücksicht auf die natürlichen Lebensgrundlagen nehmen. „Ein verändertes Rechtsverständnis der Natur soll insoweit zur Überwindung der cartesischen Spaltung beitragen."[149] Die ontologische Grundlage des fundamentalen Zusamenhangs allen Lebens ist für Meyer-Abich die Beseeltheit der Welt. In der Philosophie wird eine solche Position auch als *Panpsychismus* bezeichnet.

„Holistisch" (ganzheitlich) und kritisch gegenüber Descartes' „Zwei-Substanzen-Theorie" ist auch der Ansatz von Fritjof Capra: die „neue Sicht der Wirklichkeit" beruhe auf der Erkenntnis, „daß alle Phänomene – physikalische, biologische, psychische, gesellschaftliche und kulturelle – grundsätzlich miteinander verbunden und voneinander abhängig sind."[150] Ein Großteil der zeitgenössischen Biologie und Medizin beruhe auf einer mechanistischen Weltanschauung, doch lasse sich ein besseres Verständnis des Lebens erreichen, wenn man eine „Systembiologie" entwickele, die Organismen als lebende Systeme statt als Maschinen ansieht. Eine reduktionistische Beschreibung von Organismen könne in manchen Fällen angemessen sein, gefährlich aber werde sie, wenn man sie für eine vollständige Erklärung halte.

Systeme sind nicht auf individuelle Organismen und ihre Teile beschränkt. Auch gesellschaftliche Systeme weisen Ganzheits-aspekte auf – „etwa ein Ameisenhügel, ein Bienenstock oder eine menschliche Familie. Schließlich gilt das auch für Ökosysteme, die sich aus der Vielfalt von in Wechselwirkung stehenden Organismen und unbelebter Materie zusammensetzen. Was in einem Natur-schutzgebiet erhalten wird, das sind nicht einzelne Bäume oder Organismen, sondern das ist das komplexe Gewebe von Beziehun-gen zwischen denselben."[151] Deshalb muß auch Evolution als „Ko-Evolution" von *Organismus plus Umwelt* verstanden werden. „Was überlebt, ist der Organismus-in-seiner-Umwelt. Ein Organismus, der nur an das eigene Überleben denkt, wird unweigerlich seine Umwelt zerstören und damit sich selbst, wie wir heute aus bitterer Erfahrung lernen müssen."[152] Geist und Materie schließlich, und hier zeigt sich der Monismus Capras deutlich, sind nicht zwei ge-trennte Kategorien, wie Descartes glaubte, sondern unterschiedli-che Aspekte desselben Geschehens. Der individuelle Geist des Menschen ist eingebettet in umfassendere geistige Zusammenhän-ge, die letztlich teilhaben an „irgendeiner Art von universalem oder kosmischem Geist."

6.4 Der Weg zum Menschen

„Wir unterscheiden drei Stufen der Evolution", sagt Hans Sachsse, „die kosmologische Evolution, bei der aus der Urmaterie die Sterne entstehen und im Innern der Sterne aus den Elementarteilchen die Atome unserer chemischen Elemente, dann, als zweite Stufe, die biologische Evolution, bei der sich aus der anorganischen Natur das Leben, die Biosphäre mit dem Menschen herausbildet, und drittens die technische Evolution, bei der der Mensch das Bedingungsgefüge der Natur verwendet, um aus ihm neue Einheiten aufzubauen."[153] Nach verbreiteter Auffassung unter den Biologen kann kein Zweifel darüber bestehen, daß sich die Menschwerdung – wie die gesamte Evolution der Lebewesen – in vielen kleinen Einzelschritten unter der „unerbittlichen Kontrolle der Selektion" (Unsöld[154]) vollzogen hat. Zahlreiche Funde, die 4 bis 5 Millionen Jahre zurückreichen, lassen den Australopithecus africanus als ältesten „sicheren" Homi-niden erkennen. Das war noch kein Mensch in unserem Sinne, sein Gehirnvolumen betrug nur ein Drittel von dem des heutigen Men-schen, aber die Richtung war da, über Gabelungen und Zwischenstufen führte sie zum „Cro-Magnon-Menschen", dessen Existenz vor ca. 30 000 Jahren nachweisbar ist.

Freilich ist die These von der „unerbittlichen Kontrolle der Selektion" nicht unumstritten. So bemerkt Joachim Illies, „survival of the fittest" heiße doch, die Tüchtigsten überleben. Und wie erweist sich die Tüchtigkeit? Offenbar durch „Überleben in der Selektion", so daß man auch sagen könnte: es überleben die Überlebenden – eine klare Tautologie.[155] Trotzdem – so räumt Illies ein – mache die wachsende Fülle von Tatsachen der vergleichenden Anatomie, der Physiologie, Morphologie und Embryologie, der Paläontologie und – später hinzutretend – insbesondere auch der Verhaltensforschung (Ethologie) die (allgemeine) Abstammungslehre zu einem augenfälligen, den Sinnen und dem Deutungsvermögen der Biologen sich geradezu aufdrängenden Denkzwang. „Das ist hundertfach dargestellt worden und steht heute in jedem Schulbuch. Es muß einen Zusammenhang zwischen den Arten (auch zwischen Affen und Mensch) geben, irgendwie *muß* das System der Zoologie seine Grundlage in natürlicher Abstammung haben. Aber wie?"[156]

Über diese gemeinsame Grundeinsicht hinausgehend gebe es jedoch spezielle Abstammungslehren, die durchaus nicht so generell akzeptabel, sondern diskutierbar und anzweifelbar seien. Das gelte einerseits für die behauptete Abstammung aller Lebewesen von einer gemeinsamen Urform, was nicht beweisbar sei und deshalb anzweifelbar bleibe, und das gelte ferner für die in der Evolution wirksamen Werdekräfte, die vom Willen Gottes in der Natur (Teilhard de Chardin) bis zu Zufall und Notwendigkeit reichen. Man müsse also zwei Betrachtungsebenen der Abstammung unterscheiden, die allgemeine und die spezielle, wenn es nicht zu einer völligen Verwirrung kommen solle. „Die kritische Frage gegenüber dem Darwinismus heißt für uns: Sind Selektion, also Auslese durch die Umwelt und geschlechtliche Zuchtwahl durch die Art selbst, und Mutation (also zufällige Änderungen in der Erbinformation) *ausreichende Gründe*, um den Ursprung des Menschen in einer geradlinigen Ahnenreihe quer durch das Tierreich" zu erklären?[157] Woher kommt die Berechtigung, das gesamte Tierreich von der Amöbe über Wurm, Lanzettfischchen, Amphibium und Reptil bis zum Menschen am roten Faden der Abstammung auf eine – aber eben nur eine – Perlenkette zu reihen?

Ausgehend von der Tatsache, daß es bisher nicht gelungen sei, typenüberschreitende Erbänderungen nachzuweisen, bleibe doch im Grunde nur *eine* Interpretation der Abstammungslehre übrig: Artenwandel und Typenkonstanz als zwei Kategorien strikt auseinander zu halten und zu berücksichtigen, „und zwar einerseits die Entstehung von Verwandtschaftsgruppen durch Abstammung und Artenwandel aufgrund der dafür auffindbaren Faktoren (Mutation, Selektion und Isolation) andererseits die Abstammung solcher Verwandtschaftskreise von je einem unwandelbaren Urtypus, der in sich als gegeben erscheint und zu seiner Erklärung offensichtlich gänzlich anderer Faktoren bedarf."[158]

Schließlich sei es ein Gebot der Fairneß, meint Illies, auch noch auf die Leistungen der „idealistischen Morphologie" hinzuweisen, die mit den Namen bedeutender Botaniker, Zoologen, Biologen und Phänomenologen verbunden ist und deren Arbeiten heute weitgehend vergessen seien, obwohl sie ein Wissen enthalten, das zum Verständnis des Ganzen der pflanzlichen und tierischen Wirklichkeit und erst recht des Menschen unentbehrlich sei. Vor allem aber müsse an Adolf Portmann erinnert werden, der in seinem Denken einen Kompromiß zwischen idealistischer Morphologie und Darwinismus suchte und in die Debatte ein abwägendes „Sowohl-als-auch" einbrachte. „Er ist Evolutionist – wie jeder moderne Biologe –, er hat die stammesgeschichtliche Betrachtung der Verhaltensweisen von Wirbeltieren (Vögeln und Säugern) selbst erfolgreich betrieben. Aber er beugt sich keinem Erklärungszwang und keiner Scheuklappen-Ideologie, sondern hat den Mut, auf die *Gestalt* als Wesensmerkmal der Organismen hinzuweisen, auf ihre *Selbstdarstellung* als zweckfreies Sein und auf ihre *Innerlichkeit* als ein der Mechanik entzogenes beseeltes Zentrum solchen Seins. Auch die Schönheit der Farben und Muster, der Eigenwert des Typus und das Geheimnis seiner Herkunft wird von ihm erkannt und hervorgehoben, vor allem aber die Eigenart des Humanen, also die *Sonderstellung* des Menschen im Reich der Lebewesen."[159]

Bevor wir den Gedanken von der Sonderstellung des Menschen im anthropologischen Teil vertiefen, sei noch in Anlehnung an Hans Sachsse auf ein wichtiges Faktum in der Höherentwicklung der Arten verwiesen: das individuelle Lernen. „Das Verfahren von Mutation und Selektion regelt die aktive Anpassung und züchtet die brauchbarsten Organe heraus. In einem Lernprozeß, der sich über die Generationen erstreckt, wird, was auf die Natur paßt, ermittelt und in den Anlagen der Nachkommen fixiert.

Aber dieses Lernen einer Gattung braucht seine Zeit und kostet viele Individuen das Leben. Es war daher ein wichtiger evolutiver Fortschritt, daß die Tiere auch individuell lernen und das Gelernte für die Anpassung verwenden können. Das auf diesem Wege Gelernte wird nicht in der Veranlagung gespeichert, und es wird auch nicht vererbt, sondern es wird im Nervensystem deponiert. Für den weiteren Weg der Evolution ist daher die *Herausbildung des Zentralnervensystems der entscheidende Schritt"*[160], der seinerseits zur Ausbildung des Gehirns und damit des homo sapiens geführt hat. Parallel dazu verlief die *Entwicklung der Sprache*, die den Austausch und die gemeinsame Verarbeitung des individuell Gelernten ermöglicht und damit einerseits die Entstehung des Selbstbewußtseins des Menschen, also auch eine weitergehende Individualisierung einleitete, andererseits zu altruistischem Verhalten und somit zur Gesellschaftsbildung führte. Denn selbst eine primitive Sprache, so John C. Eccles[161], trage schon zur Förderung des sozialen Zusammenhalts bei und sei hilfreich bei der Fürsorge innerhalb der Gruppe und der Kernfamilie. Wie es aber dazu kam, daß wir zu unserer selbst bewußten Wesen wurden, das sei ein Wunder, das für alle Zeiten jenseits der Naturwissenschaften liege.[162]

Als „Spätkömmling" in der Natur trägt der Mensch freilich auch noch ältere Strukturen, aus denen er hervorgegangen ist, in sich. Und das nicht nur hinsichtlich seines Körpers, seiner Organe, sondern auch hinsichtlich seiner Verhaltensweisen, seiner Triebe, seiner Freuden und Schmerzen (Sachsse[163]). Dieses naturwissenschaftliche Bild des Menschen erschöpfe zwar nicht sein Wesen, da bei seiner Entwicklung Neues hinzugekommen sei, zeige uns aber ein Gerüst natürlicher Verhaltensanlagen, das uns hilft, menschliches Verhalten besser zu verstehen[164]. Die „naturwissenschaftliche Anthropologie" sei daher, so Sachsse, von existentieller Bedeutung, der Mensch müsse die biologischen Gesetze, denen er unterworfen ist, kennen, um sie richtig anzuwenden. Die Programme der stammesgeschichtlichen Vorläufer der rationalen Vernunft, die – gespeichert – im Vorbewußten operieren, nennt man nach Egon Brunswik den ratiomorphen Apparat (Riedl[165]). Bei Sigmund Freud ist es das Es, bei Carl Gustav Jung sind es die Archetypen, die einen unbewußten Inhalt der menschlichen Psyche darstellen.

6.5 Evolutionäre Erkenntnistheorie und Evolutionäre Ethik

Auf dem Boden der biologischen Evolutionstheorie sind zwei Systeme von hoher Aktualität entstanden, die von zahlreichen Wissenschaftlern vertreten oder zumindest diskutiert werden und deshalb hier vorgestellt werden sollen.

Die *Evolutionäre Erkenntnistheorie* geht auf Grundgedanken von Konrad Lorenz zurück und wird heute vor allem von Gerhard Vollmer, Rupert Riedl, Franz Wuketits u.a. vertreten. Zutreffender sollte man sie vielleicht eine naturphilosophische Theorie der menschlichen Erkenntnisbefähigung nennen. Als solche sieht sie ihren Anspruch begrenzt und unterstellt die Gültigkeit einer Reihe von Voraussetzungen. Diese sind:

1. der erkenntnistheoretische Realismus, hier etwas verändert und bezeichnet als „hypothetischer Realismus",
2. ein projektives Modell des menschlichen Erkenntnisapparates, demzufolge die Wirklichkeit projektiv abgebildet wird und der Erkenntnisprozeß allein darin besteht, die realen Objekte und Strukturen aus den Projektionen zu rekonstruieren,
3. die naturalistische Identitätstheorie von Gehirn und Bewußtsein, d.h Geist, Seele, Bewußtsein sind Funktionen (= Systemeigenschaften) des kausal operierenden Zentralnervensystems, insbesondere des Gehirns, und
4. die biologische Evolutionstheorie mit folgenden Kernthesen:
   – gemeinsamer Ursprung der meisten, wenn nicht aller Organismen auf der Erde,
   – phylogenetische Verwandtschaft des Menschen mit tierischen Vorfahren, vor allem mit den Primaten,
   – (nahezu) invariante Reproduktion organismischer Systeme,
   – Erblichkeit von anatomischen, physiologischen, kognitiven und Verhaltensmerkmalen,
   – Vielfalt organismischer Typen durch Mutationen,
   – differentielle Reproduktion aufgrund unterschiedlicher Tauglichkeit, in der Regel unter der Bezeichnung „natürliche Selektion" (oder „Überleben des Tüchtigsten"),
   – Evolution als Entfaltungs- und Anpassungsprozeß[166].

Die Anhänger der Evolutionären Erkenntnistheorie weisen darauf hin, daß der Theorie innere Widersprüche noch nicht nachgewiesen wurden, daß ihre Wissenschaftskonsistenz auch von ihren Kritikern anerkannt werde und daß sie vor allem über ein weites Problemlösungspotential verfüge, an dem eine Erkenntnistheorie gemessen werden sollte. Ob die Wissenschaftskonsistenz allerdings so unbestritten ist, wie sich das die Anhänger der Theorie wünschen, muß bezweifelt werden.

Andererseits ist nicht zu bestreiten, daß die Evolutionäre Erkenntnistheorie eine ganze Reihe bemerkenswerter und überzeugender Gedankengänge involviert. Daß Erkenntnis als Gehirnfunktion ein Ergebnis der biologischen Evolution ist, dürfte heute nicht ernsthaft bestritten werden. Daß sich von daher manches erklären läßt, wie z. B. der Passungscharakter von Setzungen unseres logischen und mathematischen Denkens auf die Wirklichkeit, leuchtet ein (vgl. oben Fr. Dessauer). Auch daß unsere Wirklichkeitssicht perspektivisch ist (vgl. oben S. 109) oder – wie Vollmer sagt – projektiv, ist eine sehr vertretbare Einsicht. Die realen Objekte werden auf unsere Sinnesorgane projiziert, wir versuchen im Erkenntnisprozeß die Objekte aus ihren Projektionen zu rekonstruieren. Und daß das Ergebnis dieser Rekonstruktion letztlich hypothetisch bleibt, ist nicht nur empiristisches (vgl. oben S. 53) Gedankengut. Hypothetische Ansätze finden wir bei z. B. Popper, in der Hermeneutik (vgl. oben S. 45) oder auch im „methodischen Vertrauen" Alexander I. Wittenbergs[167]. Deshalb muß man dem „Naturforscher und Arzt" Konrad Lorenz das Recht, „zu prüfen, wie weit wir damit kommen" (Riedl[168]), einräumen, wenn er davon überzeugt ist, daß „unser Erkenntnisapparat selbst ein Ding der realen Wirklichkeit ist, das in ‚Auseinandersetzung mit' und in ‚Anpassung an' ebenso wirkliche Dinge seine gegenwärtige Form erhalten hat."[169] Ihm müssen wir vertrauen, bewußt jedoch der Tatsache, daß das An-sich-Bestehende noch andere Seiten besitzt als nur die, für die unsere Art ein Organ entwickelt hat.

Auch der Gedanke, daß Erkennen ein Zusammenwirken von Subjekt und Objekt ist und zwischen beiden ein ontischer Bezug bestehen muß, gründet in der philosophischen Tradition. Ob es bei Thomas von Aquin heißt, daß sich die Weise, ein Ding zu erkennen, nach der Beschaffenheit des Erkennenden richte (quidquid recipitur, ad modum recipientis recipitur), Goethe sein oben erwähntes „Wär' nicht das Auge sonnenhaft, die Sonne könnt' es nicht erblicken" verkündet oder Nicolai Hartmann feststellt, daß Erkenntnis deshalb möglich ist, „weil Erkennender und Erkanntes beide Seiendes und als solches beide Glieder derselben Welt sind" (Stegmüller), sie alle lassen die Konsequenz zu, daß „subjektive und objektive Strukturen zumindest in dem Sinne aufeinander passen, daß sie zusammen Erkenntnis ermöglichen" (Vollmer[170]). Und wenn die „evolutionären Erkenntnistheoretiker" zugeben, daß die Suche der Rationalisten nach „angeborenen Ideen" durchaus berechtigt war, weil schließlich gewisse sinnliche Fähigkeiten, Konstanzleistungen, sprachliche und allgemein geistige Fähigkeiten (Intelligenz, Musikalität, logisches Schließen) angeboren seien, und zwar in dem Sinne, daß phyletisch gespeicherte Programme im Gehirn eingebaut sind, während die individuelle Erfahrung nur noch Unterprogramme und Daten liefert, so wird man auch das nicht von der Hand weisen können. Schließlich wird man auch zugeben, daß der Besitz „guter" Programme, guter Passungen, die Überlebenschancen der Individuen erhöhte und ihnen insofern einen Selektionsvorteil verschaffte, daß aber andererseits die Passungen auf den Mesokosmos, auf die „Welt der mittleren Dimensionen"[171] beschränkt sind, die Welt, der wir selbst angehören und aus der unsere Erfahrungen stammen. Letztlich befindet sich die Evolutionäre Erkenntnistheorie in Übereinstimmung mit anderen Auffassungen, wenn sie als wichtigen Evolutionsschritt die Fähigkeit höherer Wesen zum Auf- und Ausbau eines inneren Modells bezeichnet, mit dessen Hilfe wir in unserer Vorstellung Probehandlungen entwerfen, ausführen und bewerten können, ohne dabei „Kopf und Kragen riskieren zu müssen" (Riedl[172]). So können wir insbesondere auch dank unserer deskriptiven und argumentativen Sprachmöglichkeiten „kontra-intuitive Sachverhalte formulieren, versuchsweise als wahr annehmen und ihre Folgerungen prüfen" (Vollmer[173]), wir können – anders als ein sprachloser Organismus – unsere Theorien an unserer Stelle sterben lassen (Popper). Heute kann man übrigens solche Modelläufe auch weitgehend dem Computer überlassen.

Fassen wir diese Überlegungen zusammen, so müssen wir eigentlich fragen, wie es kommt, daß nicht alle von der Evolutionären Erkenntnistheorie begeistert sind. Nun wurde schon oben gezeigt, daß der strenge Darwinismus, wie er in den Thesen der Theorie vorausgesetzt wird, nicht allgemeine Zustimmung findet, ja, daß manches noch unbewiesen oder unklar ist, wenn wir z. B. an die Einwände von Illies oder von Eccles erinnern. Das gilt aber auch hinsichtlich der von Vollmer vertretenen materialistischen Position im Leib-Seele-Verhältnis. Dieses Problem sieht z. B. Hans Mohr, im übrigen Vertreter der Evolutionären Ethik, viel differenzierter, wenn er von der Aporie des Leib-Seele-Problems spricht[174]. Mohr zitiert auch Karl Rahner, dem die Irreduktibilität des Menschen auf bloß Materiell-Biologisches, unbeschadet seines realen Zusammenhangs mit der biologischen Gesamtevolution, gesichert erscheint „durch das Wissen des Menschen ‚von innen her' über seine Transzendentalität, seine Geistigkeit und Freiheit, schon bevor er etwas über die bloße Biosphäre und ihr Verhältnis zum Anorganischen erkannt hat"[175]. Schon nach diesen beiden Hinweisen verwundert es nicht, daß die Evolutionäre Erkenntnistheorie zu lebhaften Diskussionen geführt hat. Friedrich Kaulbach z. B. merkt an, daß dieser Weg zwar in gewissen empirischen Bereichen eine Berechtigung haben möge, daß es von hier aus aber unmöglich sei, fundamentale Fragen wie die nach der Möglichkeit von Erkenntnis zu diskutieren[176]. Freilich wird ein solcher Letztbegründungsanspruch von den Anhängern der Theorie auch nicht erhoben, und es wird auch keine eigene Wahrheitstheorie aufgestellt, man akzeptiert den korrespondenztheoretischen Wahrheitsbegriff des kritischen Realismus. Dennoch suchen sie, so wird betont, eigenständige Antworten auf alte und neue Fragen, und deshalb dürfe es nicht überraschen, wenn sie hin und wieder zu traditionellen Auffassungen in Widerspruch geraten. Das ist nun in der Tat der Fall, wie eine gründliche Synopse von Eve-Marie Engels[177] zeigt. Es würde die Zielsetzung dieser Einführung überschreiten, auf Einzelargumente einzugehen, deshalb hier nur noch ein Blick auf die Tendenz, wie Engels sie sieht: „Die Evolutionäre Erkenntnistheorie wird keinen Ersatz für traditionelle Ansätze philosophischer Erkenntnistheorie bieten können, sondern nur eine, wenn auch möglicherweise bedeutende *Ergänzung* darstellen."[178]

Weniger Schwierigkeiten dürfte der Evolutionären Erkenntnistheorie die Abstimmung mit neueren Theorien aus dem Bereich der Kognitionsforschung bereiten, wie z. B. dem „Konnektionismus" (u.a. vertreten durch Walter Freeman) oder der „Theorie der Inszenierung" von Francisco J. Varela. Als Konnektionismus bezeichnet man jene Auffassung, nach der die Hirnrinde als sich selbst organisierendes „neuronales Netz" verstanden und die oft gehörte Analogie zwischen Gehirn und (bisherigen) digitalen Computern immer unwahrscheinlicher wird. „Immer mehr Experimente unterstützen die Vorstellung, daß Gehirne sich tatsächlich durch die gemeinsame Aktivität von Nervenzellen strukturieren: Lernen scheint mit einer Verstärkung oder Abschwächung von ‚Synapsen', den Kontaktstellen zwischen Nervenzellen, einherzugehen."[179]

In der „Theorie der Inszenierung" geht es um die Vorherrschaft der Praxis gegenüber der Repräsentation im Erkenntnisprozeß. Probleme, sagt Varela, sind nicht vorgegeben, sondern werden gestellt, werden vor einem Hintergrund inszeniert. Repräsentiert werden kann nur eine *vorgegebene* Welt; unsere Welt aber ist eher eine hervorgebrachte. Und deshalb kann die Welt, als Gegenstand unseres Erkennens, auch nicht unabhängig vom Erkennenden sein. Varela knüpft an Phänomenologen der europäisch-kontinentalen Tradition an, die sich die Frage stellten, welchen Einfluß es auf die Erkenntnis habe, daß wir in einer untrennbar mit unserem Körper, unserer Sprache und unserer gesellschaftlichen Tradition verbundenen Welt leben. Kontext und common sense seien schließlich keine Randbedingungen der Erkenntnis, sondern bilden das Wesen der kreativen Kognition. Statt an der tiefverwurzelten Annahme unserer wissenschaftlichen Tradition festzuhalten, daß die Welt, wie wir sie erfahren, vom Erkennenden unabhängig sei, „sind wir zu dem Schluß gezwungen, daß man die Kognition nur über den common sense, also unsere körperliche und gesellschaftliche Tradition, angemessen versteht; daraus folgt unausweichlich, daß Erkennender und Erkanntes, Subjekt und Objekt, einander wechselseitig konstituieren – gemeinsam entstehen. Philosophisch gesagt: Erkenntnis ist etwas *Ontologisches*[180]" Deshalb gilt als Grundvorstellung: Kognitive Fähigkeiten sind untrennbar verbunden mit gelebter Geschichte, ähnlich wie ein Weg nicht existiert, sondern im Wandern eingeschlagen wird und wie wir im Rahmen sozialen Handelns „unsere Welt" erschaffen. Die Auffassung der Erkenntnis als Inszenierung bedeute einen großen Schritt auf dem Weg, „uns vom Gespenst des Geist/Körper-Dualismus und vom Gegensatz Geist – Natur zu befreien"[181].

Damit wollen wir den Komplex „Evolutionäre Erkenntnistheorie" verlassen und noch kurz die oben schon angedeutete parallele Entwicklung im Bereich der Ethik erwähnen, die das Ziel hat, unsere moralischen Veranlagungen und Mängel in ähnlicher Weise zu erklären, wie wir es hinsichtlich der kognitiven Fähigkeiten gesehen haben. Das heißt also, daß nicht nur unsere Erkenntnis-, sondern auch unsere angeborenen Verhaltens- und Handlungsstrukturen im Zuge der darwinischen Evolution entstanden und somit genetisch fixiert sind. Und wenn wir die Evolutionäre Erkenntnistheorie als eine naturphilosophische Theorie der menschlichen Erkenntnisbefähigung verstanden haben, so könnte man die Evolutionäre Ethik entsprechend eine naturphilosophische Theorie menschlicher Moralität nennen. Ihre Aufgabe ist es nach Hans Mohr, „die historische Genese des sittlichen Verhaltens wissenschaftlich zu *er-*

klären. Wie ist es im Zuge der Evolution dazu gekommen? Welche Funktion kommt der Moral ‚von Natur aus' zu"?[182]

Hans Mohr gehört zu den herausragenden Wissenschaftlern, die sich mit den „Satellitentheorien" der allgemeinen Evolutionstheorie, und zwar der Evolutionären Erkenntnistheorie und der Evolutionären Ethik, befassen. Sein Buch „Natur und Moral", auf das wir in dieser Einführung vorwiegend zurückgreifen, nennt sich im Untertitel bescheiden „Ethik in der Biologie", ist aber tatsächlich erheblich mehr, man könnte sagen: eine Einführung in aktuelle Probleme der modernen Naturphilosophie.

Wir gehen von einem unbezweifelbaren konsensualen Sachverhalt aus, sagt Mohr, „es gibt Erkenntnis;" und wir fragen nach einer wissenschaftlichen Erklärung für diesen Sachverhalt. Einen Sachverhalt erklären heißt, ihn auf eine anerkannte Theorie zurückzuführen. Diese Theorie ist für den Biologen die Evolutionstheorie. Kant unterschied, wie wir oben gesehen haben, Erfahrungswissen und apriorisches Wissen und bemühte sich um die Frage: „Wie sind synthetische Urteile a priori möglich?" Die Antwort der Evolutionären Erkenntnistheorie darauf lautet: alles Wissen stammt aus der Erfahrung; aber es gibt Stammeserfahrung und individuelle Erfahrung. Stammeserfahrung ist die im Laufe der Evolution durch Auslese und Anpassung kumulierte genetische Information, vergleichbar in etwa den Anschauungsformen und Denkkategorien Kants als notwendige Voraussetzung für individuelle Erfahrung, individuelles Lernen, auf dessen Bedeutung wir im Anschluß an Sachsse bereits hingewiesen haben.

Mohr erläutert den Zusammenhang an zwei Beispielen: Jedes gesunde Kind „ist fähig, jede beliebige natürliche Sprache zu lernen. Die Basisgene für das Erlernen einer natürlichen Sprache liegen in jedem intakten menschlichen Genom vor. Welche der möglichen natürlichen Sprachen ein Kind als Muttersprache erlernt, ist jedoch – wie jedermann weiß – durch die individuelle Erfahrung bestimmt"[183]. Ähnlich lasse sich die Genese moralisch relevanter Fähigkeiten des Menschen verstehen, z. B. die Ausbildung des Gewissens. Auch dieses sei apriorisch verankert, was aber nicht bedeute, daß es nicht entwickelt werden oder abstumpfen könne. „Die enormen Erfolge des Homo sapiens bei der Eroberung der Welt beruhen auf einer Kombination von genetisch fixierter Erfahrung (Wissen a priori) und individueller Erfahrung (durch Lernen erworbenes Wissen a posteriori). In die individuelle Erfahrung gehen Versuch und

Irrtum ebenso ein wie (richtige oder falsche) Tradition, Kultur, Erziehung und Konditionierung."[184]

Aber unser apriorisches Wissen impliziert auch nicht ungefährliche Probleme. So gibt es z. B. eine angeborene Erwartungshaltung im Hinblick auf Zuverlässigkeit und Kontinuität der realen Welt. „Die Menschen können sich zum Beispiel kaum vorstellen, daß uns von heute auf morgen die Energie ausgehen kann, oder daß die Entsorgungskapazität der Atmosphäre für Schadstoffe ab einem bestimmten Schwellenwert zusammenbricht oder daß ein exponentielles Wachstum der Menschenmassen die Welt innerhalb kurzer Frist katastrophal verändern muß oder daß ein atomarer Krieg alles Leben zerstören könnte. Wir haben keine zuverlässigen Anschauungsformen für exponentielles Wachstum[Anm.] und kein sicheres intuitives Verständnis für katastrophale Änderungen, weil unser apriorisches Wissen in einer Welt ohne abrupte Wechsel, in einer Welt der Homöostasis und der mittleren Zeitspannen, entstanden ist"[185]. Und deshalb können Traditionsanpassungen wie das Setzen auf Wachstum und Vermehrung – Selektionsvorteile von gestern – heute zu Anachronismen werden, die uns umbringen, wenn wir nicht lernen, sie zu beherrschen.

Damit aber befinden wir uns im Bereich der Evolutionären Ethik. Auch sie versteht sich – wie gesagt – als eine erklärende Theorie, die keine imperativen oder normativen Absichten verfolgt (weshalb wir sie auch im Rahmen der Naturphilosophie und nicht der Ethik behandeln, was entsprechend für die Evolutionäre Erkenntnistheorie gilt). Erklären will sie, wieso es entgegen besserer Einsicht zu moralischen Mängeln des Menschen kommt, wieso wir Dinge tun, die wir nicht tun sollten, einen anderen töten, quälen, betrügen, verleumden usw. Die Vertreter dieser Theorie gehen davon aus, daß nicht nur unsere kognitiven Strukturen, sondern auch „unsere angeborenen *Verhaltens*- und *Handlungsstrukturen* im Zuge der

Anmerkung
Man denke an das bekannte Beispiel eines Schachbretts, auf das man Getreidekörner legt: 1 Korn auf das erste Feld, 2 Körner auf das zweite, 4 auf das dritte usw. Wie viele kommen auf das 64., wie viele auf das ganze Schachbrett? Oder ein anderes Beispiel (nach Joachim Treusch): in einen Eimer fallen Wassertropfen, und zwar nach je 10 Sekunden die doppelte Menge, d. h. zunächst 1 Tropfen, nach 10 sec. 2, nach 20 sec. 4, nach 30 sec. 8 usw. Frage: Wann ist der Eimer voll, wann wäre ein Haus voll?

darwinischen Evolution entstanden sind. Deshalb unterliege die Natur des Menschen, seine Neigungsstruktur, ebenso wie die tatsächliche Verhaltens- und Handlungsstruktur, genetischen Determinanten. Unsere Verhaltens- und Antriebsstruktur, auch unsere Neigung und Fähigkeit zur sozialen Organisation, sei zu einem guten Teil biologische Mitgift, die durch Erziehung und soziale Konditionierung nicht beliebig zu überspielen sei. Statt von einer extremen Plastizität des Menschen auszugehen, müsse man mit (engen?) Grenzen der Formbarkeit und auch der Belastbarkeit durch moralische Vorschriften (kulturelle Normen) rechnen. Diese Grenzen der Kulturfähigkeit seien darauf zurückzuführen, daß unsere unbewußte ‚erste Natur' im wesentlichen eine genetische Anpassung an die Lebensverhältnisse des Pleistozäns (Sammler und Jäger) und des postglazialen Neolithikums (Anfänge von Ackerbau und Viehzucht) darstelle.[186]

Der „blutige Kampf ums Dasein" erfolgte in den genannten Zeiträumen zwischen dem Menschen und der feindlichen Natur, aber auch zwischen den Sozietäten. Der Lebensraum war enger geworden, die „Tragekapazität", gemessen an den Produktionsbedingungen, erschöpft. Expansion mußte auf Kosten anderer Gruppen erfolgen.

Unter diesen Rahmenbedingungen entstand das Verhaltensrepertoire des Menschen, entstanden die „selektionsbewährten Verhaltenstrategien", die noch heute, wenn auch kulturell überformt, in uns schlummern. Das soll, so Mohr, keine Legitimation für Fehlverhalten sein, nicht einmal ein Anlaß für mildernde Umstände. „Wer Freiheit in Anspruch nimmt, *muß* sich die moralische Kraft zutrauen, die genetischen Determinanten seines Verhaltens durch eine wertorientierte, kultivierte Disziplin zu bändigen."[187] Das wird zwar im Einzelfall hinsichtlich seiner Machbarkeit zu untersuchen sein, doch soll es zweierlei deutlich machen:

1. Es gibt Grenzen des Sollens. „Unser Verhalten ist nicht im präzisen Detail genetisch determiniert, wir sind nicht Marionetten eines genetischen Verhaltensprogramms. Wohl aber tragen wir moralische Universalien in uns, eine genetisch bedingte Neigungsstruktur, die unser Verhalten disponiert, den Spielraum und die Grenzen möglichen Verhaltens einengt – und uns damit auf das Leben in einer menschlichen Gemeinschaft vorbereitet"[188].

2. Das Natürliche ist in der heutigen Welt nicht unbedingt das Gute. „Natürliches", das früher vernünftig gewesen sein mag,

kann heute unvernünftig sein; was früher Überleben garantierte, mag heute Chaos oder Ende bedeuten. Wir sollten uns keine Illusionen über die „Naturseite" des Menschen machen, wir sollten aber auch nicht nachlassen, der „Lichtseite des Menschen" zu vertrauen.

Und zu dieser Lichtseite gehört das Prinzip Verantwortung (Jonas), das wohl jeder für moralische Fragen sensitive Naturforscher bejahen wird. Es darf nur nicht einseitig zu einem Verhinderungsprinzip werden. Nicht nur Tun, auch Unterlassen hat Folgen – und alles zu bezweifeln kann auch nicht der Sinn von Freiheit sein. Deshalb verpflichtet uns Verantwortung, *symmetrisch* zu argumentieren: nach bestem Wissen und Gewissen Vorteile und Risiken eines Vorhabens abzuwägen, auch was das Verhältnis von Veränderung zu Altbewährtem angeht. Denn man kann nicht nur dem verändernwollenden Handeln die Pflicht zur Legitimation zuschieben, oft genug ist es das „alte Wahre", das sich in einer Welt des allmählichen Wandels zu einer Bedrohung entwickelt[189] und deshalb seinerseits vor die Frage der Legitimation gestellt werden muß.

Kernstück der Evolutionären Ethik ist also die Annahme, daß Verhaltensprogramme unserer Ahnen und Urahnen in unserem Genom gespeichert vorliegen. Daß sich dies nicht nur auf die Zeit der Existenz des Menschen beschränkt, betont David Ritchie. Nach seiner Auffassung besitzt der heutige Mensch ein „dreieiniges Gehirn", drei Verstände in einem: da ist zunächst das „Reptil-Gehirn", der Hirnstamm, das Erbe aus den Tagen der Dinosaurier. Ihr Hauptinteresse war schlichtes Überleben, also Beute machen, Feinde vernichten oder ihnen ausweichen. Hier wurzele die dunkle Seite unseres Charakters. Aus diesem tief verschlossenen Fundus alter Triebe und Regungen leiten sich noch heute die Motive her, die Tragödien auslösen. „In den Kriegen und Folterkammern aller Jahrhunderte, in den KZs des Dritten Reiches, beim Völkermord an den nordamerikanischen Indianern, bei der Vertreibung oder Vernichtung von schwachen Minderheiten aller Art zeigte sich immer wieder, wieviel vom Reptil-Hirn noch in uns schlummert und leicht die Oberhand gewinnt, wenn in Ausnahmesituationen die Schranken der Moral und Zivilisation fallen."[190]

Die nächste Stufe ist der Paläocortex oder das „Alt-Säugetier-Hirn", weil seine Funktionen auf die erste Zeit der Säugetierentwicklung zurückgehen sollen. Sein Zuständigkeitsbereich ist die Gefühlswelt: Haß und Liebe, Hoffnung und Angst, Hochstimmung und Verzweiflung haben hier ihren Ursprung. Aber die Kräfte des

Paläocortex müssen kontrolliert werden, sagt Ritchie, „damit nicht unser gesamter Verstand von blinder Emotion gesteuert wird. Und so wird der Paläocortex gebremst und abgemildert durch den Neocortex, der eine noch höher entwickelte Stufe des Verstandes darstellt. Dieser Teil des Hirns bildet die äußere Schicht und ist uns unter dem Namen Großhirnrinde bekannt."[191] Er ist es, der das Ganze so gut wie möglich kontrolliert, Logik treibt, Ordnung schafft, Sinn stiftet und Werte setzt. Die „sündige Seite" der Menschheit entspricht „etwas grob gesagt dem Reptil-Hirn, während Rechtschaffenheit eine angemessene Beschreibung dessen ist, was im Neocortex vor sich geht: ein endloser Kampf gegen die Nöte und Instinkte prähistorischer Tage."[192]

Begnügen wir uns mit dem biologischen Gehalt dieser Theorie, so erscheint sie konsistent, und es gibt auch, wie Hans Mohr sagt, kaum ernsthafte Wissenschaftler, die sie grundsätzlich in Frage stellen. In philosophischer Sicht kann sie aber nicht das letzte Wort sein. Zu viele Fragen bleiben offen. Zum Beispiel:

– Ist denn das In-Erscheinung-Treten der Kulturalität mit den Phänomenen von schöpferischer Freiheit und ethischer Verantwortung, von Sinn und Wert, nicht etwas *wesentlich* anderes als alles, was vorher da war und die materiale Basis und genetische Herkunft des menschlichen Seins bildet?

– Ist es denn nicht ein Unterschied, ob wir erklären wollen, wie ein Eiweißkörper entstanden ist oder ob wir erklären wollen, wie es zu Selbstreflexion und Abstraktion, zu argumentierendem Sprechen und ästhetischer Formgestaltung, zu Wertung und Sinngebung, zu Staunen und Hoffen gekommen ist?

– Ist menschliche Erkenntnis nur eine Steigerung der tierischen oder erschöpft sich das „kategoriale novum" (N. Hartmann) der menschlichen Existenz mit Weltoffenheit, psychischer Tiefe und geistiger Transzendenz eben *nicht* in der bloßen Epiphänomenalität (d. h. als Begleitphänomen) überlebensdienlicher Anpassung?

Die Fragen ließen sich fortsetzen[193], würden aber den Rahmen einer Einführung sprengen. Wir verlassen deshalb dieses Thema mit dem Hinweis, daß wir mit unseren Fragen doch schon recht deutlich den Menschen in den Blick genommen und deshalb bereits die Problematik des nun folgenden Kapitels angeschnitten haben.

7. Der Mensch

7.1 Anthropologische Ansätze

Die philosophische Disziplin, die sich speziell mit dem Menschen befaßt, ist die Philosophische Anthropologie (anthropos griech. = Mensch). Der Zusatz „philosophische" ist deshalb von Bedeutung, weil das „Materialobjekt" Mensch auch von anderen Disziplinen in den Blick genommen wird, so z. B. von der Biologie, der Medizin, der Ethnologie usw.

Aloys Wenzl hat einmal von den drei Wegen der Philosophie gesprochen:

- dem Weg von unten, und zwar von aller Erfahrung aus,
- dem Weg von innen, von aller Besinnung aus auf eigenes Wesen und Sein
- und dem Weg von oben, durch einen Ansatz, eine Entscheidung, über Grund und Sinn der Welt und des Menschen im Urgrund und Urwert.[194]

Analog dazu sieht W. Keller drei Grundmöglichkeiten der Anthropologie:

- eine Anthropologie von unten, von der Naturverfassung des Menschen aus,
- eine Anthropologie von innen, von der erlebten existentiellen Verfassung des Menschen aus
- und eine Anthropologie von oben, von der geistigen Sphäre des Menschen aus.[195]

Traditionell gilt als Vater der Philosophischen Anthropologie Max Scheler, doch sind ihm verbunden Helmuth Plessner, Theodor Litt, Erich Rothacker, Adolf Portmann, Arnold Gehlen, um nur die bekanntesten aufzuzählen. Ihr Ziel ist eine Synthese aus philosophischer (meist „lebensphilosophischer") Tradition und Erkenntnissen der modernen Humanbiologie. Es geht also – zunächst – um das Wesen des Menschen, um den Menschen als Menschen, d. h. abgegrenzt gegenüber einer funktionalen Sicht wie z. B. als Steuerzahler, Wähler oder Konsument, aber auch abgegrenzt gegenüber seinen biologischen Ahnen. Diesen Menschen gilt es zu verstehen, denn die Natur, so hat Wilhelm Dilthey gesagt, wird erklärt, das seelische Leben verstanden.[196]

Kant hatte „die eigentliche Aufgabe und den höchsten Vernunftzweck der Philosophie in ihrer ,weltbürgerlichen Bedeutung', d. h. in ihrer Bedeutsamkeit für das (praktisch-relevante) Welt- und Selbstverständnis des Menschen in der ,philosophischen Anthropologie' konzentriert, sofern die Grundfragen der Metaphysik, Moral und Religion (was kann ich wissen, was soll ich tun, was darf ich hoffen) sich letztlich auf die anthropologische Frage: was ist der Mensch ,beziehen' bzw. zu ihr ,gerechnet' werden können"[197].

In Kap. 6.2 haben wir versucht, das Phänomen Leben von seiner naturwissenschaftlichen Seite her einsichtig zu machen. Ganz anders ist die Sichtweise der sogenannten Lebensphilosophen, als deren geistiger Vater Friedrich Nietzsche gilt. Nietzsches (metaphysische) Grundthese lautet: die Welt ist keine seiende, dauerhafte, sich gleichbleibende, sondern eine werdende. Und ihr Grundprinzip ist nicht Geist, der das Ganze zu einem „Kosmos" (griech. = Ordnung) fügt, sondern blinder Trieb, Weltwille. Schopenhauers These: Die Welt ist Wille, und auch der Mensch ist Wille (vgl. Kap. 7.4), ergänzt Nietzsche: *„Diese Welt ist der Wille zur Macht – und nichts außerdem!* Und auch ihr selber seid dieser Wille zur Macht – und nichts außerdem."[198] Damit ist (erneut) der traditionellen Priorität der Vernunft eine Absage erteilt.

Man kann bei Nietzsche zumindest drei Entfaltungsstufen des Willens zur Macht finden:

– als Überwältigungs- und Aneignungstrieb, beginnend mit einer Grundfunktion des organischen Lebens, der Ernährung und des Einverleibens, „losstürzend auf das Schwächere"[199];
– als Erkenntnis- und Gestaltungstrieb; und schließlich
– als Lebenssteigerung, gemessen an dem Quantum „gesteigerter und organisierter Macht", als der „schaffende Wille"[200].

Diese Formen des Willens zur Macht finden sich – wie in allem Leben – auch im Menschen und machen deutlich, daß nach Nietzsche das Triebhafte dem Geistigen überzuordnen ist, ja, extrem formuliert, daß es „weder ,Geist', noch Vernunft, noch Denken, noch Bewußtsein, noch Seele, noch Wille [im Sinne eines Individualwillens] noch Wahrheit" gibt, alles unbrauchbare Fiktionen![201] Andererseits ist ihm der Geist ein Mittel und Werkzeug im Dienst des höheren Lebens. Ja, sogar die Wahrheit dient dem Leben: *„Wahrheit ist die Art von Irrtum,* ohne welche eine bestimmte Art von lebendigen Wesen nicht leben könnte. Der Wert für das *Leben* entscheidet zuletzt"[202]. Und worauf zielt der „schaffende Wille?" Auf den Übermenschen, sagt Nietzsche. „Könntet ihr einen Gott *schaffen?* – So schweigt mir doch von allen Göttern! Wohl aber könntet ihr den Übermenschen schaffen. Nicht ihr vielleicht selber, meine Brüder! Aber zu Vätern und Vorfahren könntet ihr euch umschaffen des Übermenschen: und dies sei euer bestes Schaffen!"[203]

Wesentlich differenzierter ist die Sicht des Menschen und des Verhältnisses von Trieb und Geist in der Anthropologie Max Schelers, obwohl zumindest in seiner Spätlehre auch Elemente der Lebensphilosophie nachweisbar sind. Für ihn ist der Mensch biologisch und psychologisch das konstitutiv kranke Tier, die fixierteste Tierart, da er sein Lebensmilieu nicht zu erweitern vermag und in der Sinnesorganisation und Instinktausstattung hinter vielen anderen Tierarten zurückbleibt. Die praktische, der Werkzeugbildung dienende Intelligenz des Menschen vermag seine vitalen Mängel nicht auszugleichen.

Dadurch aber, daß der Mensch *Person* ist bzw. sein kann, gewinnt er die ihm eigentümliche Würde. Scheler unterscheidet also zwischen dem Ich als Zentrum der seelischen Funktionen, die zu Leib und Umwelt in Beziehung stehen, und der Person, die auf einen geistigen Bereich hingeordnet ist und deren Tätigkeiten im strengen Sinne Akte sind, ja die Person lebt und existiert nur im Vollzug intentionaler Akte.

Intentionale Akte (Franz Brentano) sind auf bestimmte Wert- oder Sachverhalte als ihren Gegenstand bezogene personale Akte. Da das Personsein also weder ein Ding noch eine Substanz bedeutet, kann es auch nicht im eigentlichen Sinne Gegenstand des Erkennens werden. Sein – wesentliches – Erkanntwerden vollzieht sich in der Form des Verstehens, d. h. des Mit- und Nachvollzugs seiner Akte. Voraussetzung eines solchen verstehenden Erkennens ist aber das spontane Sich-erschließen oder Offenbaren der Person dem Erkennenden gegenüber durch freien Entschluß. Die Akte einer anderen Person nachvollziehen heißt dann: der Intentionsrichtung ihrer Akte folgen, also ihre Wert- und Seinswelt verstehen. Schließlich gehört zum Wesen der Personalität das *Transzendieren* von Leben und Welt, d. h. das Ausgerichtetsein auf die Wertqualität des Göttlichen. Wem dieses durch eine Entscheidung zu vollziehende Ausgerichtetsein fehlt, der ist auch nicht Person, sondern nur homo faber.

In seinen letzten Lebensjahren hat Schelers Anthropologie Wandlungen durchgemacht. Wie schon erwähnt werden Annäherungen an die Lebensphilosophie deutlich. Er interpretiert jetzt Leben und

Beseeltsein als zwei Seiten derselben Wirklichkeit: von außen gesehen sind Organismen Leben, von innen Seele. Dieses seelische Leben tritt in verschiedenen Stufen in Erscheinung:

- als Gefühlsdrang, d. h. als triebhaftes Verlangen nach Ernährung und Fortpflanzung. In ihm sieht Scheler das Kräftereservoir des seelischen und sogar des geistigen Lebens. Leben hängt also ab von der Energie der Triebe;
- als Instinkt begegnet uns die zweite Stufe des seelischen Lebens. Der Instinkt ist primär auf die für das Artleben bedeutsamen Situationen ausgerichtet: das Tier erfaßt die Dinge der Umwelt nicht an sich, sondern nur hinsichtlich ihrer Dienlichkeit oder Undienlichkeit zur Lebenserhaltung und Triebbefriedigung;
- durch das assoziative Gedächtnis wird die Starrheit des Instinkts gemildert. Das Tier vermag kraft seiner sich an Erlebtes zu erinnern und zu lernen, wodurch sein Verhalten beweglicher und erfolgreicher wird;
- als praktische Intelligenz schließlich zeigt sich seelisches Leben bei höheren Tieren. Diese schließt eine Wahlfähigkeit ein und ermöglicht so ein sinngemäßes Verhalten auch artneuen und atypischen Situationen gegenüber.

Daß damit aber nicht ein Wesensunterschied zwischen Tier und Mensch aufgehoben wird, stellt Scheler durch ein weiteres Prinzip sicher, das im Menschen neben den seelischen Erscheinungsformen auftaucht: durch den *Geist*. Erst das Auftreten des Geistes macht den Menschen zum Menschen. Seine Einheit ist die Einheit eines (geistigen) Aktzentrums, also keine Substanz. Und der Geist ist ein dem Leben entgegengesetztes Prinzip, er ist der Neinsager gegenüber den Lebenstrieben, er ist kein schöpferisches, sondern lediglich ein grenzensetzendes Prinzip, und er ist ohnmächtig, die sogenannte geistige Energie ist lediglich sublimierte Triebenergie.

Von der Existentialontologie Heideggers haben wir schon oben gesprochen. Man könnte diese Auffassung jetzt mit der Existenzphilosophie Karl Jaspers' konfrontieren; dies zu vollziehen sei dem Leser an Hand einer geeigneten Darstellung empfohlen[204]. Hier erscheint es uns aus didaktischen und sachlichen Gründen geboten, den Münsteraner Philosophen Peter Wust vorzustellen, der nicht zuletzt dadurch bekannt wurde, daß er es Ende 1939 in einem Abschiedswort an seine Studenten gewagt hat, den Zeitgeist und damit das politische System zu kritisieren und zur Metanoia (Umkehr) aufzurufen.

Wusts Sicht des Menschen, die für ihn ein zentrales Thema ist, gründet in der Anthropologie des Hochmittelalters, wie sie z. B. von Josef Pieper in „Die Wahrheit der Dinge"[205] eindrucksvoll dargeboten wird, in der Religionsphilosophie Bernhard Rosenmöllers[206] und in der Existenzphilosophie besonders von Sören Kierkegaard und von Karl Jaspers. In der Existenzphilosophie sieht er einen ernstlichen Ausdruck „des tiefsten Ringens unserer Zeit einerseits um das Wesen der Philosophie, andererseits um das Wesen des Menschen"[207]. Der Begriff „Existenz" hat in der modernen Existenzphilosophie eine wesentlich andere Bedeutung als in der klassischen Seinslehre des Aristoteles oder Thomas von Aquins. Bei ihnen meint Existenz das Dasein eines Dinges im Unterschied vom Sosein, seinem Wesen. In der Existenzphilosophie meint Existenz aber ausschließlich das Dasein des *Menschen*. „Als Dasein oder als Existenz unterscheidet man den Menschen von allem übrigen Seienden, weil er nicht schlechthin ist, was er ist, sondern um sein Sein ringen muß, sei es nun im Wissen um sich selbst oder im Gestalten seiner selbst."[208]

Dies aber impliziere die Selbstsinnfrage als die Urfrage aller Philosophie, zugleich aber auch als dasjenige, was den Menschen als philosophisches Wesen vom Tier als einem prinzipiell unphilosophischen Wesen unterscheidet. Denn „das *Tier fragt nicht* nach dem Sinn seiner Umwelt und nach dem Sinn seines Seins überhaupt, weil es nicht naturhaft (von innen her) wie der Mensch zur Selbstsinnfrage gezwungen ist. Das Tier lebt *wortlos* in einer (für es) wortlosen Welt. Darin liegt seine glückhafte Seinsunmittelbarkeit. Der *Mensch* dagegen ist, sei es zu seinem Glück, sei es zu seinem Verhängnis, das *naturhaft* sinnfragende Wesen. Der Mensch ist demnach naturhaft auf die Philosophie hingeordnet (homo naturaliter philosophus), und die Philosophie ist ihrem Wesen nach eine menschliche Wissenschaft (philosophia essentialiter scientia humana)"[209]. An dieser Stelle setzt Wust den Begriff der insecuritas humana, der menschlichen Ungesichertheit, an, den er in seinem bekanntesten Werk „Ungewißheit und Wagnis" in vielfältigen Beziehungen darstellt.[210]

Aus der Philosophie ist das Subjektive nicht wegzudenken. Das kann einerseits störende Affektivität sein, wie z. B. im Erkenntnisakt, das kann aber auch andererseits eine „ideale Subjektivität" sein als Grundlage eines philosophischen Erwachens, einer neuen philosophischen Sicht. Der Alltagsmensch sieht den Dingen nicht auf den Grund. Er sieht sie von außen, von der Peripherie her, denn sein Standpunkt ist die Nützlichkeit, ist die Bevorzugung dessen, was sich im Alltag bewährt. Aber als Geistwesen ist der Mensch grundsätzlich für eine Wesenssicht geöffnet, die freilich im triebhaften Egoismus des Alltagslebens auch verkümmern kann. Deshalb bedeutet das geistige Erwachen einen radikalen Bruch mit der bisherigen Nützlichkeitssicht. Im „Urdrang" des Menschen nach Wahrheit meldet sich das Menschliche in seiner positiven Bedeutung für die Philosophie. „Die *Philosophie* ist demnach von der *einen* Seite her gesehen, jene menschliche Wissenschaft, in der sich das Allzumenschliche des immer von sich selbst abirrenden Menschen in den mannigfaltigsten Formen offenbart. Von der *anderen* Seite her betrachtet, ist sie aber auch jene menschliche Wissenschaft, in der sich das positiv Menschliche immer wieder neu herstellt, so daß sie von der Erhabenheit des Menschlichen immer wieder neu Zeugnis ablegt."[211]

Dieses Denken der Ursinnfrage ist existentielles Denken, denn bei dieser Frage tritt der Mensch aus seiner uneigentlichen, gleichgültigen Haltung heraus und wird er selbst. Und sofern die Philosophie ihn dazu führt, erweist sie sich auch als eine menschenbildnerische und kulturschöpferische Macht.

7.2 Die Sonderstellung des Menschen in pädagogisch-philosophischer, biologischer und kulturanthropologischer Sicht

Die Neuzeit als philosophische Epoche, sagt Hermann Krings, ist dadurch gekennzeichnet, daß der Mensch an sich selbst Interesse gefunden hat, vergleichbar dem Interesse, das der Grieche an der Polis oder der mittelalterliche Mensch an Gott und den Heiligen hatte. Dieses neue Selbstverhältnis wurde auf einem langen Weg gewonnen, auf dem der Mensch sich jeweils zu einem bestimmten Element seines Daseins in ein neues Verhältnis gesetzt hat. Schritte dieser Freisetzung der Vernunft waren
- der Nominalismus hinsichtlich des Denkens,
- die naturwissenschaftlich-mathematischen Erkenntnisse hinsichtlich der „Machbarkeit" in der Natur und
- die Durchsetzung naturrechtlicher und demokratischer Grundsätze hinsichtlich des gesellschaftlich-politischen Handelns.[212]

In der Aufklärung erreicht dieser Prozeß einen Höhepunkt. Das Individuum sieht sich jetzt in der Lage, von seinen Geisteskräften selbstverantwortlichen Gebrauch zu machen. Es wird eine Philosophie der Freiheit möglich, ohne daß der philosophiegeschichtliche Traditionszusammenhang dadurch abzureißen braucht (H. Glockner). Mit dem Stichwort Freiheit ist ein Kernpunkt der „Sonderstellung des Menschen" angesprochen, den wir hier unter verschiedenen Ansätzen kurz reflektieren wollen.

Max Liedtke hebt drei Tatsachen heraus, die geeignet sind, eine sich phylogenetisch entwickelnde Freiheit im Bereich der Lebewesen zu beschreiben:

- die Zunahme der Lernkomponente, das ist die Entwicklung von einfachen zu höheren Lernvorgängen und eine Verstärkung der Lernbereitschaft[213],
- die Zunahme an Freiheitsgraden in Verbindung mit wachsender Differenzierung von Instinkthandlungen[214], und schließlich
- die Zunahme an Erziehungsbereitschaft sowohl durch ein Erziehungsinteresse der Eltern als auch im gesamtgesellschaftlichen Interesse[215].

Dabei liege der entscheidende Unterschied zwischen dem Menschen und den übrigen Lebewesen darin, daß der menschliche Genotypus ein höheres Maß an Erziehbarkeit erlaube als die Gene irgendeiner anderen Spezies. Dagegen sei der Versuch des Nachweises einer *absoluten*, d. h. von übergeordneten Motivationssystemen unabhängig agierenden Freiheit schon deshalb ausgeschlossen, weil das gesamte Geflecht der anthropologischen Verhaltensdeterminanten nicht überschaubar und somit eine ‚freie' Entscheidung auch noch als determinierende Appetenz bzw. Aversion deutbar sei.[216]

Eine andere Ansatzmöglichkeit, menschliche Freiheit aufzuweisen, zeigt M. Forschner. Nach ihm hatte schon Aristoteles richtig erkannt, daß dem Handeln eine Überlegung und ein Entschluß vorausgehen. Wer aber absichtlich, bedacht, geplant, kurz: willentlich handelt, handelt frei und ist für sein Tun verantwortlich: „Sein Verhalten wird entscheidend bestimmt nicht durch Gesetze naturaler Zustände und Vorgänge, sondern durch *Gründe*; und er ist in der Lage, für sein Tun mit eben diesen Gründen Rede und Antwort zu stehen. Tiere verhalten sich nicht nach Gründen, Kleinkinder orientieren sich nicht an Argumenten."[217]

Aber es gelte noch genauer nachzufragen, was ein Sichverhalten nach Gründen zu einem freien Sichverhalten macht. Hier setzt Forschner mit dem Argument an, daß es die *Sprachfähigkeit* sei, die dem Menschen ein Bewußtsein von sich und der Welt eröffne, das sich vom tierischen Bewußtsein grundsätzlich unterscheide. Bewußtsein als Ausübung des Wahrnehmungs- und Empfindungsvermögens komme Tieren wie Menschen zu, doch sei davon strikt ein Sinn von Bewußtsein zu unterscheiden, der ein Welt- und Selbst*verständnis* einschließe, d. h. Vorstellungen darüber, was man wahrnimmt und erlebt, was der Fall ist, was man tut, warum man etwas tut, was gut, nützlich, schön ist. „Diese Form von Bewußtsein (und Selbstbewußtsein) ist nur einem Wesen eigen, das sein Dasein in der Welt in Form von Sätzen zu beschreiben, zu erklären und zu bewerten vermag."[218] Dann aber sei auch ein Welt- und Selbstverhältnis gewonnen, das die Fähigkeit einschließe, zu Meinungen in ein freies Verhältnis zu treten, sie distanziert zu betrachten und zu prüfen, ehe man über Zustimmung oder Ablehnung entscheide. Und wenn Wollen schließlich durch den Verstand geprägtes Streben ist, dann ist auch mit der verhaltensbestimmenden Freiheit der Zustimmung zu Sätzen der Kern der Willensfreiheit angesprochen. Was Aristoteles Buleusis nannte, nämlich auf unser Handeln bezogene Überlegung und Beratung, das Durchspielen von Alternativen, das Sichten, Ordnen und Gewichten von Gesichtspunkten, die für oder gegen eine Alternative sprechen, und Prohairesis, der Entschluß als Konsequenz aller dieser Erwägungen, das wäre nicht möglich ohne ein prinzipiell freies Verhältnis des mit sich (oder Anderen) zu Rate Gehenden zu den beschreibenden und wertenden Sätzen, die in der Überlegung eine Rolle spielen.

Einen weiteren Aspekt des Freiheitsproblems spiegelt die Diskussion um Umweltgebundenheit oder Weltoffenheit des Menschen wider. Jakob von Üexküll, der Begründer der Umwelttheorie sah den Menschen umweltgebunden, Max Scheler demgegenüber weltoffen, im Gegensatz zum Tier. Diesem schlossen sich Portmann, Gehlen, Jores und andere an. H. Plessner subsumiert das Problem unter seine Idee von der exzentrischen Position des Menschen. Der Mensch kann nur unter einem Doppelaspekt verstanden werden: dem naturhaften, der zum Ausdruck bringt, daß er als leibliches Wesen gegen sein Umfeld „gestellt" und insofern „zentriert" ist, und dem geistigen, demgemäß er nicht – wie das Tier – aus dieser zentrierten Stellung heraus lebt, sondern im Wissen um diese Position sich „heraushebt", „exzentrisch" erlebt.

„Aus dieser dialektischen Grundstruktur der menschlichen Existenzform", sagt Helmut Fahrenbach, „ergibt sich notwendig die entscheidende Frage: wie führt der Mensch diese exzentrische, ,gebrochene' Position durch?" Sie bedeutet für ihn ja den Bruch mit einem unmittelbaren Dasein und die Notwendigkeit, sein Dasein selbst zu vollziehen. Deshalb die Plessnersche Formel: der Mensch lebt nur, indem er ein Leben führt, bzw. sich zu dem macht, was er schon ist. „Dieser Prozeßcharakter macht die Geschichtlichkeit des menschlichen Lebens aus. So werden Kultur und Geschichte als die eigentliche Daseinsebene des Menschen (in Sprechen, Handeln und variablem Gestalten) aus der vorgegebenen Grundposition des menschlichen Lebens begriffen, und d. h. der ‚leiblich-sinnliche' und der ‚geistig-sittliche' Aspekt der Lebenserfahrung werden in ihrem strukturellen anthropologischen Zusammenhang aufgewiesen"[219] Deshalb kann Plessner sagen: „Hält man sich an die eigentümliche Zwitternatur des Menschen, der auch Tier ist, aber eine besondere Species unter den Hominiden darstellt, kraft deren Besonderheit er wiederum aus dem ganzen Umkreis des Tierischen herausfällt, so kann das Resultat unserer Überlegungen nicht überraschen. Weltoffenheit ohne jede Einschränkung kann ihm nicht zukommen. Sie wäre nur einem Subjekt möglich, das – wie die mittelalterliche Theologie sich den Engel dachte – leiblos wäre oder einen pneumatisierten Leib besäße, wobei Welt den Inbegriff des Wirklichen in seiner Unverhülltheit bedeutet. Unsere Welt ist dagegen in Erscheinungen gegeben, in denen sich das Wirkliche gebrochen durch das Medium unserer Wahrnehmungsweisen und Aktionsrichtungen manifestiert."[220]

Soweit also die philosophischen Positionen, anders nun die „Sonderstellung" in der Sicht des Naturwissenschaftlers, dem es um empirische Fakten geht. Die höheren Organisationsstufen der Säuger, deren Körperbau spezialisierter ist als bei den niederen Stufen und deren Gehirn eine reichere Ausbildung aufweist, durchleben eine lange Entwicklungszeit im Mutterleib, haben eine niedrige Nachkommensrate pro Wurf und sind schon als Neugeborene weit entwickelt und den Alten in Gestalt und Gebaren recht ähnlich. Man bezeichnet sie als Nestflüchter. Auch das bei der Geburt allerdings noch recht hilflose Menschenkind wird als ein dem Nestflüchterzustand der Säuger zugeordnetes Wesen aufgefaßt, denn die Hilflosigkeit sei nicht die somatische Unreife eines „Nesthockers", sondern der Hinweis auf einen besonderen *Ausnahmezustand* in der Gruppe der Säuger, eben auf den Zustand des Menschen. Das Eigene am menschlichen Säugling hebe aber schon ein Studium der Körperproportionen hervor: er erlange in einer von allen Affenverhältnissen abweichenden Wachstumsart erst spät nach der Geburt die Körperproportionen der Reifegestalt, sein Geburtsgewicht liege viel höher als das der Kinder großer Affen, und auch das Hirngewicht eines neugeborenen Menschen sei etwa dreimal so hoch wie das neugeborener Anthropoiden.

Trotzdem sei der Mensch ein „hilfloser Nestflüchter" oder „sekundärer Nesthocker", vergleicht man seine Unfertigkeit in Gestalt und Verhalten etwa mit den Fähigkeiten der Neugeborenen hoch organisierter Säugergruppen mit ihren weit ausgebildeten, leistungsfähigen Sinnesorganen, ihrer Gestalt, die schon ein verkleinertes Abbild der Reifeform ist und ihrer Bewegungsweise, die weitgehend dem Gebaren der Eltern entspricht. Fordert man ein entsprechendes Stadium für den Menschen, so findet man es erst etwa ein Jahr nach der Geburt. „Nach einem Jahr erlangt der Mensch den Ausbildungsgrad, den ein seiner Art entsprechendes echtes Säugetier zur Zeit der Geburt verwirklichen müßte. Würde also dieser Zustand beim Menschen auf echte Säugerweise gebildet, so müßte unsere Schwangerschaft etwa um ein Jahr länger sein als sie tatsächlich ist."[221]

Für Portmann steht die frühe Geburt des Menschen in engem Zusammenhang mit der *besonderen menschlichen Daseinsform*. Im Gegensatz zum umweltgebundenen und instinktgesicherten Tier sei der Mensch – wie erwähnt – weltoffen und entscheidungsfrei. Da er durch Instinkte nicht abgesichert sei, müsse er viele seiner Verhaltensweisen erst erlernen, und dazu brauche er das erste Lebensjahr oder – wie Portmann sagt – das extra-uterine Frühjahr. Experimente haben gezeigt, daß Schimpansenkinder zu diesen Leistungen nicht fähig sind.

Das Kind aber mit menschlichen Fähigkeiten und Eigenschaften sei schon in jeder Etappe seines Werdens Mensch. Der Glaube, daß der Mensch in seiner Ontogenese die Stufen des organischen Reiches durchlaufe, sei zwar verbreitet, aber falsch. Richtig dagegen – und ererbt – sei der Zwang zur sozialen Einbindung. Er sei schließlich Voraussetzung für das bedeutsame eigenartige Erstjahr, das wir hilflos, aber mit offenen Augen, mit wachen Sinnen in der Gemeinschaft der Mutter und anderer Mitmenschen zubringen. Es „ist in allen seinen Einzelheiten abgestimmt auf die Forderungen, welche die besondere Entwicklungsweise unserer Weltbeziehung stellt. Die Entstehung des Denkens, die Ausformung der Sprache, das Erwerben der aufrechten Haltung, alle diese so ganz besonders humanen Sondermerkmale werden in dieser entscheidenden Zeit des Erstjahres geprägt, das wir, wären wir bloß Säugetiere, im Mutterleib verbringen müßten. Wir dürfen wohl sagen: Der werdende Mensch wird aus dem Mutterleib heraus in einen zweiten Mutterschoß geboren, in dem er die andere Hälfte seines embryonalen Lebens durchläuft: es ist der soziale Mutterschoß. Damit ist zugleich die gewaltige Aufgabe der Gesellschaft gekennzeichnet: es wird deutlicher, wie vieles in Hinsicht auf das Glücken oder Mißlingen des individuellen Lebens von der rechten Leistung während seiner entscheidenden Frühzeit abhängt."[222]

Mit diesen interessanten Hinweisen aus der Biologie wollen wir die naturphilosophischen Positionen verlassen und uns wieder der *Kulturanthropologie* zuwenden. „Ein Naturwesen", sagt Hermann Krings, „das zu der Natur, die es selber ist, sich verhalten kann und soll, steht nicht in einer ungebrochenen Einheit mit der Natur wie die Pflanze, – auch nicht mit seiner eigenen"[223]. Die Versöhnung ist eine Aufgabe der Sittlichkeit, der Weg der Freiheit ist der Weg der Versöhnung der entzweiten Natur mit sich selbst. „Freiheit bedeutet nicht, Notwendigkeiten oder Bindungen zu beseitigen, sondern sich zu ihnen ins Verhältnis setzen zu können."[224]

Sich zur Natur ins Verhältnis setzen können bedeutet aber *Kulturfähigkeit*, denn „Kultur ist die Emanzipation des Lebewesens Mensch aus der Natur, eine Bewegung, die auf ihre Naturbasis angewiesen bleibt."[225] „Das Tier, könnte man sagen, ist von der Natur in höherem Maße vollendet worden als der Mensch. Fertig geht es aus ihren Händen hervor und braucht bloß das in es Gelegte zu aktualisieren. Die Unspezialisiertheit des Menschen dagegen ist Unvollendetheit. Ihn hat die Natur gleichsam halbfertig in die Welt gestellt; sie hat nicht endgültig über ihn bestimmt, sondern ihn bis zu einem gewissen Grade unbestimmt gelassen" (Michael Landmann).[226]

In Übereinstimmung mit anderen Kulturanthropologen[227] sieht auch Friedrich Kümmel den Menschen als Wesen, das durch Kultur gebildet wird, aber sie auch hervorbringt und pflegt. So gesehen ist Kultur ein Spiegel zur Selbsterkenntnis und Bedingung der Selbstwerdung des Menschen. Freilich steckt darin auch eine gewisse Zirkularität: „Soweit der Blick in die Vergangenheit zurückreicht, geht nirgends ein reiner Naturzustand des Menschen seinem Kulturbesitz voraus. Steht ‚am Anfang‘ sogleich schon der Mensch in seiner Kultur, so bedeutet das doch nicht, daß beide schon immer das gewesen wären, was sie erst durch einander in einem langen geschichtlichen Entwicklungsprozeß geworden sind und noch immer werden."[228]

Jede erreichte Stufe in dieser anthropologisch-kulturellen Evolution impliziert Möglichkeiten für weitere Formen menschlicher Daseinsverwirklichung, woraus drei anthropologische Ansatzmöglichkeiten resultieren:

1. der Mensch als das sich gestaltende und offenhaltende Wesen,
2. der Mensch als schöpferische Macht in seiner kulturellen Weltgestaltung, die auch als Selbstwerdung verstanden wird, und
3. der Mensch als das Traditionen aufnehmende Wesen.[229]

Zur Erläuterung der ersten Fragestellung greift Kümmel auf Helmuth Plessner zurück. Nach ihm dürfen alle formalen Strukturgesetze, die sich aus den vielfältig ausgeprägten Daseinsweisen und Wesenszügen des Menschen ergeben, keinen abschließend-theoretischen, sondern nur einen aufschließend-exponierenden Wert beanspruchen, da das menschliche Wesen nur in der unabschließbaren geschichtlichen Erfahrung zugänglich werde. Plessner erinnert an Dilthey, der meint, daß die Antwort auf die Frage, was der Mensch sei, nur von der Geschichte gegeben werden könne.[230] In immer neuen geschichtlichen Situationen müsse der Mensch zeigen, wer er ist, und seine Menschlichkeit erringen.

Insofern manifestiert sich der Mensch aber auch schon in personaler Selbstgestaltung, was dem zweiten der aufgezeigten Aspekte entspricht: der Mensch als schöpferische Macht in seiner kulturellen Selbstgestaltung und Selbstwerdung. Doch der Mensch findet für diese Macht den Anfang nicht in sich, sondern erfährt ihn in seinem Verhältnis zur Welt. Aus dieser fallen ihm Möglichkeiten zu, um von ihm erkannt und ergriffen zu werden gemäß den Bedingungen, die ihm solches gestatten.

„Gegenüber allen einseitigen Konsequenzen, nach denen der Mensch entweder nur als geschaffen oder als sich selbst allein schaffend, als völlig bedingt oder als gänzlich sich selbst bedingend bestimmt wird, ist daran festzuhalten, daß nur in der Verschränkung beider Perspektiven in den Blick kommt, was Schaffen und Abhängigsein im Bereich des Menschen heißen kann."[231]

Das dritte Argument Kümmels schließlich bezieht die Tradition in das Schaffen des Menschen ein. „Ein rezeptives Verhältnis zur Tradition ist die Voraussetzung aller eigenen Produktion, auch wenn diese dann gegen das Überkommene sich kehren sollte."[232] Tradition sei aber kein fester Bestand überlieferter Güter, sondern eine offene Relation von der Gegenwart zur Vergangenheit, einem ständigen Wandel unterliegend wie das menschliche Dasein selbst, und insofern auch dessen Lebensraum in die Zukunft hinein eröffnend.

Von Scheler ausgehend, aber nicht dessen Dualismus folgend, behält Arnold Gehlen den Vergleich zwischen Mensch und Tier sowie den Gedanken der Weltoffenheit bei.[233] Um „metaphysische Problemstellungen" zu umgehen, will er die Frage nach dem Menschen erfahrungswissenschaftlich behandeln. Er greift Herders Begriff vom Mängelwesen auf, um zu zeigen, daß die „Mängel", d. h. die fehlenden Instinkte des Menschen, ihn zum Handeln verpflichten, wobei „Handeln" hier eine „auf Veränderung der Natur zum Zwecke des Menschen gerichtete Tätigkeit heißen soll"[234]. Seine aufrechte Haltung, die damit freigewordene Hand, seine Lernfähigkeit, die Plastizität seiner Bewegungen, seine Intelligenz und seine Sachlichkeit machen es ihm möglich, seine im Vergleich zum Tier mangelhafte physische Ausstattung und den rückgebildeten Zustand seiner Instinkte zu kompensieren. Insofern folgt auch nach Gehlen eine Sonderstellung des Menschen.

Unter dem Begriff „neu formierte Natur" faßt Gehlen die dem Menschen lebensnotwendigen Errungenschaften zusammen, mit denen er die dem Tier angeborene Anpassung an die Umwelt kompensiert. Deshalb besteht die Kultur primitiver Völker „zunächst in ihren Waffen, in ihren Werkzeugen, in ihren Hütten, in ihren Haustieren, Gärten usw., das alles ist veränderte, durchgearbeitete, veredelte, das alles ist in intelligenter Handlung neu formierte Natur, die überall die Ansatzstellen, die technischen Mittel in ihrer eigenen Umkonstruktion selbst hergibt. Unter den Begriff der „neu formierten Natur" fallen auch Familie und Ehe, die sozialen Ordnungen gehören hierher: sie bestehen ebenfalls aus dem Stoff durchdachter und durchgestalteter Natürlichkeit. Und schließlich ist das nicht ausgenommen, was in Mythologie und Religion dem rätsellösenden Geiste des Menschen doch noch als übersehbar erscheint."[235]

Als besonders bemerkenswerte kulturelle Leistung sieht Gehlen das Ordnungschaffen und Stabilisieren. Dabei mißt er den Institutionen einer Gesellschaft, d. h. ihren Verhaltensstilen, Gesetzen und Einrichtungen als Außenstützen eine herausragende Bedeutung zu. Schlägt man aber diese Stützen weg, dann primitivisieren wir sehr schnell, dann folgt ein „Rückgang in die fundamentale und konstitutionelle Unsicherheit und Ausartungsbereitschaft des Antriebslebens. Wenn die äußeren Sicherungen und Stabilisierungen, die in den festen Traditionen liegen, entfallen und damit abgebaut werden, dann wird unser Verhalten entformt, affektbestimmt, triebhaft, unberechenbar, unzuverlässig."[236]

Der Kompensationsgedanke, der bei Gehlen anklingt, wird dominant bei Odo Marquard, der diesen aber in ein „bonum-malum-

Schema" einbringt[237]: leidet der Mensch einerseits unter einem Mangel (malum), so kompensiert er diesen durch ein anderweitiges Plus (bonum), die Sprache, die Institutionen, die Technik.

7.3 Technikanthropologie

Die Technik dient, so Gehlen, dem „Mängelwesen" Mensch als Organentlastung, Organergänzung und Organersatz. Aber es entfaltet sich auch in ihr das Handlungs- und Gestaltungsbedürfnis des Menschen, seine „technische Intelligenz", die ihn lehrt, die Natur zu begreifen und aus dieser Erkenntnis Macht zu gewinnen. Also ist technisches Tun dem Menschen „wesentlich"; Friedrich Dessauer deutet es gar im Sinne einer Erfüllung des Auftrags zur creatio continua, einer Weiterführung der Schöpfung durch den Menschen. Denn der Mensch ist von Natur aus Techniker, sagt Dessauer: er denkt Geräte und Verfahren aus und gestaltet sie durch Bearbeitung aus dem Gedankenraum in die Erfahrungswelt hinein. Dies geschieht nach einem Vorbild, einer in der Vorstellung vorweggenommenen Bildgestalt dessen, was gestaltet werden soll. „Das Hervorgehen aus Ideen zeigt den *historischen Charakter* der Technik. Jeder technische Gegenstand war nicht, bevor er erfunden wurde. Vor der Erfindung des Rades – in unbekannten prähistorischen Zeiten – gab es keine Räder. Jedesmal ist es ein Hinüberschreiten aus dem ‚Noch-nicht-Sein' aber Möglichsein in die Wirklichkeit der Sinnenwelt. Das geschieht an einem Raum- und Zeitort, ist damit historisch mit der besonderen Auszeichnung, daß es nicht hinwegschwindet wie so viele konventionelle Bestände – (Grenzen, Dynastien, Mächte, Sitten, Privilegien usf.), sondern die Tendenz hat zu bleiben, sehr oft unter Vervollkommnung der Zweckgestalt. Das Rad, einmal erfunden, ist noch heute da. Die Menschen, die es erfanden und ihre Gesellschaftsformen nicht mehr."[238] Also: Realwerden aus Ideen, historisches Erscheinen und Verbleiben in der Menschheit sind nach Dessauer Merkmale der Technik, und diese ist dem Menschen zu einer Schicksalsmacht geworden, zu einem Kulturfaktor, der den Menschen, die Menschheit und das Antlitz der Erde verändert. –

Aber „Technik" meint doch auch das Besitzen eines bestimmten Know-how, das Beherrschen eines Wie; so gemeint ist z. B. die Technik eines Künstlers oder Sportlers. Diese Art „Technik" bedeutet den Besitz einer persönlichen Fertigkeit, Technik in dem von

Dessauer verwendeten Sinne bezeichnet objektive Formen, Gegenstände und Verfahren, die selbst Träger einer Macht sind wie z. B. Arznei, Mikroskop, Uhr, Flugzeug oder auch die Herstellungsmethoden von Kunststoffen. Insofern liegt beiden Deutungen des Wortes „Technik" schon etwas Methodisches zugrunde, so daß man verkürzt heute auch sagt: Technik ist der methodische Einsatz von Mitteln zu Zwecken. In jedem Falle wird daran deutlich daß Technik nicht nur eine ingenieurmäßige, sondern auch eine historisch-soziale Dimension hat. Geht es bei der einen primär um (technisches) Können, um Perfektion, um Vervollkommnung und Verdichtung des technologischen[Anm.] Netzes, das – über der Gesellschaft ausgebreitet – heute weitgehend Garant von Sicherheit, Versorgung und Kommunikation geworden ist, so steht auf der anderen Seite der Mensch im Blickpunkt als schöpferisches, gestaltendes, handelndes, aber auch von Technik – im Positiven wie im Negativen – betroffenes Individuum. Ein – nicht ganz ernst zu nehmender – Satz eines „Technokraten" lautet ja: im Mittelpunkt der Technik steht der Mensch – und da steht er im Weg!

Moderne Technik unterscheidet sich von der traditionellen in mancher Beziehung, und das hat Konsequenzen: Es herrscht die Automation vor, technische Eingriffe in Selektion und Evolution des Lebens und Computergenerationen als Intelligenzverstärker haben neue Dimensionen eröffnet, mögliche Innovationen werden wissenschaftlich ausgeforscht und sind daher weitgehend unabhängig von glücklichen Zufällen oder genialen Ideen, aber auch vom Vorliegen konkreter Bedürfnisse. Damit wird – zumindest in manchen Fällen – das technische Mittel zum Selbstzweck; Kulturkritiker nennen das eine „Zweck-Mittel-Verkehrung" oder auch eine „Kultur der Mittel"[239].

Anmerkung
Der Ausdruck „technologisch" ist dem amerikanischen „technological" angepaßt. Wir fassen den Begriff „Technologie" weiter als den der Technik und verstehen darunter Techniken in ihren wissenschaftstheoretischen und anthropologisch-sozialen Grundlagen, Zusammenhängen und Auswirkungen. So fassen wir z. B. unter dem Begriff „Informationstechnologie" zusammen: die Datentechnik, die Meß- und Sensortechnik, die Automatisierungstechnik, die Reproduktions- und Kommunikationstechnik und – wenn man will – auch noch die Künstliche Intelligenz, Techniken also, in denen im weiteren Sinne „Information" eine Rolle spielt und in deren Auswirkungen die „human factors" zunehmend an Bedeutung gewinnen.

Seit Anbruch der Neuzeit wurde die Technik mehr und mehr zur Partnerin der Naturwissenschaften; sie ermöglicht und erweitert die Chancen naturwissenschaftlicher Experimente, und sie bestätigt die Gültigkeit des Erkannten in der artifiziellen Reproduktion. Mit den großen Erfolgen der Naturwissenschaften wurde auch der technische Fortschritt zum äußeren Zeichen progressiver Lebensführung und leistete sicher einen wichtigen Beitrag zu Wohlstand und Lebensqualität. Die technischen Methoden des Planens, Optimierens, Quantifizierens, Standardisierens und Automatisierens haben längst auf nicht-technische Bereiche übergegriffen, und auch das sprachliche Verhalten vieler paßt sich technologischer Denkweise und Terminologie an. Wir sind also, sagen die Kritiker, auf dem Weg zu einer total rationalisierten technologischen Bürokratie und zum 0/1-Menschen, den man computermäßig erfassen und dessen Wert man quantifizieren kann, so wie eine amerikanische Kommission einen durch radioaktiven ‚fall-out' eingetretenen Todesfall eines Menschen als „Umweltschaden" in Höhe von 17 000 Dollar beziffert hat.[240]

Hat diese Technik sich soweit verselbständigt, daß sie eigenen Gesetzen folgt und von außen praktisch nicht mehr zu steuern ist? An dieser Auffassung ist sicher richtig, daß ein einzelner sich dem technologischen Netz kaum entziehen kann und daß auch sein Beitrag angesichts fortgeschrittener Arbeitsteilung und um sich greifender Großtechnologie nur gering ist. Ja, nicht einmal ein einzelnes Wirtschaftsunternehmen hat in Anbetracht weltweiter Konkurrenzsituationen nennenswerten Spielraum. Wirkungsvolle Steuerung müßte – wenn überhaupt – politisch erfolgen.

Eine Steuerung kann positiv oder negativ, d. h. beschleunigend oder verzögernd wirken. Positive Techniksteuerung, also *Innovationspolitik*, hat noch bis vor wenigen Jahren als nahezu unbestrittene Voraussetzung und Grundlage von Prosperität und Daseinsfürsorge gegolten. Wirtschaftliche, wissenschaftliche und sozialpolitische Errungenschaften in dem erreichten Umfang wären ohne sie kaum denkbar gewesen.

Aber je deutlicher zu erkennen war, daß die mit den technischen Innovationen unvermeidbar auftretenden sekundären Folgen bedenklich werden, das Verhältnis von gewolltem Fortschritt zu ungewollten Nebenwirkungen sich verschlechtert, technische Systeme Zwänge auszuüben beginnen und das, was als Schritt zu mehr Freiheit erhofft wurde, sich manchmal auch in das Gegenteil verkehrt, desto mehr artikulieren sich jene Stimmen, die eine Art *Negativ-*

steuerung der Technik anstreben, die Technik bremsen, kontrollieren, „bewerten" wollen, um einer – wie sie befürchten – trotz materiellem Wohlstand zunehmenden Verarmung des Daseins, wenn nicht gar einer kosmischen Katastrophe entgegenzuwirken. Aber wer will entscheiden, wo eine Grenze liegen soll? Rudolf Kautzky fragt mit Blick auf die Medizin: soll sie bei der Kopfschmerztablette liegen, bei den Antibiotika oder Zytostatika, bei der Resektion einer Gesichtshälfte wegen eines malignen Tumors oder bei einem tiefgekühlten Retortenbaby?[241] Und wer weiß, was Medizin und Genetik noch alles ermöglichen werden! Funktionserfüllung und wirtschaftliche Nutzenerwartung reichen als Beurteilungskriterien jedenfalls nicht aus. Mit der *Technikbewertung*, sagt Friedrich Rapp, konkurrieren andere soziale Systeme (Wirtschaft, Politik, wissenschaftliche Forschung und technische Entwicklung, Medien, Erziehungs- und Bildungssysteme); sie alle sind an der Beurteilung und Entscheidung über technische Innovationen mitbeteiligt.[242] Insgesamt stehen einer effektiven Technikbewertung zur Zeit mindestens noch folgende ungelöste oder unvollständig gelöste Probleme im Wege:

– die Unterschiedlichkeit der Wertsysteme von Mensch zu Mensch und von Gesellschaft zu Gesellschaft;
– die unterschiedlichen Auffassungen hinsichtlich eines noch zumutbaren Grenzwertes im Verhältnis von Gewolltem zu Ungewolltem;
– die Schwierigkeit, soziale und ähnliche Faktoren zu quantifizieren;
– die begrenzten Möglichkeiten, Technikfolgen hinreichend exakt abzuschätzen;
– die Notwendigkeit einer komplizierten Überwachungsbürokratie verbunden mit voraussichtlich zu erwartenden zahllosen Rechtsstreitigkeiten;
– der weltweite ökonomische Konkurrenzkampf, der jede Seite zu legitimieren scheint, zu „machen, was machbar ist, und machbar zu machen, was es noch nicht ist", wie man in Abwandlung des schon zitierten Satzes von Galilei sagt.

Es ist wohl nicht zu bestreiten, daß manches Ärgernis der Technisierung aus dem Vorherrschen der sogenannten *instrumentellen Vernunft* (Max Horkheimer) resultiert. Unter instrumenteller Vernunft versteht man jenen Vernunftgebrauch, der sich auf die Optimierung der Mittel beschränkt und insofern der wissenschaftlichen Idee „wertfreier Objektivität" dienen soll. Demgegenüber verlangt der

Gebrauch der *praktischen Vernunft* die Berücksichtigung von Werten und eine Verantwortung des Handelnden gegenüber Natur und Gesellschaft, Tradition und Zukunft. Historisch geht diese Unterscheidung auf die aristotelischen Begriffe „poiesis" und „praxis" zurück. Sie entsprechen der Unterscheidung von Herstellen (zu einem äußeren Zweck) und Handeln, das seinen Sinn und Wert in sich hat. Es ist keine Frage, daß Technik und technischer Fortschritt auch unter dem Gesichtspunkt der praktischen Vernunft verstanden und beurteilt werden müssen, und dann kann Dessauer sagen, daß Technik ihrem Wesen nach bedeutet, sich der Unterworfenheit unter die Naturgegebenheit zu entziehen, um die Gestaltung der Umwelt selbst verantwortlich vorzunehmen[243]. Damit kommen wir zu den angekündigten „Technik-Anthropologen": Hans Sachsse, Heinrich Stork, Heinrich Beck und Erich Fromm.

Auch Hans Sachsse ist der Auffassung, daß eine Anthropologie der Technik diese als menschliches Wesenselement aus der Natur des Menschen heraus zu begreifen habe. Im individuellen Lernprozeß erwirbt der Mensch die Fähigkeit, durch Einschaltung von Zwischengliedern (Mitteln) ein Ziel leichter zu erreichen. Also ist die menschliche Technik „mit der Weichenstellung der Evolution zur aktiven Anpassung durch Lernen aus der Evolution hervorgegangen. Sie ist der Bereich und das Ergebnis individuellen Lernvermögens und individueller Entscheidungsprozesse und der damit verbundenen außergenetischen Informationsübertragung"[244].

Technik ist aber nicht nur Handeln nach außen, sondern, meint Sachsse, auch Handeln nach innen mit dem Ziel der Bildung und Gestaltung der eigenen Natur, wie es sich z. B. im Verhalten der Buddhisten, aber auch in christlichen Orden zeigt. Denn Kontemplation und Meditation sind Stufen „höherer Informationsverarbeitung im Sinne der Ordnung und Koordinierung von Erfahrungen unter dem Prinzip der Wendung nach innen"[245]. Heidegger habe völlig richtig Technik verstanden als eine Weise des Verwirklichens von etwas, das in der Natur – zunächst unbekannt und verborgen – aber als reale Möglichkeit, also in Form von Strukturen, Kraftbeziehungen und Wirkungszusammenhängen vorhanden sei. Und dieses Verwirklichen sei ein notwendiger und universaler Prozeß, „wobei dem Menschen angesichts des Seins eine hervorragende Aufgabe zukommt: mit seinem Denken und Handeln verhilft er dem Sein zur Enthüllung, zum Offenbarwerden"[246]. Doch werde der Prozeß unheilvoll, wenn sich der Mensch an das Herstellen *verliere* und seine Maßstäbe allein vom Hergestellten übernehme.

Daher erfordere die Integration der Technik in unser Leben eben jene „Wendung nach innen", die doch keine Flucht in eine wirklichkeitsfremde Gedankenwelt sei, sondern die nüchterne Auseinandersetzung mit der Wirklichkeit mit dem Ziel der Wiedergewinnung der Realität. Oft genug trete in unserer Wissenschaft das Handeln, das technische Verändern als Ziel an die Stelle von Erkenntnis, und der Wandel des Zeitgefühls, die Dominanz des Entwicklungsprozesses mit seinen technizistischen Implikationen, habe ohnehin in unserer Gesellschaft das Beharrende als Wert entthront und dem Werden den Vorzug vor dem Sein gegeben. Es komme aber darauf an, die *Sollwerte* in der Natur wieder zu entdecken und zu beachten, „damit wir nicht von der Evolution überrollt werden, um die große Zahl der ausgestorbenen Arten zu vermehren"[247].

Und eines gelte es noch zu berücksichtigen: das technische Werk sei eine Gemeinschaftsleistung, das Ideal von der universalen und schöpferischen Persönlichkeit eine Illusion. Die Aufteilung der Arbeit einer Gruppe auf die einzelnen Teilnehmer gemäß den Fertigkeiten jedes einzelnen mache die Leistungsfähigkeit der menschlichen Technik aus, die auf diesem Wege die Grundlage für die Entwicklung des Menschen geschaffen habe. Der Mensch verdanke seine Überlegenheit in der Natur, die Tatsache, daß es ihm gelungen ist, die Spitzenstelle der Evolution zu erreichen, dieser Form der Zusammenarbeit, die gerade nicht Zusammenarbeit von Gleichen sei, sondern von Verschiedenen und die daher auch nicht einen einfachen additiven Effekt erziele wie ein Schwarm Heuschrecken, sondern einen potenzierten, dessen Potenzierungsgrad mit dem Ausmaß der Spezialisierung ungeheuer zugenommen habe. Das heiße aber: „Der Mensch verdankt seine Leistung in der Natur seiner Soziabilität, seiner besonderen Form der Vergemeinschaftung, die in einer Gemeinschaft mit verteilten Aufgaben besteht."[248] Diese auf Zusammenarbeit beruhende Gemeinschaft nennt Sachsse eine komplementäre. Ihr verbindendes Band liegt in der individuellen Verschiedenheit als Möglichkeit zur Ergänzung, ihr Gerüst bildet die Technik.

Deshalb hieße es auch Eulen nach Athen tragen, ergänzt Heinrich Stork, wollte man über die wichtige Rolle der Technik im Leben von heute noch längere Ausführungen machen. Anachronismus seien jene Vorwürfe aus der Frühphase der Industrialisierung von Massenarmut und Versklavung der Menschen; genau das Gegenteil sei richtig: wenn man heute von Menschenwürde im Betrieb sprechen kann, dann ist das zum großen Teil der hohen Produktivität zu verdanken. Denn ist nicht die Krankenkasse eines Industriebetriebes zuverlässiger als die persönliche Fürsorge der früheren Gutsherren gegenüber ihren Landarbeitern, und steht nicht der vermeintlichen Heimatlosigkeit des industriellen Menschen ein außerordentlicher Gewinn an beruflicher, geographischer und sozialer Mobilität und damit auch an individueller Freiheit gegenüber?[249]

Daß der Einfluß der Technik auch eine Kehrseite hat, sei unbestritten. Das gelte insbesondere für die moderne Waffentechnik, denn Sterbenmachen durch Knopfdruck setze die Hemmungen des Tötenden herab. Aber hier ist nicht Technikfeindlichkeit am Platze, sondern das institutionalisierte Gespräch über Normen. –

Beda Thum nannte seine Naturphilosophie einmal mit gutem Grund eine „ontologische Analyse der Naturphänomene;" man könnte in Anlehnung hieran die „Kulturphilosophie der Technik"[250] von Heinrich Beck eine „ontologische Analyse der Kulturphänomene", speziell des Phänomens Technik, nennen. Aber Beck begnügt sich nicht damit, sondern rückt das ontologisch Faßbare unter einen historischen und schließlich unter einen pädagogischen Aspekt, und beides ist nicht zuletzt im Hinblick auf die Probleme einer künftigen Gesellschaft von besonderer Dringlichkeit.

Denn die Frage nach der Zukunft ist eine Frage nach der Technik, jener Technik, die uns als Kulturerscheinung, d. h. als Selbstdarstellung des Menschen in der Geschichte begegnet und die es in einer *Kulturphilosophie* geistig zu bewältigen gilt. Dazu gehören vier Teilfragen: eine ontologische, eine geschichtsphilosophische, eine kulturkritische und eine ethisch-pädagogische.

Aber was ist das, was uns als Technik begegnet? Beck verwendet – im Gegensatz zu den meisten anderen Autoren – den Technikbegriff in weiter Bedeutung: er spricht von der Technik des Bauens, des Malens, des Liebens, des Klavierspielens, des Diskutierens usw., also nicht nur von der sogenannten Realtechnik, wo Artefakte von Menschen erzeugt und zweckmäßig eingesetzt werden. Technik ist ihm ein Grundphänomen des Menschlichen und wird durch den Menschen zum weltgeschichtlichen Ereignis, in dem die vorgegebene anorganische, organische, psychische und soziale Wirklichkeit destruiert und für den Menschen disponibel wird. Der erste Schritt dieses Transformationsprozesses des Seienden unter die Herrschaft des Menschen vollziehe sich in der Begegnung des menschlichen Geistes mit der Natur. Dabei verhalte sich der Geist nicht nur erkennend-hinnehmend, sondern aktiv verändernd. In der gezielten Veränderung der Realität werde Technik begründet.[251]

Aber ist nicht auch die Kunst eine Begegnung des Geistes mit der Natur, wobei diese auf bestimmte Ziele des Menschen hin verändert und umgeformt wird? Der Unterschied liegt darin, sagt Beck, daß bei der Kunst das Ziel die Herausprägung eines bestimmten Sinngehaltes, bei der Technik dagegen die beherrschende Indienstnahme der Natur ist. Kunst will ein Wesen herausformen, das dem alltäglichen Blick mehr oder weniger verborgen ist, Technik will die Natur beherrschen und im Rahmen der erkannten Gesetzmäßigkeit für Zwecke des Menschen frei verfügbar machen.

So läßt sich also in erster Näherung die Technik nach Beck bestimmen als im Menschen gelegene Fähigkeit, die Natur auf seine Zwecke hin zu verändern. Als Fähigkeit entspringt sie dem menschlichen Geist, als Fertigkeit und Tüchtigkeit wird sie ausgebildet, in der Gemeinschaft vieler schließlich praktiziert. Aber in ontologischer Sicht fordert dies auch auf der Seite der Natur die Fähigkeit, geformt und in Dienst genommen zu werden; Technik ist potentiell immer schon in der Welt, aktuell wird sie im geschichtlichen Prozeß. Und dieser Geschichtsprozeß der Technik hat einen Richtungssinn: ihr reales Sein wird „fortschreitend mächtiger", ihr Wesen umfassender verwirklicht. Damit nähert sich Beck Dessauerschen Vorstellungen. Denn die Natur fordert den Geist heraus, bewegt ihn zu neuen Zwecksetzungen und leitet damit eine „Synthesebewegung" von Geist und Natur, aber auch der Menschheit in sich ein[252]. Denn einerseits forciert die Zuspitzung der technischen Machtmittel die „Respektierung" der Naturgesetze, also in diesem Sinne die Abhängigkeit von der Natur, andererseits wächst die Menschheit zu einer Schicksalsgemeinschaft in gegenseitiger materieller und geistiger Abhängigkeit zusammen. Die Welt „ballt" sich, sagt Beck, in einem existentiell-geistigen Sinne.

Doch sei die grundsätzlich positive geschichtliche Tendenz der Technik in der heutigen Situation nur in pervertierter Form konkretisiert. Dies liege entscheidend am Vorherrschen der nominalistischen These, daß wir das Wesen der Dinge nicht begrifflich fassen können, in deren Konsequenz sowohl das Verhältnis zum Mitmenschen wie auch zur eigenen Existenz sich ändert und die Erlebniskraft der Dimension des Metaphysischen schwindet. Gesellschaftlichen Ausdruck finde das Nichtanerkennen menschlichen Seins in den (klassischen) Systemen des Kapitalismus und des Sozialismus. Werde auf der einen Seite das In-sich-Sein in ein Für-den-Unternehmer-Sein aufgelöst, so beanspruche auf der anderen das sich verabsolutierende Gesellschaftsganze unbegrenzte Verfügungsmacht über den einzelnen. „Entfremdung und Nichtung seines Eigenseins droht in beiden Fällen."[253] Die Antwort auf die heutige Herausforderung der Technik, die Forderungen nach verantwortlichem und kontrolliertem Machtgebrauch, verlangen eine Gesellschaftsordnung, „in der der Mensch den Menschen maximal anerkennt und Mensch sein läßt"[254]. Dies gründe in einem partnerschaftlichen Strukturprinzip, in dem jedes Glied an den Entscheidungen, von denen es betroffen ist, nach Maßgabe seiner Fähigkeit und Verantwortungsbereitschaft mitbeteiligt werde. Dieser *partnerschaftliche Solidarismus* sei ein Weg, um – gerade unter den Bedingungen und Erfordernissen der Technik – neue Strukturen zu gestalten: in Ehe und Familie, in Schule und Wissenschaft, in Wirtschaft und Politik.

In mancherlei Hinsicht Beck nahestehend diskutiert auch der Psychoanalytiker Erich Fromm Probleme des Menschen in der Industriegesellschaft und sucht einen Weg, der analog dem Beckschen Ansatz zu dem Ziel einer partnerschaftlichen Solidarität hinführen soll. Aufbauend auf der Freudschen Psychoanalyse geht Fromm insofern über den Altmeister hinaus, als er die sozialpsychologischen Erscheinungen als Anpassungsprozesse des „Triebapparates' an die sozial-ökonomische Situation auffaßt und daraus schließt, daß seelische Instanzen wie Ich und Über-Ich, Verdrängungsmechanismen oder masochistische Impulse keine „natürlichen Gegebenheiten", sondern durch die gesellschaftliche Struktur mitbestimmt sind. Deshalb gilt Fromms Interesse – zumindest seit Anfang der fünfziger Jahre – dieser Gesellschaft, einer neuen Gesellschaft des *religiös-sozialen Humanismus*.

Fromms anthropologisches Problem besteht zunächst darin, einen der Menschheit gemeinsamen Kern – gelegentlich sagt er auch: ein gemeinsames Wesen – aus den unzählbaren Manifestationen der menschlichen Natur zu erschließen und die ihr immanenten Gesetze sowie deren Entwicklungs- und Entfaltungsziele zu erkennen.[255] In Anlehnung an einen Marxschen Gedanken meint Fromm sagen zu können, daß es im Menschen sowohl konstante als auch veränderbare Faktoren gibt, d. h. solche, die ihn zu Neuerungen, Kreativität, Produktivität und Fortschritt befähigen. Wesensattribute wie Vernunft, die Fähigkeiten zur Produktion, zur gesellschaftlichen Organisation und zur Sprache, zeigen wohl Aspekte seines Wesens, aber noch nicht die „Totalität der menschlichen Natur." An diese kommt man erst heran, wenn man sich klarmacht, daß die Entwicklung zum Menschen derart geführt wurde, daß die Determinierung des Verhaltens durch Instinkte ständig ab- und die Entwicklung des Gehirns ständig zunahm. Und gewissermaßen im Kulminationspunkt dieser Entwicklung wurde der Mensch geboren mit einer völlig neuen Qualität des Denkens: dem Selbstbewußtsein, der Fähigkeit, nicht nur sich an Vergangenes zu erinnern, sondern auch Zukünftiges sich vorzustellen, Objekte und Handlungen durch *Symbole* zu kennzeichnen sowie einer Vernunft, „um die Welt zu erfassen und zu verstehen" und einem Vorstellungsvermögen, „durch das er weit hinter den Bereich seiner Sinne eindringen kann".[256]

Aber mit der Existenz dieses Menschen sind auch Widersprüche gegeben, resultierend aus der Tatsache, daß er einerseits Teil dieser Natur ist, sie gleichzeitig aber auch transzendiert im Bewußtsein von sich selbst, von anderen, der Gegenwart und der Vergangenheit (vgl. Plessners „Doppelaspekt" oben S. 151.) Diese Widersprüche sind teils existentieller Art und insofern unauflöslich mit dem menschlichen Sein verbunden (dazu gehört z. B. die „Dichotomie" Leben und Tod), teils sind sie historisch bedingt und damit grundsätzlich lösbar, wie etwa dort, wo eine Entwicklung gesellschaftlicher, technischer oder wirtschaftlicher Art in Widerspruch gerät zu den psychischen Möglichkeiten des Menschen, über diese vernünftig zu verfügen und sie zu gestalten.

Die Wege des Menschen, die aus diesen Aporien herausführen, tangieren die Problematik von Ethos und Gesellschaft. Ethische Normen werden gemessen an der Totalität des Menschen und an dem, was ihm zukommt. Dies ist das Prinzip einer *humanistischen Ethik*: der Mensch wird als höchster Wert gesetzt, seine Wertsysteme beruhen auf Autonomie und Vernunft. Sie dienen dem Bedürfnis des Menschen nach Sinnerfüllung und Gestaltung seines Lebens. Die humanistische Ethik betrachtet den Menschen in seiner psychisch-geistigen Ganzheit und sieht seine Bestimmung darin, er selbst zu werden. Wie aber kann der Mensch sich selbst verwirklichen? Die Möglichkeiten dazu sind zwar in seiner Natur angelegt, konkretisiert werden können sie aber nur unter bestimmten gesellschaftlichen Bedingungen. Genauer gesagt, die Frage, inwieweit eine optimale Entfaltung der dem Menschen eigenen Kräfte möglich ist, bestimmt sich vom Lebensmodus der Gesellschaft her, wobei Fromm zwei Modi unterscheidet: den Haben- und den Seinsmodus. Das sind die beiden zentralen Begriffe seines Alterswerkes, einer Utopie von den Chancen einer in diesseitiger, nicht-theistischer Religiosität lebenden humanen Gesellschaft.[257]

Das in unserer Gesellschaft herrschende Prinzip ist der *Habenmodus* in Gestalt der These: „Du bist, was Du hast", oder wie ein Werbeslogan es ausdrückt: „Hast Du was, bist Du was." Zum Habenmodus gehören Eigentum, Profitstreben, Konsumieren, Verfügungsrechte über materielle Güter, aber auch über Kinder, Ehepartner, Kranke, Unwissende. Die in der Gesellschaft geltenden Normen prägen den Charakter ihrer Mitglieder, bei uns z. B. den Wunsch, Eigentum zu erwerben, um es zu vermehren. So kommt es, daß selbst jene, die fast nichts haben, an ihrer bescheidenen Habe hängen wie der Vermögende an seinem Kapital. Dieser an Eigentum orientierte Habenmodus gebiert nach Fromm sowohl das Verlangen nach Macht als auch die Abhängigkeit von Macht. Denn Eigentum erfordert Macht, um es vor denen zu schützen, die es an sich reißen möchten, wie umgekehrt das Verlangen nach Besitz den Wunsch weckt, Eigentum an sich zu bringen, notfalls mit Gewalt, offen oder heimlich.[258]

Dagegen sind die Voraussetzungen für den *Seinsmodus* Unabhängigkeit, Freiheit und das Vorhandensein kritischer Vernunft. „Sein wesentliches Merkmal ist die Aktivität, nicht im Sinne von Geschäftigkeit, sondern im Sinne innerer Aktivität, dem produktiven Gebrauch menschlicher Fähigkeiten. Sein heißt, seinen Anlagen, seinen Talenten, dem Reichtum menschlicher Gaben Ausdruck verleihen, mit denen jeder – wenn auch in verschiedenem Maß – ausgestattet ist."[259] Nur in dem Maße, in dem wir den Modus des Habens bzw. des Nichtseins abbauen, nähern wir uns dem Seinsmodus. Beide sind in unserer Natur angelegt: zwar verstärkt der Selbsterhaltungstrieb den Habenmodus, doch haben wir auch ein tief verwurzeltes Verlangen zu sein, unseren Fähigkeiten Ausdruck zu geben, aktiv zu sein, auf andere bezogen zu sein, dem Kerker der Selbstsucht zu entfliehen. Durch die Kombination von minimaler instinktiver Entwicklung der geistigen Fähigkeiten haben wir Menschen unsere ursprüngliche Einheit mit der Natur verloren. Um uns nicht vollkommen isoliert zu fühlen, müssen wir ein neues Gefühl des Einsseins – mit unseren Mitmenschen und mit der Natur – entwickeln.

Dieser Weg ist auch ein Weg zur Erfüllung religiöser Bedürfnisse. Unter einer Religion versteht Fromm „jedes von einer Gruppe geteilte System des Denkens und Handelns, das dem einzelnen einen Rahmen der Orientierung und ein Objekt der Verehrung bietet"[260]. Sie ist also nicht notwendig an einen Gottesbegriff gebunden; dennoch braucht die species Mensch, um überleben zu können, einen Orientierungsrahmen und ein Objekt der Verehrung. Die Religion der gegenwärtigen Gesellschaft nennt Fromm kybernetisch und den zugehörigen Charakter des Menschen den Marktcharakter. Diese Bezeichnung komme daher, daß der Mensch sich als Tauschwert auf dem Persönlichkeitsmarkt verstehe. Das Bewertungsprinzip sei dasselbe wie auf dem Warenmarkt: der Erfolg hänge weitgehend davon ab, wie gut sich ein Mensch verkauft, wie anziehend seine „Verpackung" ist, ob er heiter, solide, aggressiv, zuverlässig und ehrgeizig ist, aus welchem Milieu er stammt, welchem Klub er angehört, ob er die richtigen Leute kennt. „Der Marktcharakter liebt nicht und haßt nicht. Diese ,altmodischen' Gefühle passen nicht zu einer Charakterstruktur, die fast ausschließlich auf der intellektuellen Ebene funktioniert und sowohl positive als auch negative Emotionen meidet, da diese mit dem Hauptanliegen des Marktcharakters kollidieren: dem Verkaufen und Tauschen oder genauer, dem Funktionieren nach der Logik der ,Megamaschine' [das ist ein technikkritischer Begriff von Lewis Mumford[261]], deren Bestandteil sie sind, ohne Fragen zu stellen, außer wie gut sie funktionieren, was an ihrem Aufstieg in der bürokratischen Hierarchie abzulesen ist[262]. Dieser Persönlichkeitsstruktur entspreche die kybernetische Religion, eine zutiefst heidnische Religion, die an der Technik hänge und dabei die Tatsache verdränge, daß sie begonnen habe, die Göttin der Zerstörung zu ihrem Idol zu erheben.

7.4 Der Mensch und das Schöne

Werte der Technik und der Wirtschaft sind für den Menschen in einem praktischen Sinne nützlich, humane Werte sind dem Menschen eher in einem ideellen Sinne förderlich. Zu ihnen kann man rechnen: die Werte des sittlichen Verhaltens und Handelns (Zielpunkt: das Gute), die geistigen Werte des Erkennens (Zielpunkt: das Wahre), die religiösen Werte des Transzendierens (Zielpunkt: das Heilige) und die ästhetischen Werte des Empfindens (Zielpunkt: das Schöne). Mit der Frage nach dem Schönen wollen wir uns in diesem Abschnitt etwas näher befassen.

In der traditionellen Philosophie ist das Schöne Gegenstand der Ästhetik. Dieser Begriff wurde durch den Aufklärungsphilosophen Alexander G. Baumgarten in die Philosophie eingeführt[263] und vor allem durch die kritischen Schriften Kants verbreitet. Allerdings hatte der Begriff bei Kant ursprünglich – in der „Kritik der reinen

Vernunft" (vgl. oben S. 59) – noch eine von seiner späteren Verwendung abweichende Bedeutung: Ästhetik (im transzendentalen Sinne) sei eine Wissenschaft „von allen Prinzipien der Sinnlichkeit a priori"[264], und das sind nach Kant Raum und Zeit insofern sie der reinen, auf die bloße Form der Erscheinungen gerichteten Anschauung zu Grunde liegen. In der „Kritik der Urteilskraft" folgt Kant dann aber auch der sich nun durchsetzenden Bedeutung: Das Vermögen, zu beurteilen, ob etwas schön sei, ist der Geschmack. Ein Geschmacksurteil jedoch ist kein Erkenntnisurteil, also nicht logisch und nicht objektiv, sondern es ist gerichtet auf das subjektive Gefühl der Lust oder Unlust, das eine Vorstellung in uns auslöst. Und ein solches Urteil nennt Kant nun „ästhetisch".[265]

Die Frage nach dem Schönen beschäftigt das philosophische Denken seit antiker Zeit, bei Platon ist sie Bestandteil seiner Ideenlehre, denn daß das Schöne eine Idee ist wie auch das Gute und das Gerechte, darüber besteht kein Zweifel[266], ja sie stellt sich sogar dem menschlichen Auge dar als das Sichtbarste und Liebreizendste unter den Ideen[267]. Und diese Liebe zum Schönen nennt Platon den Eros, von dem er in einem Mythos berichtet, er sei ein Mittelwesen zwischen Göttern und Menschen und bewege diese zum Schauen des Schönen-selbst, was aber erst nach einem mühsamen schrittweisen Aufstieg vom körperhaft Schönen über die Schönheit der Seele bis zu jener Stufe gelinge, auf der dann das „wahre Schöne" als Idee sichtbar werde[268]. Diese Idee des Schönen steht bei Platon in einer unaufhebbaren Beziehung zur Idee des Guten und zur Idee des Wahren sowie zu ihrer Darstellung in „Maß und Ebenmaß"[269], die von hier an bis in die Zeit Hegels zu einer Grundlage der philosophischen Ästhetik wird. Insbesondere führt auch die Verbindung des Schönen und des Guten (=Kalokagathie) zum Bildungsideal des Griechentums.

Dieser objektiven Sicht des Schönen stellt Kant – wie schon gezeigt – seine subjektive entgegen: Schönheit gibt es nur für den Menschen, *schön* ist, was ihm gefällt, und zwar genauer: was ihm ohne alles Interesse (z. B. am Besitz oder an der Nützlichkeit des Gegenstandes) gefällt. „Alles (affirmative) ästhetische Urteilen konstatiert ein Wohlgefallen. Aber allein das interesselose Wohlgefallen betrifft das Schöne. Interessiert ist ein Wohlgefallen, das so von einer Sache eingenommen ist, daß ihm an dessen Wirklichkeit (Existenz) gelegen ist. Mithin meint Interesselosigkeit (negativ) eine Verhaltenheit, die von allem Bezug zur Wirklichkeit frei ist, und (positiv) das Sich-offen-Halten für die Art und Weise, wie etwas sich anschaulich zeigt. So kommt die Beurteilung vom Bezug auf die Existenz los, indem sie sich auf den schönen Schein einläßt. Das vielberedete ‚interesselose Wohlgefallen' ist also mehr als eine bloß negative Kennzeichnung ohne positive Sachaufweisung; es bildet den Zugang zur Seinsweise des Schönen, dem Schein."[270] Von hier aus erklärt sich auch die Aufhebung der Verbindung des Schönen und des Guten bei Kant: Denn während der Mensch das Gute als etwas zu Verwirklichendes mit engagiertem Interesse auf die Wirklichkeit bezieht, begnügt er sich hinsichtlich des Schönen mit einer zwanglosen, interesselosen Kontemplation, mit dem Sich-offen-Halten für den schönen Schein.

Ausgehend von Kant und doch auch in kritischer Auseinandersetzung mit ihm hat Arthur Schopenhauer seine Auffassung vom Schönen im dritten Buch seines Hauptwerks „Die Welt als Wille und Vorstellung" dargestellt, auf das wir kurz eingehen müssen, um seine Sicht von Wesen und Wirkung des Schönen zu verstehen. „Die Welt ist meine Vorstellung: – dies ist die Wahrheit, welche in Beziehung auf jedes lebende und erkennende Wesen gilt;" mit dieser an Kants „Welt als Erscheinung" erinnernden Feststellung eröffnet Schopenhauer seine Überlegungen. Und er fährt fort: keine Wahrheit ist gewisser und eines Beweises weniger bedüftig als die, „daß alles, was für die Erkenntnis da ist, also die ganze Welt, nur Objekt in Beziehung auf das Subjekt ist, Anschauung des Anschauenden, mit einem Wort, Vorstellung".[271] Doch während das Subjekt das Erkennende ist, ist schon der eigene Leib „Objekt unter Objekten und den Gesetzen der Objekte unterworfen"[272]. Die Form der Objekte sind Raum und Zeit als das Nebeneinander und Nacheinander der Dinge und insofern als Voraussetzung für die Vielzahl der Objekte. Das Subjekt dagegen unterliegt nicht der Darstellung in Raum und Zeit und ist nur eines, nämlich das, was die Objekte erkennt. Ohne dieses Erkennen wäre die Welt als Vorstellung nicht da.[273]

Nun kann eine Vorstellung abstrakt sein, sich auf Begriffe beziehen, wie Schopenhauer sagt, oder sie kann intuitiv sein und die sichtbare Welt, die Welt der Erfahrungen einschließlich der Bedingungen ihrer Möglichkeit, also des Raumes und der Zeit, erfassen. Deshalb bezieht Schopenhauer den für ihn so bedeutsamen Satz vom (zureichenden) Grunde (vgl. oben S. 98) unter vier Gesichtspunkten auf die Welt als Vorstellung: als Seinsgrund der Objektdarstellung = Raum und Zeit, als Kausalgrund des Aufeinanderwirkens der anschaulichen Objekte, als Erkenntnisgrund in bezug auf die Urteilswahrheit und als Motivationsgrund hinsichtlich jener inneren Erfahrung, daß Handlungen durch Motive hervorgerufene Willensakte sind.

Damit bereitet sich nun aber eine deutliche Abkehr von Kant vor: wo ein Motiv ist, da muß auch ein Zweck sein, und wo ein Zweck ist, da muß ein Wille sein, diesen Zweck zu erfüllen. Der Wille aber ist es, der uns den Zugang zum inneren Getriebe unseres Wesens, unseres Tuns und unserer Bewegungen öffnet, denn „die Aktion des Leibes ist nichts anderes als der objektivierte, d. h. zur Vorstellung gewordene Wille".[274] Aber nicht nur das: Schopenhauer ist davon überzeugt, nunmehr auch einen Weg gefunden zu haben, um durch Verknüpfung von innerer und äußerer Erfahrung an das für Kant noch unzugängliche „Ding an sich" heranzukommen. Der Mensch selbst ist das „Loch zum Sein' (vgl. Heidegger oben S. 92); wie sein Wesen Wille ist, so ist auch das Wesen der Welt Wille. „Wer, sage ich, mit mir diese Überzeugung gewonnen hat, dem wird sie, ganz von selbst, der Schlüssel werden zur Erkenntnis des innersten Wesens der gesamten Natur."[275] Aber dieser Wille ist „blind", ungeistig, sinnlos, begehrend und damit notwendig leidend. Und alles, was unter diesem Willen steht, leidet auch. Denn alles Wollen entspringt einem Bedürfnis, einem Mangel, also aus Leiden. Und selbst die Erfüllung ist nur vorübergehend und weckt nur neue Wünsche. Deshalb sind Lust und Zufriedenheit Illusionen, spärliche Augenblicke, in denen der Wille einmal schweigt.

Aber haben wir damit nicht den Ausweg vor uns, den Willen zum Schweigen zu bringen? Wie ist das möglich? Schopenhauer sieht zwei mögliche Ansatzpunkte: einen ethischen und einen ästhetischen. Der ethische führt in die Richtung indischen Denkens: Aufhebung des Willens durch Verneinung, durch Askese und durch die Erkenntnis von der Wesensidentität alles Seienden. Die altindische Formel „tat twam asi" (das bist du) wirke auf den Menschen nicht als Motiv, sondern als Quietiv, nicht als Antrieb, sondern als Ausschaltung von egoistischem Wollen.

Der andere Weg aber führt über die Begegnung mit dem Schönen, und deshalb behandeln wir Schopenhauer unter diesem Aspekt: Das Wesen ästhetischen Verhaltens sei die Kontemplation, d. h. die willens- und begierdefreie Versenkung in das Schöne. Aber was ist das Schöne? Schopenhauer nennt es in bewußtem Anschluß an Platon eine Idee.

Die Stellung der Idee ist bei Schopenhauer eine mittlere zwischen dem Willen (dem „Ding an sich") und den Einzelobjekten. Die Idee ist gewissermaßen eine allgemeine und unmittelbare Objektivation des Willens, die Form seines In-Erscheinung-Tretens, zwar schon Objekt für ein Subjekt, aber etwas Allgemeines, nicht dem „principium individuationis" (dem Individualisierungsprinzip Raum und Zeit) unterworfenes Objekt. Das einzelne, gemäß dem Satz vom Grunde erscheinende Objekt ist also nur eine mittelbare Objektivation des Willens, da zwischen ihm und dem Einzelding noch die Idee steht. Und während die Individuen, in denen sich die Idee darstellt, „unzählige sind und unaufhaltsam werden und vergehen, bleibt sie unverändert als die eine und selbe stehen, und der Satz vom Grunde hat für sie keine Bedeutung"[276]. Das „principium individuationis" aber ist für Schopenhauer letztlich der „Schleier der Maja" (= ein trügerischer Schein im Hinduismus), der die Individuen darüber täuscht, daß sie in Wirklichkeit zusammengehören und eines Wesens sind.

Die Ideenwelt ist nun der *Stoff der Kunst*. Sie, das Werk des Genius, „wiederholt die durch reine Kontemplation aufgefaßten ewigen Ideen, das Wesentliche und Bleibende aller Erscheinungen der Welt, und je nachdem der Stoff ist, in welchem sie wiederholt, ist sie bildende Kunst, Poesie oder Musik. Ihr einziger Ursprung ist die Erkenntnis der Ideen; ihr einziges Ziel Mitteilung dieser Erkenntnis."[277] Und Genialität ist die Fähigkeit, sich rein anschauend zu verhalten und die Erkenntnis, die ursprünglich nur zum Dienste des Willens da ist, diesem Dienste zu entziehen, dadurch aber selbst „reines", d. h. willenloses Subjekt der Erkenntnis zu werden. Das versteht Schopenhauer als die ästhetische Anschauung der Dinge.[278]

Somit enthält die ästhetische Betrachtungsweise zwei unzertrennliche Bestandteile:

1. die Erkenntnis des Objekts nicht als einzelnes Ding, sondern als Idee, und
2. das Selbstbewußtsein des Erkennenden, und zwar auch nicht als bloßes Individuum, sondern als reines willenloses Subjekt der Erkenntnis.

Die Bedingung zum Eintritt beider Bestandteile ist, „daß man die dem Satz vom Grunde nachgehende Erkenntnisweise gänzlich verlasse, welche hingegen zum Dienste des Willens wie auch zur Wissenschaft die allein taugliche ist"[279].

Aus dieser ästhetischen Erkenntnisweise geht nun aber auch das Wohlgefallen hervor, das durch die Betrachtung des Schönen erregt wird. Das gilt sowohl für den subjektiven Anteil als auch für den objektiven. So wirkt z. B. schon die Schönheit der Natur beruhigend, erheiternd, aufrichtend auf den Betrachter und entreißt ihn allen Leidenschaften, dem Drang der Wünsche, Ängste und Sorgen, den Qualen des Wollens. „Denn in dem Augenblick, wo wir, vom Wollen losgerissen, uns dem reinen willenlosen Erkennen hingegeben haben, sind wir gleichsam in eine andere Welt getreten, wo alles, was unseren Willen bewegt und dadurch uns so heftig erschüttert, nicht mehr ist."[280] Und das ist ein Beispiel für die Möglichkeit eines Daseins, das nicht, wie unser jetziges, im Wollen besteht. „Weil also bei jeder ästhetischen Auffassung, d. h. Anerkennung des Schönen als solchen, der geschilderte Zustand des willensfreien reinen Erkennens die subjektive Bedingung ist, dieser Zustand uns aber allen Leiden entzieht, welche vom Wollen und der Individualität unzertrennlich sind; so hat eben diese subjektive Bedingung des ästhetischen Genusses einen großen Anteil an der Freude, die uns das Schöne gewährt."[281]

Wie der subjektive Bezugspunkt des Schönen also im willenlosen Subjekt, so liegt der objektive in der Idee. Eine Idee kann aber Objektivation des Willens auf unterschiedlich hoher Stufe sein. „Darum ist *der Mensch* vor allem andern schön und die Offenbarung seines Wesens das höchste Ziel der Kunst. Menschliche Gestalt und menschlicher Ausdruck sind das bedeutendste Objekt der bildenden Kunst, so wie menschliches Handeln das bedeutendste Objekt der Poesie."[282]

Eine Sonderstellung aber kommt der Musik zu. Sie wirkt mächtiger als jede andere Kunst auf den Menschen und wird von ihm tief und innig verstanden als eine allgemeine Sprache, deren Verständnis angeboren ist und deren Deutlichkeit selbst die der anschaulichen Welt übertrifft. Ja, sie ist nicht Abbild einer Idee, sondern Abbild des Willens selbst, sie ist – populär ausgedrückt – die Melodie, zu der die Welt der Text ist.[283]

7.5 Der Mensch und die Religion

Eine wichtige Rolle spielte auch schon bei Fromm – wie natürlich bei fast allen Autoren, die sich den Fragen der philosophischen Anthropologie widmen – das Thema „Religion." In ziemlicher Übereinstimmung sieht man im Wesen des Menschen das religiöse Bedürfnis als eine „anthropologische Grundkategorie" (R. Kollmann), so daß der Mensch gelegentlich auch als „homo religiosus" umschrieben worden ist. Deshalb wollen wir dem Kapitel „Anthropologie" die Frage nach „Mensch und Religion" einfügen.

Erich Fromm hat uns oben seine Bestimmung des Begriffs „Religion" angeboten; konfrontieren wir sie mit der Sicht des Religionsforschers Helmuth von Glasenapp: „Religion ist der im Denken, Fühlen, Wollen und Handeln betätigte Glaube an das Dasein übernatürlicher persönlicher oder unpersönlicher Mächte, von denen sich der Mensch abhängig fühlt, die er für sich zu gewinnen sucht oder zu denen er sich zu erheben trachtet"[284]. Mit dieser Begriffsbestimmung versucht von Glasenapp die existierenden Formen von Religion – ungeachtet bestehender Unterschiede im einzelnen – auf eine gemeinsame Formel zu bringen und sie gegenüber Weltanschauungen, die keine übernatürlichen Kräfte gelten lassen, abzugrenzen.

Carl Friedrich von Weizsäcker hat in seinen Notizen zu einem Gespräch über Physik und Religion in Anlehnung an Sigmund Freud von den drei „Kränkungen" des menschlichen Selbstbewußtseins durch Kopernikus, Darwin und die Psychoanalyse gesprochen: „Wir hatten zu lernen, daß unser Ort in der Welt nicht deren Mitte ist, daß die anderen Geschöpfe unsere Brüder sind, und daß ‚das Ich nicht Herr im Hause' ist."[285] Was haben diese „Kränkungen" bewirkt? Haben sie den Menschen weniger selbstherrlich, bescheidener, demütiger und insofern auch religiöser werden lassen? Oder ist nicht eher das Gegenteil eingetreten, daß er im Jubel um die „großartigen Erfolge der Wissenschaft" davon überzeugter denn je ist, daß wir „der Hypothese ‚Gott' nicht bedürfen", wie es Laplace formuliert hat? Liegt die Spannung zwischen wissenschaftlichen und religiösen Impulsen in der menschlichen Natur, und ist sie für uns Aufgabe und Chance[286], oder müssen wir uns fragen lassen, ob es „nichts Wichtigeres zu tun gibt, als sich mit einem Problem zu beschäftigen, das im Grunde genommen der Vorgeschichte anzugehören scheint"[287]?

Religion ist Ausdruck

1. eines Sicherheitsbedürfnisses des Menschen, auch gründend in der Einsicht in die Notwendigkeit des Sterbenmüssens bei aller Ungewißheit über das Wie und Wann,
2. eines Transzendierenwollens menschlicher Endlichkeit, um den Grund und Sinn von sich und der Welt „sub specie aeternitatis" (unter dem Blickwinkel der Ewigkeit) zu erfassen,
3. eines Ergriffenwerdens von etwas, das inhaltlich als das Heilige

(R. Otto), das Numinose und Verehrungswürdige bestimmt werden kann.

Schon im Altertum wurde betont, daß der Mensch als einziges Wesen Religion habe (M. Landmann)[288], und da die Völkerkunde gezeigt hat, daß es kein Volk oder keine Kultur ohne Religion auf der Erde gibt, kann diese nur als Ausdruck von Kultur etwas spezifisch Menschliches sein und ebenso zum Wesen des Menschseins gehören wie der Gebrauch von Sprache, Werkzeugen oder das Philosophieren. Aber so wenig man jemanden zwingen kann, philosophisch zu denken, so wenig kann man jemanden zwingen, Religiöses zu erleben. Zwar wird der Entschluß zum religiösen Denken und Handeln häufig durch äußere Ereignisse motiviert, z. B. durch die Erkenntnis, daß, wie Heimo Dolch einmal gesagt hat, die Physik „hinten ein Loch" hat, oder durch persönliche Erlebnisse, vom „tolle, lege" (nimm und lies) des Augustinus bis zu „Grenzsituationen" im Jasperschen Sinne, der Entschluß selbst ist immer subjektiv und letztlich irrational, wenngleich er in einem rationalen Kontext erfolgt. Er ist deshalb auch weder unbedingt mitteilbar, noch unbedingt begründbar (was er ja auch nicht zu sein braucht). Und wir können – noch eine Parallele zur Philosophie – auch der Religion die beiden Willensfunktionen Erkennen und Handeln zuordnen: der Akt religiöser Erkenntnis vollzieht sich in Form der Kontemplation, einer geistigen „Betrachtung", und das religiöse Handeln einerseits in Form der „guten Tat", der ein bestimmter religiössozialer Aspekt zu Grunde liegt, andererseits in kultischen Handlungen, in denen Symbole wie Brot und Kelch mythisches Geschehen in der Gemeinschaft der Gläubigen Gestalt werden lassen.

Da der Mensch ein Wesen ist, „das sowohl Körper wie Geist besitzt, muß er auf die Widersprüche seiner Existenz nicht nur denkend reagieren, sondern auch im Lebensvollzug, in seinem Fühlen und Handeln. Er muß danach streben, Einheit und Einssein auf allen Ebenen seines Seins zu erfahren, um so ein neues Gleichgewicht zu finden. Deshalb erfordert ein befriedigendes Orientierungssystem nicht nur intellektuelle Elemente, sondern auch solche des Gespürs und des Gefühls, die in allen Bereichen des menschlichen Lebens aktiv zu verwirklichen sind. Die Hingabe an ein Ziel, an eine Idee oder an eine Macht, die den Menschen transzendiert, wie zum Beispiel Gott, ist der Ausdruck dieses Bedürfnisses nach Ganzheit im Lebensvollzug."[289] Die Frage laute also nicht: ob Religion oder nicht?, sondern: welche Art von Religion?

Die Kontemplation hat – philosophisch gesehen – ihren stärksten

Ausdruck in der *Mystik* gefunden. Mystik ist durchaus nicht an eine spezifische Religionsform gebunden, sondern tritt in den verschiedensten Religionen auf, so z. B. im Christentum, im Judentum, besonders aber auch in den indischen Religionen. Über das Verhältnis von wissenschaftlicher und mystischer Erfahrung sagt Fritjof Capra: „Die Wissenschaft braucht die Mystik nicht und die Mystik nicht die Wissenschaft, aber der Mensch braucht beides. Mystische Erfahrung ist nötig, um das Wesen der Dinge zu begreifen, und Wissenschaft ist für das moderne Leben unerläßlich. Wir brauchen daher keine Synthese, sondern ein dynamisches Zusammenspiel der mystischen Intuition und der wissenschaftlichen Analyse."[290] Während aber der religiös-kontemplative Mensch sich von der Welt zurückzieht, um in der Dämmerung der Einsamkeit und Stille den Weg zur Unio mystica, zur Einung mit dem Absoluten, zu gehen, wendet sich der religiös-sozial-ethische Mensch in Liebe und Sorge den harten Konturen der Welt zu, insbesondere ihren Mängeln, der leidenden Kreatur, der Armut und Unterdrückung, und so finden wir hier Albert Schweitzer, Mutter Teresa und das unüberschaubare Heer christlicher und nichtchristlicher Wohltäter der Menschheit.

Ist auch die Religiosität im Sinne eines Erkennenwollens von, eines Sich-Orientierenwollens an und eines Hilfesuchens bei einer transzendenten Wirklichkeit ein Wesenszug menschlicher Existenz, so gilt doch andererseits, daß Religion, wie alle Schöpfungen menschlicher Kulturalität, einer inhaltlichen Pluralität und Wandelbarkeit unterliegt, gegen die sie sich auch nicht dogmatisch absichern sollte. Aber wie kommt man, fragt David Steindl-Rast, von der Religiosität, die allen Religionen gemeinsam ist, „zu *den* Religionen, die sich oft gegenseitig in den Haaren liegen?" Und er antwortet: „Unser Verstand findet es notwendig, zu interpretieren. Das führt zur Lehre, die ein Bestandteil jeder Religion ist."[291] Und diese läuft jetzt Gefahr, sich zu verhärten. „Im Augenblick, wo etwas ausgesprochen oder gar niedergeschrieben ist, beginnt es, sich zu verhärten. So läuft die Lehre immer Gefahr, doktrinär zu werden. Diese Gefahr müssen wir sehen. Sie ist da. Wenn wir sie nicht sehen, kann sie wirklich gefährlich werden. Wenn wir sie sehen, können wir ihr möglicherweise entgehen.[292] Wir können ihr entgehen, meint Steindl-Rast, wenn wir die Religion, ja ganz allgemein unser Leben aus der Mystik heraus erneuern. „Unser Leben in allen Bereichen. Aus dem Erleben unserer Zugehörigkeit, aus dem Erleben unserer Zusammengehörigkeit zu erneuern und schöpferisch zu gestalten. Und damit sind wir schon bei der Arbeit, bei der Verbindung von

Arbeit und Schweigen. Denn die Tiefe, das Schweigen, das Mysterium, der Mythos, das Dunkel muß sich aussprechen in Wort, Logos, Erhebung, Licht, Auge. Die beiden Bereiche gehören zusammen. Sie zusammenzubringen, das ist unsere eigentliche Arbeit."[293] Aber ist das im Mysterium zu Schauende, im Mythos zu Deutende denn überhaupt in die menschliche Sprache übersetzbar? Entstammen nicht alle unsere Begriffe, wie Max Horkheimer sagt, einer subjektiven Organisation, so daß wir von Religion nur reden können, „indem wir feststellen, daß die uns bekannte Wirklichkeit nicht die letzte Wahrheit, das ganze Universum nicht die letzte Wirklichkeit ist"[294]?

Dieses Argument klingt auch an bei Beda Thum, wenn er sich mit der traditionellen Auffassung vieler Theologen und Philosophen auseinandersetzt, die in der Natur eine Darstellung Gottes sehen wollen, eine Auffassung, die sich bei Kant dahin steigert, daß nur die Selbständigkeit der Natur und damit eine rein mechanistische Naturerklärung ohne Zuhilfenahme teleologischer Eingriffe der Einfachheit, Weisheit und Größe des Schöpfungswerkes gerecht werde und unmittelbar aus der Lehre von der Schöpfung, aus dem Begriff der Welt als Ausdruck Gottes folge.[295]

Dem hält Beda Thum, gestützt auf Fakten der Kosmosforschung, entgegen, ein Universum, das eine wunderbare Gestaltenfülle hervorbringe, nur um sie auszulöschen, und dessen Sein die Tendenz zu chaotischer Desorganisation und Vernichtung in sich trage wie sie der zweite Hauptsatz der Thermodynamik (Entropiesatz) ungeachtet zwischenzeitlich auftretender Strukturen letztlich doch erzwinge, ein solches Universum könne wohl kaum als Werk Gottes und Darstellung seiner Vollkommenheit begriffen werden, ganz abgesehen von der „hohnvollen Pointe", daß der „Wunderbau des Kosmos nach der Astrophysik sich als Folge zufälliger Fluktuationen der Materie- und Energiedichte ergeben hat"[296]. Dies alles finde aber, so Thum, seine Rechtfertigung im Hinblick auf eine *endzeitliche Vollendung* der Schöpfung, wie sie schon von Paulus im Römerbrief (8, 20 – 24) ausgesprochen worden sei. In Auseinandersetzung mit Ernst Bloch habe man sich darauf besonnen, daß Glaube wesentlich ein auf die endgültige Einlösung der Heilsverheißungen *hoffender* Glaube sei.

Deshalb charakterisieren wir den Menschen als erkennendes, handelndes und hoffendes Wesen, und wollen damit sagen, daß er neben seinen Verstandesfunktionen des logischen Denkens, des begrifflichen Erkennens und des zielgerichteten Handelns auch noch über das Vermögen zu hoffen verfügt, auch wenn dies anderer Art ist, als die genannten Qualitäten der Vernunft. Hoffnung hat eher etwas mit Intuition als mit Logik zu tun, Hoffnung operiert in tieferen Seelenschichten als im Neocortex, Hoffnung ist eine positive Einstellung zum Leben, die durch alle Unzulänglichkeiten und Enttäuschungen, durch alles Unrecht, das uns bewußt oder unbewußt zugefügt wird, nicht grundsätzlich pervertiert werden kann. Hoffnung ist möglich und notwendig. Hoffnung ist möglich, weil wir längst nicht alles wissen und verstehen können, längst nicht über Sinn oder Unsinn des Seienden aus unserer Sicht abschließend urteilen können und weil nicht auszuschließen ist, daß manchmal die Antenne der Intuition einen besseren Empfang der Wirklichkeit liefert als unser zergliedernder Verstand mit seinen logischen Konstanten, die ja in Anpassung an die Umwelt erworben wurden und ihre Basis in der Anschauung haben, aber dann eben auch nur in diesem Bereich widerspruchsfrei anwendbar sind. Und Hoffnung ist notwendig, um in der Gemeinschaft die Zukunft zu gestalten, Projekte zu entwerfen, ihre Rechtmäßigkeit zu prüfen und die Durchführung zu verantworten. Und damit betreten wir schließlich den Bereich:

7.6 Der Mensch und der Staat

Die zu Beginn dieses Kapitels aufgeworfene Frage nach der Freiheit tangiert evidenterweise auch das Verhältnis Mensch und Staat, ja sie wird insofern hier besonders dringend, als es zu den Aufgaben des Staates gehört, die Freiheit des Einzelnen im Interesse des Ganzen zu beschränken. Menschliches Zusammenleben unterliegt den Vorschriften von Sitte, Brauchtum und Recht. Sittliche Verhaltensnormen gründen in Wertvorstellungen und Tradition, Verstöße gegen sie führen zu Verachtung, evtl. zum Ausschluß aus menschlichen Gemeinschaften. Das Brauchtum umfaßt traditionelle Umgangsformen mit anderen Menschen, mit der Natur oder mit Kulturgut. Wer dagegen verstößt, macht sich im allgemeinen nur lächerlich (wenn überhaupt). Das (positive) Recht ist in Gesetzen kodifiziert, mit deren Hilfe die staatliche Gewalt eine Ordnung garantiert. Verstöße gegen Gesetze werden bestraft.
Das Verhältnis des Menschen zum Staat steht unter der Idee der Gerechtigkeit, präziser gesagt der „gerechten Herrschaft". Denn Gerechtigkeit kann einerseits subjektiv sein und fällt dann unter

den Katalog von „Tugenden", oder sie kann institutionell sein und somit zum Maßstab von Recht, Staat und Politik werden. Deshalb konnte schon Aristoteles sagen: Gerechtigkeit ist die Seele des Staates.

Für Aristoteles ist der Mensch „von Natur" auf die Gesellschaft hingeordnet, denn erst diese verleihe ihm Möglichkeiten, seine ethischen Fähigkeiten zu entfalten. Dieser Gedanke ist sicher nicht von der Hand zu weisen, doch findet er seine Schranke darin, daß der Mensch in der Gesellschaft ja nicht nur Gutes tut, sondern oft genug aus Neid oder Bosheit, aus Macht- oder Besitzstreben, oder aus politischem oder religiösem Fanatismus gesellschaftliche Ordnungen zerstört und andere um Freiheit, Gut und Leben bringt. Deshalb sieht Thomas Hobbes den Menschen vielmehr als den „Wolf" des anderen und den Krieg aller gegen alle als Urzustand der Menschheit überhaupt. Denn die Natur hatte allen alles gegeben, alle waren gleich, aber alle waren auch gleich begehrlich. Und da es keine Rechtsinstanz gab, mußte der Konflikt zwischen allen ausgetragen werden. Dies bedeutete die Aufhebung jeder Sicherheit und ständige Angst um's Überleben. Deshalb mußte es im Selbstinteresse jedes einzelnen liegen, einen Friedenszustand herbeizuführen und diesen vertraglich abzusichern. Jeder habe von seinem „Naturrecht" etwas herzugeben, um ein friedliches Miteinander zu ermöglichen. Und die Instanz, die die Einhaltung des Vertrags durch alle Parteien zu garantieren habe, sei der Staat.

Als sittliche Einrichtung versteht Immanuel Kant den Staat: er sei schließlich Garant der Freiheit der Bürger, denn nur an freie, der Selbstbestimmung fähige Bürger könne sich das Sittengesetz richten. Und es sei gerade eine eigentümliche Dialektik im Begriff der Freiheit, daß Freiheit durch Zwang zu ermöglichen sei. Aber gerade darum sei Recht auch nur in Staaten möglich, weil nur Staaten Gesetze erzwingen können, und zwar unter dem Prinzip der Gerechtigkeit, die das Recht gerecht mache durch legislative, exekutive und judikative Instanzen. Schließlich ziele das Staatsinteresse aber auch auf einen Friedenszustand, weil nur in ihm Freiheit erhalten und gesichert werden könne.

Die – vor allem durch Karl Marx eingeleitete – kritische Staatsauffassung zeigte demgegenüber, daß der Begriff „Frieden" als absoluter politischer Wert dennoch problematisch ist, weil auch Frieden nicht unbedingt bedeutet, daß es sich dabei um einen Zustand der Gerechtigkeit handelt. „Gegen den Anspruch des Staates, daß der Friede stets das sei, was durch das von ihm erfundene Recht produziert werde, hält sich das Bewußtsein, daß ein sozialer ‚Ordnungs'-zustand, der in gewissem Sinne zweifellos Friede ist, unter dem Aspekt eines anderen ‚höheren' Friedens tatsächlich als Unfrieden, Gewaltfrieden, Gewaltordnung, ‚institutionelle Gewalt' erscheinen kann. Unter diesem Aspekt muß man also unterscheiden zwischen wahrem Frieden und Scheinfrieden."[297]

Um eine mögliche Gewaltherrschaft des Staates gegenüber seinen Bürgern einzugrenzen, tauchte schon früh der Gedanke unveräußerlicher Menschenrechte auf. Er wurde aber erst im 17. Jahrhundert in England erstmalig geschichtswirksam, als die englischen Mittelschichten stark genug waren, um persönliche und politische Freiheiten durchzusetzen. Daran zeigt sich, daß politische Ideen erst dann realisierbar werden, wenn die politischen, wirtschaftlichen und sozialen Bedingungen ihnen einen günstigen Nährboden bieten. Philosophischer Ausgangspunkt der Diskussion war die Frage, ob es neben dem vom staatlichen Gesetzgeber gesetzten, d. h. positiven (positum lat. = gesetzt) Recht noch ein „überpositives" Recht gibt. Schon in der Antike bezweifelten die Sophisten die Existenz eines absoluten Rechts und einer absoluten Wahrheit und sahen im Recht ein Menschenwerk, das man für jeweilige Interessen zurechtbiegen und ausdeuten könne, womit sie in einen Gegensatz z. B. zu Sophokles gerieten, dessen „Antigone" sich auf göttliches Recht beruft, oder zu Sokrates, für den es „ungeschriebene Satzungen der Götter" gibt. Liegt Rechtsetzung also im Belieben der Herrschenden oder gibt es eine „Norm der Normen" (H. Mitteis), nach der entschieden werden kann, was „richtiges" Recht ist und was nicht?[298]

Ein solches, menschlicher Rechtsetzung vorausliegendes Recht heißt – wie erwähnt – überpositives oder Naturrecht: überpositiv, weil es dem positiven Recht übergeordnet ist, Naturrecht, weil es „von Natur", also nicht durch menschliche Praxis gesetzt, ist. Eine Berufung auf das Naturrecht soll „der Willkür des Menschen gegen den Menschen durch den Appell an Einsicht in eine objektive Rechtswahrheit" steuern. D. h. also: die Frage nach dem Naturrecht ist nicht nur ein theoretischer Akt, sondern enthält eine praktische Dimension, eine Entscheidung gegen das Ausgeliefertsein des Menschen an die Willkür anderer.

Als Bezugspunkt des Naturrechts verstand man zunächst die Ordnung des Seins schlechthin, so z. B. bei Thomas von Aquin (älteres Naturrecht), später die Autonomie der Vernunft des Menschen: „Der Mensch als Vernunftwesen sucht seine Verwirklichung auch

179

dann noch, wenn er sich nicht mehr in eine umfassende teleologische Ordnung eingebettet sieht. Dem Recht fällt die Aufgabe zu, die Möglichkeiten eigenverantwortlicher Selbstentfaltung ohne Ansehen der Person gegen Störungen von außen zu sichern. Die Zusammenfügung ursprünglich gleicher und freier Wesen zu einer Gesellschaftsordnung, und zwar so, daß weder Freiheit noch Gleichheit verloren gehen, ist das zentrale naturrechtliche Problem geworden"[299]. So kommt es zur inhaltlichen Bestimmung allgemeiner Menschenrechte als Ausformung elementarer und prinzipiell anzuerkennender Daseinsinteressen des Einzelnen, und deren Schutz wird primäre Aufgabe des Rechts.

Diese Rechte gliedern sich in persönliche Freiheitsrechte, politische Mitwirkungsrechte (Bürgerrechte) sowie Sozial- und Kulturrechte. Der älteste Katalog der Menschenrechte ist die Virginia Bill of Rights vom 12. 6. 1776. Bei dieser handelt es sich um die Sicherung von Persönlichkeitsrechten gegenüber staatlicher Willkür. In Deutschland wurde die Festschreibung von Grundrechten eingeleitet durch den Entwurf zur „Verfassung des Deutschen Reiches" vom 28. 3. 1849, die zwar nie voll wirksam wurde, jedoch starken Einfluß auf die späteren deutschen Verfassungen ausgeübt hat.

In der Folgezeit zeigte sich, daß die Liberalisierung der gesellschaftlichen Entwicklung einer gewissen Begrenzung bedurfte durch die Schaffung der Möglichkeit sozialstaatlicher Lenkung oder, wie Günter Ellscheid sagt, „einer auf menschenwürdige Existenz ausgerichteten Durchgestaltung aller gesellschaftlichen Verhältnisse durch den Staat."[300] Dieser Gedanke der Sozialstaatlichkeit wurde – neben dem der Rechtsstaatlichkeit – für die Bundesrepublik Deutschland verankert in den Artikeln 20,1 und 28,1 des Grundgesetzes von 1949. Dabei handelt es sich um den Versuch, objektive Gerechtigkeit zu verwirklichen, impliziert aber auch aktuelle Themen wie Umwelt- oder Energieprobleme.

„Gerechte Herrschaft" im heutigen Sinne meint einerseits den Primat politischer Herrschaft gegenüber dem Individuum und nichtstaatlichen Gesellschaften (auch wenn diese als Korrektiv politischen Handelns berechtigt sein mögen) und andererseits als Begrenzung von Herrschaftsansprüchen das Subsidiaritätsprinzip, das geeignet ist, einer totalitären Politisierung des menschlichen Lebens gegenzusteuern. Dabei sollte man auch bedenken, daß, so wie eine „Tyrannei der Mehrheit" (J. St. Mill), auch eine Tyrannei „von unten", von Minderheiten, möglich ist, d. h. von Gruppen nämlich, die intolerant und in politischer, ideologischer oder religiöser Verblendung anderen ihre Ansichten gewaltsam aufdrängen wollen. Es ist ein ungelöstes Problem, daß der Rechtsstaat der Gewalt, ob gegen ihn selbst oder gegen andere gerichtet, immer ziemlich hilflos gegenübersteht.

Was schließlich die Frage der Menschenwürde (Grundgesetz Art. 1,1) betrifft, so muß man berücksichtigen, daß diese nur von einem Menschenbild her zu beantworten wäre. Da aber das Menschenbild nicht etwas Feststehendes und Unveränderliches ist, ist auch über Menschenwürde immer wieder neu nachzudenken. Wir werden versuchen, am Schluß des Buches unter dem Stichwort „Humanität" eine „Orientierungsboje" in die Überlegungen einzubringen.

Das Recht, als Ausdruck von Gerechtigkeit, der Staat, als dem Gemeinwohl verpflichtete Institution, und die Politik, als Tätigkeit zur Ordnung und Sicherung des Gemeinwesens, werden nach ethischen Maßstäben beurteilt. Darüber soll im folgenden Kapitel weiter nachgedacht werden.

8. Das Seinsollen

Von Ethik war schon einige Male die Rede, so z. B. von einer „Evolutionären Ethik", wie wir sie in Anlehnung an H. Mohr dargestellt haben oder von einer „Humanistischen Ethik", die E. Fromm vertreten hat. Jetzt wollen wir das Thema hinsichtlich seiner Grundlagen und spezifischen Erscheinungsweisen erörtern. Ausgangspunkt ist die Tatsache, daß unser *Weltbild* auch ein *Wertbild* ist, d. h. daß wir zu dem Wirklichen, das uns begegnet, wertend Stellung nehmen, und daß insbesondere auch die Motive, Ziele und Mittel unseres Handelns und Verhaltens von Werten und Normen bestimmt sind. Deshalb ist der Gegenstand der Ethik, wie Annemarie Pieper kurz und einprägsam sagt, „moralisches Handeln und Urteilen"[301]. Da es aber auf Grund unterschiedlicher Interessen, Wünsche und Bedürfnisse in den verschiedenen Gesellschaften unterschiedliche Wertvorstellungen und Wertrangordnungen und damit auch unterschiedliche Moralen gibt, kann man auch sagen: Ethik ist die Wissenschaft von den Moralen, d. h. sie soll die in Maximen zum Ausdruck kommenden Moralen kritisch untersuchen und – soweit möglich – Grundsätze des guten und gerechten Handelns aufstellen und rechtfertigen, sie lehrt nicht fertige Urteile, sondern Urteilen (N. Hartmann).

Der erste herausragende Ethiker der Philosophiegeschichte ist Sokrates, sein leitender Gedanke die Reform des sittlichen Lebens durch wahres Wissen; denn Tugenden sind lehrbar und alle Tugenden zusammen sind schließlich nur eine: Wissen, Weisheit. Und auch sein (bedeutenderer) Schüler Platon gründet Tugend in Einsicht, geht aber über Sokrates hinaus, indem er vier Kardinaltugenden formuliert: Weisheit, Tapferkeit, Besonnenheit und Gerechtigkeit. Das höchste Gut ist für Platon natürlich eine Idee, und sich zu dieser Idee des Guten zu erheben das höchste sittliche Ziel des Menschen. Der Platonschüler Aristoteles unterscheidet zwischen geistigen und sittlichen Tugenden, zu den ersteren gehören Klugheit, Weisheit, Einsicht, zu letzteren Mut, Gelassenheit, Gerechtigkeit. Gerechtigkeit und Freundschaft sind die Grundlage menschlichen Zusammenlebens und insofern auch des Staates.

Die Auffassung, daß Tugend lehrbar sei, teilen schließlich auch die Stoiker, der Weg dahin heißt: im Einklang mit sich selbst leben. Mit dem Eintritt des Christentums verschieben sich Sinn und Zweck sittlichen Handelns von diesseitigen Interessen zu einem letztlich jenseitigen Heil der unsterblichen Seele des Menschen. Die innere Regel der Sittlichkeit ist das Gewissen (Thomas von Aquin). Damit ist schon eine ganze Reihe möglicher ethischer Ansätze und Fragen sichtbar geworden, für eine strengere Systematik hat jedoch erst die neuere Forschung gesorgt. Folgende Unterscheidungsmöglichkeiten zeigen Hans Lenk und Günther Ropohl auf[302]:

1. beschreibende (deskriptive) oder vorschreibende (normative) Ethik;
2. naturalistische oder nicht-naturalistische Ansätze in der Ethik (der naturalistische Ansatz ist an „natürlichen Bedürfnissen der Menschen" orientiert);
3. subjektivistische oder objektivistische Ansätze;
4. Prinzipienethik (auch Gesinnungs- oder deontologische Ethik genannt) oder Folgenethik (auch Verantwortungs- oder teleologische Ethik genannt);
5. formale oder materiale Ethik.

Ethisches (moralisches) Handeln orientiert sich – wie gesagt – an Werten. Unter einem Wert versteht man oft, insbesondere in der Ökonomie, die Bedeutung eines Gutes im Hinblick auf Bedürfnisbefriedigung (Nutzwert), und in manchem ethischen System ist diese Auffassung vorherrschend. Sieht man dagegen das Seiende als in sich wertvoll an (Eigenwert), so kann die Unterscheidung von Gut und Wert nur noch den Sinn haben, daß Güter diejenigen Dinge sind, in denen sich Seinswerte verwirklichen. Hieraus resultiert die Unterscheidung von Nutzwert- und Eigenwertmoral: Die Nutzwertmoral ordnet den Begriff des sittlich Guten dem des Nützlichen unter, und zwar nicht nur derart, daß Wertvolles in mancher Hinsicht *auch* nützlich ist, sondern so, daß behauptet wird, der moralische Wert eines Seienden oder eines Verhaltens werde durch seine Nützlichkeit überhaupt erst begründet. Dann ist nämlich ein Verhalten, wie z. B. das Ausüben von Gerechtigkeit, nicht in sich wertvoll, sondern ist Träger oder Ausdruck eines Nutzwertes, hier etwa des friedlichen Zusammenlebens in einer Gesellschaft. Dem widerspricht die Eigenwertmoral: das sittlich Gute sei ein Wert in sich, ein gerechtes Handeln z. B. sei immer wertvoll, unabhängig von eventuellen Folgen, die sich daraus ergeben, ein Argument, das auch die schon oben erwähnte Unterscheidung von Gesinnungs- und Verantwortungsethik bestimmt.

In beiden Fällen aber (Nutzwert- oder Eigenwertmoral) haben die

Werte *objektiven* Charakter, werden als den Dingen selbst zukommende Eigenschaften verstanden und nicht etwa als Ausdruck einer subjektiven Meinung. Insofern können Werturteile aber auch wahr oder falsch sein. So sei der Satz „Gerechtigkeit ist gut" wahr, weil hier nicht nur eine Meinung des Urteilenden kundgetan, sondern etwas dem Urteilsgegenstand (hier also der Gerechtigkeit) Eigentümliches ausgesagt werde und damit Urteilsinhalt und Gegenstandsordnung übereinstimmen (vgl. den oben dargestellten korrespondenztheoretischen Wahrheitsbegriff). Dem hält der ethische *Subjektivismus* entgegen, daß Urteile dieser Art keine Seinszüge eines irgendwie gearteten Objektiven ausdrücken, sondern bezogen seien auf ein werterkennendes oder wertsetzendes Bewußtsein, also Gefühlsreaktionen, Strebungen oder willentliche Setzungen zum Gegenstand haben. Damit seien Wertaussagen aber auch nicht etwa wahr oder falsch, sondern fallen unter die Kategorien „gültig" oder „ungültig."

In diesem Sinne werden auch die aus Wertrangordnungen resultierenden Normen, formuliert in sogenannten „präskriptiven Sätzen", das sind solche, die Handlungen erlauben, gebieten oder verbieten, als Ausdruck von Sollensforderungen bezeichnet. Ihnen kommen im Rahmen eines anerkannten Normenkodex ebenfalls die Prädikate „gültig" bzw. „ungültig" zu. Diese Rückführung ethischer Grundsätze auf willentliche Festlegungen nennt man auch *ethischen Positivismus* (was nichts zu tun hat mit dem oben erwähnten erkenntnistheoretischen Positivismus). Ausgeprägt zeigt sich ein ethischer Positivismus bei Thomas Hobbes, nach dem eine Entscheidung über gut und böse bei der Staatsgewalt liege. Entsprechend lehrt in der politischen Theorie der „Dezisionismus", die Geltung einer politischen Entscheidung bestehe unabhängig von der Richtigkeit (oder Falschheit) ihres Inhalts, was auf den Hobbesschen Satz: „Auctoritas non veritas facit legem" (Die Autorität, nicht die Wahrheit schafft das Gesetz), zurückgeführt wird[303] und sicherlich auch heute noch angesichts der moralischen und geistigen Qualitäten mancher Politiker gelegentlich der Fall ist. Eng verwandt mit dem ethischen Positivismus ist der *Rechtspositivismus,* der als alleinige Quelle des geltenden Rechts die staaliche Legislative anerkennt, insbesondere also die Existenz eines überpositiven Rechts mit natürlichen Rechten der Menschen leugnet.

Sicherlich hat jeder Mensch Vorstellungen von gut und böse und legt diese – bewußt oder unbewußt – als Maßstab an eigenes oder fremdes Handeln an, wobei sich der eine auf die sogenannte Goldene Regel bezieht „Was Du nicht willst, das man Dir tu', das füg' auch keinem andern zu", ein zweiter legt dem Handeln die zehn biblischen Gebote zu Grunde, ein dritter orientiert sich an der „Stimme des Gewissens" und ein vierter stellt sein Handeln in den Dienst einer Leitidee, sei sie religiöser, humanistischer, sozialistischer oder sonstiger Art. Wir wollen jetzt einige der bedeutsamsten – auch für die Gegenwart wichtigen – Ethiksysteme näher betrachten.

8.1 Der Formalismus in der Ethik

Der Formalismus, wie er bei Kant zum Ausdruck gekommen ist, ist eigentlich ein Mischsystem mit objektiven und subjektiven Elementen. Einerseits trägt er nämlich objektive Züge, so die absolute *Gültigkeit* des Sittengesetzes, andererseits enthält er subjektive Bestimmungen wie die willentliche *Erfüllung* des Sittengesetzes, also den „guten Willen." Das Sittengesetz bei Kant aber, das allgemeingültig und notwendig ist, daher also auch nicht aus der Erfahrung gewonnen werden kann, gibt keine inhaltliche Wertbestimmung an, sondern eine formale Regel (deshalb die Bezeichnung „Formalismus"): „Handle so, daß die Maxime Deines Willens jederzeit zugleich als Prinzip einer allgemeinen Gesetzgebung gelten könnte."
Eine Maxime ist im Verständnis Kants immer subjektiv, ein Gesetz dagegen objektiv und allgemeingültig. Insofern ist auch das Sittengesetz ein allgemein verpflichtendes Gebot, ein Imperativ, und wegen seiner Unbedingtheit ein „kategorischer Imperativ", der den Menschen, dessen Wille ja nicht allein durch die Vernunft, sondern auch durch die Sinnlichkeit bestimmt wird, in die Pflicht nimmt. Der gute Wille ist das einzige, was man ohne alle Einschränkung „gut" nennen kann. Aber er ist gut nicht durch das „was er bewirkt, oder ausrichtet, nicht durch seine Tauglichkeit zur Erreichung irgend eines vorgesetzten Zweckes, sondern allein durch das Wollen, d.i. an sich"[304]. Der gute Wille befindet sich in Übereinstimmung mit dem Sittengesetz und erfüllt das Gesetz um des Gesetzes willen, d. h. rein aus innerer Verpflichtung. Der Gedanke der Pflichterfüllung dominiert in der Kantischen Ethik und erneuert in mancher Hinsicht stoisches Gedankengut. Ein Beispiel möge dies verdeutlichen. Ein dem griechischen Dichter Simonides zugeschriebener Zweizeiler erinnert an die 300 an den Thermopylen gefallenen Spartaner. In der griechischen Urfassung lautete er:

„Fremder, melde den Bürgern Lakedaimons, daß wir hier liegen, ihren Anordnungen gehorchend." In der lateinischen Übersetzung durch Cicero wurde daraus in stoischem Geist:

„Sag', Fremder, in Sparta, du habest uns liegen gesehen, da wir den heiligen Gesetzen des Vaterlandes gehorchen." Schließlich lautet der Text bei Schiller unter deutlichem Einfluß Kants:

„Wanderer, kömmst du nach Sparta, verkündige dorten, du habest uns liegen gesehen, wie das Gesetz es befahl."

Deutlich treten Schwerpunkte in diesen Fassungen hervor: Die Anordnungen der Polis für den Griechen, das heilige (göttliche) Recht der Stoa, der kategorische Imperativ Kants. Deshalb wird man Wilhelm von Humboldt zustimmen wenn er sagt, die Sprache sei „der Abdruck des Geistes und der Weltansicht des Redenden"[305].

Kant unterscheidet zwischen *Legalität* und *Moralität:* eine Handlung aus Angst, Hoffnung, Neigung, Lust oder Glücksstreben kann, auch wenn sie noch so gerechtfertigt erscheint, niemals moralisch, sondern immer nur legal sein. Moralisch und damit „gut" ist allein der durch das Sittengesetz bestimmte Wille, d. h. die Handlung aus Pflicht. Diese „Rigorosität" hat schon bald Kritik ausgelöst, denn es erscheint einerseits absurd, sittliches Handeln des Menschen ausschließlich auf Pflichterfüllung reduzieren zu wollen, während es tatsächlich viel häufiger aus Gefühlen, Affekten, Stimmungen oder Gewohnheiten resultiert, andererseits kann auch „bloße Pflichterfüllung", d. h. legales Handeln unsittlich sein, wie die rechtsphilosophische Unterscheidung von Legalität und Legitimität deutlich macht.

Deshalb ironisiert selbst Schiller die Kantische Position in seinen „Xenien":

Gewissensskrupel

„Gerne dien ich den Freunden, doch tu ich es leider mit Neigung,

Und so wurmt es mir oft, daß ich nicht tugendhaft bin.

Decisum

Da ist kein anderer Rat! Du mußt suchen, sie zu verachten.

Und mit Abscheu alsdann tun, wie die Pflicht dir gebeut."

Das Sittengesetz, das für alle nur möglichen Vernunftwesen gilt, ist ein apriorisches Gesetz, d. h. ein reines Vernunftgesetz. Die praktische Vernunft ist als gesetzgebend autonom; sie hat Eigengesetzlichkeit. Vernünftige Wesen (Personen) haben Anteil an dieser gesetzgebenden Vernunft. Insofern sind Personen, anders als Sachen, niemals bloße Mittel, sondern etwas, dessen Dasein an sich selbst

Zweck ist. Deshalb ergänzt Kant seinen kategorischen Imperativ durch einen „praktischen Imperativ": „Handle so, daß du die Menschheit, sowohl in deiner Person, als in der Person eines jeden anderen, jederzeit zugleich als Zweck, niemals bloß als Mittel brauchest"[306].

8.2 Die Ethik der Eigenwerte

Statt von einer Ethik der Eigenwerte spricht man häufiger auch von der materialen Wertethik, als deren wichtigster Vertreter Max Scheler gilt. Scheler ist beim Aufbau seiner Ethik von einer Kritik Kants ausgegangen[307]. Er würdigt zwar, daß Kant den apriorischen Charakter des Sittengesetzes erfaßt habe, wendet sich aber gegen die Gleichsetzung von „a priori" und „formal": es gebe neben den formalen auch materiale Wertaxiome, z. B. daß Leben, Gerechtigkeit oder Liebe wertvoll sind. Und außerdem stellt Scheler dem rationalen Apriori ein emotionales an die Seite: neben der Vernunfteinsicht gebe es auch eine Einsicht des Herzens.

Die These vom emotionalen Apriori ist für Schelers Auffassung vom Erkennen der Werte konstitutiv. Entgegen traditioneller Auffassung, daß alle Gefühle sinnlichen Charakter besitzen, betont er, daß es außer den Gefühlen der Lust und Unlust noch vitale, seelisch-geistige (z. B. Trauer und Freude) und schließlich religiöse Gefühle (wie Seligkeit und Verzweiflung) gebe. Zudem hebt er von den „zuständlichen" Gefühlen, wie dem „Zumutesein", die intentionalen, also auf einen Gegenstand gerichteten Gefühle ab. Die höchste Form dieses intentionalen Fühlens sei das Wertfühlen, das den Wertcharakter eines Gegenstandes erfasse, also insofern eine Erkenntnisfunktion ausübe, aber eben nicht auf Eigenschaften, sondern auf Werte ziele. Damit sind Seins- und Werterkennen voneinander getrennt. Das Wertfühlen gründet in einer Evidenz, in einem Innewerden des Wertwesens. Kants Gedanken der Pflicht ersetzt Scheler durch die Idee des Vorbildes und der Liebe. Deshalb kommt der Person in seiner Ethik eine besondere Bedeutung zu. Denn nur eine Person kann Vorbild sein, und nur die Person ist auf jenen geistigen Bereich hingeordnet, den Scheler als den Bereich der tiefsten personalen Akte, der Akte der Liebe, bezeichnet.

Nicolai Hartmann knüpft in seiner Ethik an die materiale Wertethik Schelers an, doch zeigen sich auch Unterschiede, die nicht zuletzt ihre Wurzeln darin haben, daß Scheler auf dem Boden der

Phänomenologie steht und eine primär anthropologische Sichtweise vertritt, während Hartmann vom kritischen Realismus ausgeht und seinen Schwerpunkt in der *ontologischen Fragestellung* sieht. Deshalb interessieren wir uns hier auch besonders für Hartmanns Gedanken zum Sein der Werte und ihrem Verhältnis zum Menschen.

„Nicht nur der Zweck des Strebens und der Handlung, sondern auch die moralische Forderung und ihr Sollenscharakter, das Gebot, die Norm – das alles hat seine Grundlage in einem Gebilde eigener Art und eigener Seinsweise, dem Werte"[308]. Und Wertbewußtsein – was es auch sonst sein mag – ist in erster Linie Wertgefühl, „ein primäres, unmittelbares Fühlunghaben mit dem Wertvollen", wie schon Scheler erkannt hat. Teilfragen sind für Hartmann dann die nach „gut" und „böse", nach Tugend und Tugenden, nach Glückseligkeit und Gütern des Lebens, des Geistes und der menschlichen Gemeinschaft sowie nach ihrer Rangordnung.

Darin, daß es noch ein „anderes Reich des Seienden" gibt als das der „wirklichen Dinge" und des „wirklichen Bewußtseins", sieht Hartmann altes philosophisches Gedankengut. Platon nannte es das Reich der Idee, Aristoteles das des eidos, die Scholastiker das der essentia. Ausgehen müssen wir von der Tatsache, daß es reales und ideales Ansichsein gibt. Reales Ansichsein besitzt das durch die Erfahrung gegebene, d. h. aposteriorische, zeitlich bestimmte und dem Wandel unterworfene Wirkliche, das individuellen Charakter zeigt. Das ideale Ansichsein dagegen ist streng verharrend und allgemein und kommt uns nicht empirisch, sondern a priori zu Bewußtsein. Es handelt sich bei ihm um ein von empirischer Verwirklichung unabhängiges Bestehen, wie es – im Sinne des Platonismus – z. B. den mathematischen oder logischen Objekten zukommt. Deshalb fällt auch für Hartmann die Ordnung des idealen Ansichseins zusammen mit dem platonischen Reich der Ideen.

Auch Werte haben ein *Ansichsein* und bestehen unabhängig vom Bewußtsein. Dieses kann sie wohl erfassen oder verfehlen, aber nicht machen, nicht spontan „setzen." Deshalb ist Werterkenntnis auch echte Seinserkenntnis; der Erkenntnisakt liegt in einer Wertschau, in der sich das Subjekt rein rezeptiv, rein hinnehmend verhält. Der Wert bleibt so unberührt durch die Wertschau wie nur je ein Erkenntnisgegenstand durch das Erkanntwerden. Und da die Seinsweise der Werte offenkundig die des *idealen* Ansichseins ist, ist auch der Erkenntnismodus apriorisch und das Werturteil allgemein, notwendig und objektiv.

Ähnlich wie Scheler einen Unterschied zwischen Wert und Wertträger macht, unterscheidet Hartmann zwischen Wert und Wertmaterie, wobei Wertmaterie dasjenige ist, dem ein Wertcharakter zukommt. In die *reale* Ordnung können nur die Wertmaterien eintreten, also jene Seinsgebilde, an denen Werte auffindbar sind, nicht die Werte selbst. Ihre, der Werte, Determination ist eine *ideale;* sie lösen nicht kausal Prozesse aus, sondern wirken in der Art eines Anrufs, einer Sollensforderung, an den Menschen, der das Reale nach Wertideen gestalten soll. Zweck des Anrufs ist aber nicht das Tun als solches, sondern das Sein, das, was erreicht werden soll. „Allgemeiner Völkerfriede soll sein", wenn auch nicht jeder die Macht hat, dies zu bewirken, also den Wert zu realisieren. Dennoch ist es der Mensch als Bürger zweier Welten, der realen und der Wertwelt, dem die Mittlerrolle zwischen ihnen zufällt. Denn: „Nur über den Einsatz der Person können Werte realisiert werden"[309].

8.3 Die Ethik der Nutzwerte: Hedonismus, Eudämonismus, Utilitarismus, Lebenssteigerung, technischer Fortschritt

Unter Nutzwerten verstehen wir hier die verschiedensten Zwecke und Ziele, denen menschliches Wollen gilt: körperliche oder geistige Lust, Glück und Zufriedenheit, Weltverachtung oder Lebenssteigerung, technischer Fortschritt oder Ökologie (wobei wir das „oder" im disjunktiven Sinne meinen, also sagen wollen, daß das eine das andere nicht auszuschließen braucht).

Der *Hedonismus* (hedone = griech. Freude, Sinneslust) ist in extremer Form nur ganz selten, so z. B. von Aristipp, einem Schüler des Sokrates, vertreten worden. Aristipp betont, daß das Streben des Menschen von Natur aus auf Lust ausgerichtet sei und er daher Unlust und Schmerz fliehe. Daraus leitet er als Lebensziel des Menschen ab, ein Leben der Lust, und zwar des Genusses des Augenblicks, zu realisieren.

Demgegenüber kann man den geschichtlich bedeutsameren Epikur nur einem eingeschränkten Hedonismus zuordnen. Zwar geht auch Epikur davon aus, daß der Mensch nur Lustvolles anstreben könne und daß daher die Lust in sich wertvoll sei, aber er sieht den Lustbegriff doch differenzierter als sein Vorgänger. Denn es geht ihm „um das Wohl des Leibes und die Ruhe der Seele", daher auch sein Wahlspruch: „Lebe im Verborgenen!"

Um der Ruhe der Seele willen soll der Mensch auch philosophieren, denn Philosophieren sei der Weg zur Glückseligkeit. So werde man finden, daß die Angst vor Göttern und Tod unberechtigt ist. Nicht daß Götter nicht existierten, „Gotteserkenntnis hat sichtbare Gewißheit", aber sie sind nicht so, „wie es die Leute meinen." Und das „schauerlichste Übel", der Tod, geht uns nichts an; „denn solange wir existieren, ist der Tod nicht da, und wenn der Tod da ist, existieren wir nicht mehr"[310]. Deshalb soll der Weise weder das Leben ablehnen, noch das Nichtleben fürchten.

Es gibt verschiedene Arten von Begierden, einige sind notwendig zur Glückseligkeit, andere zur Ungestörtheit des Leibes, die dritten zum Leben überhaupt. Das größte Gut aber ist die *Einsicht.* „Aus ihr entspringen alle übrigen Tugenden, und sie lehrt, daß es nicht möglich ist, lustvoll zu leben, ohne verständig, schön und gerecht zu leben ...", oder mit anderen Worten: ohne die Fähigkeit zu besitzen, abzuwägen zwischen Genuß und vom Genuß verursachtem Schmerz und die Bedürfnisse zu mäßigen. Letzteres wird heute manchmal so ausgedrückt, daß die Glückseligkeit dann am größten ist, wenn die Summe der Bedürfnisse die Summe der befriedigten Bedürfnisse nicht übersteigt (wobei sich aber die Frage stellt, ob das nur eine Sache der Quantität ist).

Glückseligkeit (eudaimonia) war auch bei Aristoteles das höchste Ziel des Menschen, womit wir allerdings noch weiter von einem simplen Hedonismus abrücken. Dies nämlich war die Antwort auf die Frage, ob unter den vielen Zielen, die der Mensch sich setzt oder setzen kann, eines als besonders erstrebenswert herausrage, so daß wir es nicht um eines anderen, höheren Zieles willen, sondern seiner selbst wegen erstreben[311]. Und das, was alle anstreben und das damit auch Ziel des *politischen* Handelns sein sollte, nennen sowohl die Menge wie die Gebildeten Glückseligkeit.

Aber was meint Aristoteles mit diesem Begriff? Als Ziel des Strebens muß es offenbar darin zu suchen sein, daß sich die dem Menschen eigentümliche Leistungsfähigkeit in ihm vollendet; wir würden heute sagen, daß der Mensch sich selbst verwirklicht. Dazu kommentiert Wilhelm Weischedel: „Wahrhaft glücklich ist also, wer seine inneren und äußeren Möglichkeiten verwirklichen kann. Ein zweites kommt hinzu. Die Möglichkeiten des Menschen können in der einen oder in der anderen Art verwirklicht werden. Wesentlich ist, daß es in der rechten Weise geschieht. Welche die richtige ist, entscheidet die ‚Einsicht', die ‚Vernunft', der logos, der das dem Menschen eigentümliche, ihn vor allem anderen Seienden auszeichnende ‚Werk' ist (1098 a). Inhaltlich bestimmt sich die rechte Weise des Handelns durch den Begriff der arete, der ‚Tugend' ... Man darf dieses Wort jedoch nicht in dem heute geläufigen moralisierenden Sinne verstehen. Tugend im menschlichen Bereich bedeutet für Aristoteles soviel wie Verwirklichung des Guten als der besten Möglichkeit eines Handelns oder einer Haltung. Tugendhaft handelt, wer die in ihm liegenden Möglichkeiten, etwa der Tapferkeit, der Gerechtigkeit oder der Weisheit, so sehr wie möglich verwirklicht"[312]. –

Scheler hatte gemeint: gut handelt, wer sich in Freiheit an der objektiven Rangordnung der Werte orientiert. Aber gibt es eine solche objektive Rangordnung der Werte? Seit der griechischen Sophistik (Protagoras) wird die Existenz einer solchen angezweifelt, heute vor allem vom *Utilitarismus,* dem in unserer Zeit wohl am stärksten diskutierten Ethiksystem. Nach ihm werden Handlungen und Gegenstände hinsichtlich ihrer Nützlichkeit (= lat. utilitas) zur Erreichung gewisser Ziele beurteilt. Sie zu verwirklichen gilt den Menschen als Glück oder genauer als Glücklichsein, denn das Wort Glück ist in der deutschen Sprache doppeldeutig: es meint einmal einen günstigen Zufall, z. B. einen Lotteriegewinn, zum anderen aber auch den Zustand der Glückseligkeit. Andere Sprachen haben dafür verschiedene Vokabeln: eutychia und eudaimonia im Griechischen, fortuna und felicitas (beatitudo) im Lateinischen, fortune und bonheur (heureux) im Französischen, luck und happiness im Englischen. Und selbst die internationale Kunstsprache ILo (Internacia Lingvo) kennt die Unterscheidung von bonŝanco für den Glücksfall und feliĉo für Glück.

Meinungsforscher suchen das Glücklichsein der Menschen in Form von allgemeiner Lebenszufriedenheit, politischer Zufriedenheit, zwischenmenschlichem Vertrauen usw. zu messen. Dabei zeigt sich ein gewisser Wertewandel vom sogenannten Materialismus, der allerdings nicht identisch ist mit dem oben angesprochenen ontologischen Materialismus, zu einem Postmaterialismus. Der „Materialismus" präferiert physiologische Bedürfnisse (z. B. physische oder wirtschaftliche Sicherheit), der Postmaterialismus dagegen anthropologisch-soziale Bedürfnisse (z. B. ästhetische, intellektuelle, Selbstachtung). Dazu sagt Ronald Inglehart: „Eine postmaterialistische Weltanschauung bildet sich dann heraus, wenn ein Mensch in seinen formativen Jahren wirtschaftliche und physische Sicherheit erlebt hat. Daher sind postmaterialistische Wertvorstellungen in der Nachkriegsgeneration weiter verbreitet als in älteren Kohorten, und in allen Altersgruppen konzentrieren sie sich in den eher wohlhabenden [und gebildeteren] Schichten".[313]

Allerdings gibt es glücksunfähige Menschen – psychisch Gestörte –, und es gibt Auffassungen, nach denen es in unserer Welt angesichts einer offenbaren Fülle von Unglück überhaupt nicht berechtigt sei, von Glück zu sprechen. Dem allerdings möchten wir nicht folgen, denn wenn unsere Welt auch nicht „die beste aller möglichen" ist, wie Leibniz behauptet hat, so gibt es doch unbestritten das sogenannte „kleine Glück", jenen Zustand, in dem jemand sagt „wie schön ist das doch, wie glücklich bin ich", einen Zustand, in dem man die ganze Welt „umarmen möchte", in dem das Herz „höher schlägt", in dem man – mit Goethe – zum Augenblicke sagen möchte: verweile doch, du bist so schön[314]. Dieser innere Einklang von Wunsch und Befriedigung, ja oft sogar dieses plötzliche Zuteilwerden von etwas Unverhofftem, von dem man kaum etwas gewußt, nach dem man gar nicht verlangt oder gesucht hat, das kann man nicht quantitativ fassen, das resultiert aus der Qualität und Intensität eines einzigen Erlebnisses in einer einzigen Situation. Solche Glückszustände lassen sich erleben, erzwingen lassen sie sich nicht. Und man kann ihrer auch nicht sicher sein. Das ist der Tribut, den wir der Natur und ihrer – für uns Menschen – Gnadenlosigkeit und Schicksalhaftigkeit zu zahlen haben.

Das Nützlichkeitsprinzip des Utilitarismus freilich bezieht sich nicht auf das Glück einzelner, sondern ausschlaggebend ist das Wohlergehen aller von einer Handlung Betroffenen. Jeremy Bentham, einer der Väter des Utilitarismus, verkündete das Prinzip: das größtmögliche Glück für die größtmögliche Zahl; eine gute Idee des frühen Liberalismus, die zeitlich sowohl in der Nähe der französischen Revolution als auch von Jeffersons Erklärung des Rechts der Menschen auf Leben, Freiheit und Glücksstreben liegt. Heute sagt man im utilitaristischen Sinne: Handle so, daß die Folgen deiner Handlung – oder deines Unterlassens – für das Wohlergehen aller Betroffenen optimal sind[315].

Auch der Utilitarismus gehört zu den Mischformen zwischen objektiver und subjektiver Ethikauffassung. Denn einerseits versucht er, die Werte zu objektivieren und empirisch (z. B. biologisch, soziologisch) feststellbar zu machen; insoweit ist die Theorie naturalistisch. Andererseits kommt durch die Idee des Nutzens eine subjektive Komponente in die Überlegung. Der Begriff des Nützlichen hat Relationscharakter und ist bezogen auf den Begriff des Zieles: nützlich ist das, was sich als Mittel zur Verwirklichung bestimmter Ziele eignet. D.h.: der ethische Wert eines Verhaltens wird konstituiert durch seine Dienlichkeit zur Erreichung bestimmter Ziele. Der Utilitarismus ist also auch eine „empiristische" Ethik, insofern „dasjenige, worauf sein Grundprinzip, das Nützlichkeitsprinzip, zielt, eine Sache der Empirie, der Erfahrung ist: ‚Nützlich' im Sinne des Utilitarismus ist das, was dazu beiträgt, Glückserfahrung, Interessenbefriedigung und den Genuß eines lebenswerten Lebens zu ermöglichen, und die moralisch richtige Handlung ist eben die, die in diesem Sinne die jeweils nützlichste von allen möglichen ist"[316].

Allgemein kann man feststellen, daß Vertreter des Utilitarismus zum Bezugspunkt des sittlich Guten entweder vom Menschen selbst *willentlich gesetzte Ziele* gemacht haben und damit den ethischen Positivismus bejahen oder daß sie den Begriff des *Naturzieles* aufgenommen und gesagt haben, daß der Mensch von Natur aus – vor allen willentlichen Zielsetzungen – auf bestimmte Ziele hingeordnet sei. Diese können im Erwerb von Lust, im Kulturfortschritt, in der Lebenssteigerung und anderem liegen.

Moderne Ethik ist dem Prinzip „Freiheit" verpflichtet. Aber wie frei soll der Mensch sein? Offenbar nicht so, daß er anderen die Freiheit nimmt (vgl. Kap. 7.6). Also muß das Prinzip „Freiheit" beschränkt werden durch andere Prinzipien, und hier bieten sich zunächst an: *Gerechtigkeit* und *Fairness* oder auch, wie der Titel einer Arbeit von John Rawls lautet: „Gerechtigkeit als Fairness."

Rawls Problem ist die Tatsache, daß der Utilitarismus für Ungerechtigkeit mißbraucht werden kann, wenn nämlich das „größtmögliche Glück für die größtmögliche Zahl" zu Lasten einer Minderheit erreicht wird, wie das z. B. in Diktaturen und Totalitarismen vorkommt. Dagegen impliziert Rawls' Idee der Gerechtigkeit eine Unverletzlichkeitsforderung für jedermann, die auch um des allgemeinen maximalen Wohlergehens willen nicht außer Kraft gesetzt werden darf. In diesem Sinne sagt Rawls: „Die Gerechtigkeitsauffassung, die ich entwickeln möchte, läßt sich durch die folgenden beiden Grundsätze ausdrücken: Erstens hat jede Person, die an einer Praxis beteiligt ist, oder durch sie beeinflußt wird, das gleiche Recht auf die größte Freiheit, sofern sie mit der gleichen Freiheit für alle vereinbar ist; zweitens sind Ungleichheiten willkürlich, es sei denn, man kann vernünftigerweise erwarten, daß sie sich zu jedermanns Vorteil entwickeln, und vorausgesetzt, daß die Positionen und Ämter, mit denen sie verbunden sind oder aus denen sie sich gewinnen lassen, allen offenstehen"[317].

Hieran wird also deutlich, daß auf der einen Seite jeder das gleiche Recht auf die größtmögliche Freiheit haben und diese nicht einer privilegierten Gruppe vorbehalten werden soll; und andererseits, daß nicht ausschließbare Ungleichheiten in der Gesellschaft zu allgemeinem Vorteil genutzt werden sollen und nicht zu Chancenungerechtigkeit führen dürfen.

Eine bekannte und häufig diskutierte naturalistische Ethik ist Friedrich Nietzsches Ethik der *Lebenssteigerung*. Wir haben schon oben (S. 144) sein Prinzip „Wille zur Macht" kennengelernt: die Welt ist Wille zur Macht, und der Mensch ist Wille zur Macht. Von daher bestimmt sich natürlich auch seine Ethik.[318]

Nietzsches Philosophie wächst aus einer Kritik seiner Zeit hervor. Schon der junge Nietzsche bezeichnet diese als eine Zeit des großen „inneren Zerfalls und Auseinanderfalls", ganz im Gegensatz zu dem allgemeinen Sicherheitsgefühl und Fortschrittsglauben seiner Zeitgenossen. Als Gründe für seine düstere Prognose nennt Nietzsche

– den Verfall der Bildung. Gradmesser echter Bildung sind für ihn: das Bedürfnis nach Philosophie, ein Instinkt für Kunst und Aufgeschlossenheit für die Antike. Tatsächlich sei aber z. B. an die Stelle des echten Philosophen der Fachgelehrte, der Spezialist, ja der „Journalist" getreten, der sich in ein philologisches Abwägen verliere und die wahren Fragen des Lebens, wie etwa die nach dem „Wozu?", übersehe.

– Die Verfälschung der Staatsidee, denn der Staat diene nicht mehr seiner eigentlichen Aufgabe, der „immer erneuten Zeugung und Vorbereitung des Genius", sondern werde von einer eigensüchtigen Geldaristokratie als Bereicherungsapparat ihrer selbst mißbraucht.

– Der Mensch selbst bilde die tiefste Verfallserscheinung. Er höre nicht mehr auf die Stimme seines Selbst, sondern befinde sich vor sich selbst auf der Flucht.

An die Ethik Nietzsches kommen wir heran, wenn wir davon ausgehen, daß er sowohl eine Ideenwelt im Sinne Platons als auch ein Jenseits im christlichen Sinne ablehnt. Man führe den Menschen von sich selbst weg, wenn man ein Jenseits und einen Gott anerkenne und vereitele damit das eigentliche Ziel der Ethik, meint Nietzsche. Denn eine Anerkennung von Gott und Jenseits sei gleichbedeutend mit einer Niederhaltung der Selbstbejahung des Menschen. Selbstverwirklichung setze voraus, daß der Mensch das Irdische als das allein Wirkliche und Wertvolle betrachte. Nur eine

reine Diesseitsethik könne der Forderung „Werde, der du bist"
Genüge leisten. Indem der Mensch es sich versage, an einen Gott
auszufließen, genüge er der unerbittlichen Forderung der Selbstwerdung.

Die positiven Aussagen Nietzsches über die ethische Aufgabe des
Menschen kreisen allesamt um die Begriffe des starken Lebens und
der Lebenssteigerung, die ihrerseits wieder auf die grundlegenden
metaphysischen Gedanken Nietzsches bezogen sind: auf den Wer-
decharakter des Wirklichen, das Gesetz der Wiederkunft und den
Willen zur Macht.

1. *Dionysos.* Das erste Symbol, unter dem Nietzsche seine ethische
Zielsetzung vorträgt, ist Dionysos. Ist er zunächst ein ästhetischer
Begriff im Gegensatz zum Apollinischen[319], so wird er später unter
Abwendung von der Metaphysik Schopenhauers zum Lebensbe-
griff. Dionysos ist jetzt das „Ja-Sagen zum Leben selbst", das Dio-
nysische erhält eine metaphysische, den Urgrund der Wirklichkeit
betreffende Bedeutung. Mit der Annahme, daß der Urgrund diony-
sischen Charakter habe, soll ausgesagt werden, daß das Wirkliche
zutiefst nicht Sein, sondern Werden sei, „wütende Wollust des
Schaffens und zugleich wütender Ingrimm des Vernichtens."
Dionysos als ethisches Ideal bedeutet Aufruf zu einem Leben, das
sich ausgestaltet und ausprägt in stürmischem Vorwärtsdrängen
von Gestalt zu Gestalt; das im Schaffen zerstört und im Zerstören
schafft; das als ruhelose Bewegung niemals ist, sondern stets wird;
das das Gesetz des Werdens in sich trägt.

2. *Die blonde Bestie.* Andere ethische Ideale stehen im Zusammenhang mit dem Willen zur Macht. Und da dieser sich nach Nietzsche
in drei Stufen entfaltet, besteht die Vermutung, daß dies auch ethischen Ausdruck findet. In der Tat steht „die blonde Bestie"[320] in
deutlichem Zusammenhang mit der ersten Stufe: sie ist das Raub-
tier, das nach Sieg und Beute ausschreitet, das frohlockende Ungeheuer, das nach einem scheußlichen Erfolg mit Übermut und seeli-
schem Gleichgewicht davongeht, „als ob nur ein Studentenstreich
vollbracht sei." Otto Most fragt, ob Nietzsche diese Formeln, von
denen er sich später distanzierte, wohl selbst ganz ernst genommen
oder nur als Herausforderung betrachtet habe, um sich bei seiner
Umgebung Gehör zu verschaffen.

3. *Der freie Geist.* Hinter dieser Metapher steht die zweite Stufe des
Willens zur Macht, der Gedanke der Selbstwerdung. Der freie
Geist[321] hat sein entscheidendes Ereignis in einer Loslösung von
allen Mächten, die ihn abhängig machten, die ihn getragen, einge-

engt, von echter Selbstentfaltung abgehalten haben. Er kämpft für das Vorrecht der Starken, die aus sich ihr Dasein gestalten; er kämpft gegen das Hängenbleiben an einer Person, einem Ziel, einem Vaterland usw.

4. *Der Übermensch.* Hier zeigt sich die dritte Stufe des Willens zur Macht, die Lebenssteigerung, der „Mensch der Zukunft." Nietzsche lehrt die Liebe zum Übermenschen[322]. Aber diese Liebe ist etwas anderes als christliche Nächstenliebe, im Gegenteil, sie ist Fernstenliebe; der Fernste (= der Mensch der Zukunft) wird zur (Ziel-) Ursache, zum Ziel des Menschen. Der Begriff „Selbstwerdung" meint als ethisches Ideal den Übermenschen. Er ist der Gegentyp zu den Kranken und Absterbenden, die den Leib verachten und das Himmlische erfunden haben. Für Nietzsche liegt die ethische Aufgabe in der Steigerung des Leiblebens.

Zum Übermenschen gehört das Schaffen, Erkenntnis besitzt nur Wert, sofern sie dem letzten Ziel, dem Hervorbringen des Übermenschen dient. Das Schaffen zerstört die alten Wertetafeln und setzt neue. Dahinter aber steht wieder der Wille zur Macht: er ist der unerschöpft zeugende Lebenswille, der Wille des Starken, über den Schwachen, über das Niedere, aber auch über sich selbst Herr zu werden.

5. *Der Vornehme.* Ein weiterer Versuch Nietzsches, sein ethisches Ideal zu fassen, knüpft an den Begriff des Vornehmen[323]. Er ist jener Typ des Willens zur Macht, der nur sich selbst und seinesgleichen Rechte zuerkennt und sich von der Masse distanziert. Egoismus gehört zum Wesen der vornehmen Seele; die Masse hat nicht Anteil an ihren Rechten, aber auch nicht an ihren Pflichten. Diese Distanzierung kann bis zur Vereinsamung führen und schließt auch die Ehrfurcht gegenüber dem Verehrungswürdigen, sowie Härte gegen sich selbst ein. –

Damit verlassen wir die Ethik Nietzsches und wenden uns wieder der Gegenwart zu, wo wir auf ein hochaktuelles ethisches Problem stoßen, auf den Zusammenhang von Ethik und *technischem Fortschritt.* Nicht selten hört man die Forderung nach einer neuen Ethik, einer Ethik des technischen Zeitalters.

Menschliches Handeln kann produktiv sein, d. h. auf Veränderung und Innovation zielen, es kann praeventiv sein, vorbeugen, verhindern, und es kann intermissiv sein, also etwas Mögliches unterlassen. Technisches Handeln ist ein spezieller Fall menschlichen Handelns, in dem sich auch die Frage nach dem Unterlassen stellt. Ziele technischen Handelns können sein:

- technische, wie z. B. Funktionsfähigkeit, Wirkungsgrad,
- wirtschaftliche, wie Kostenersparnis, Wachstumsförderung, und schließlich
- soziale, wie Gesundheitsförderung, Umweltschonung, Arbeitserleichterung usw.

Technisches Handeln wird insbesondere dort ethisch relevant, wo die Ziele und Zwecke auf Innovation und Neuerung gehen, wo Entdecken, Erfinden und Herstellen bisher nicht vorhandener oder nicht so vorhandener Geräte und Prozesse eine Rolle spielen. Diese Handlungen stehen weitgehend unter der Idee des technischen Fortschritts[324].

Aber ist technischer Fortschritt im Sinne von „schneller, leichter, mehr", auch humaner Fortschritt? Werner Koenne sieht im Begriff des technischen Fortschritts das typische Merkmal moderner Technik: sie sei geprägt von einer methodisch erzeugten permanenten Entwicklung und einer ständigen Verbesserung technischer Möglichkeiten. Sie sei nicht beschränkt auf das Fortführen einer schon bekannten Produktion oder Produktionsweise – wie z. B. ein mittelalterlicher Handwerker auf die Produktion von Schuhen – sie ziele auf die Erzeugung *neuer Erzeugungsmöglichkeiten*. Als Beispiel führt Koenne den Bau eines Donaukraftwerkes an: „Zunächst scheint es sich um die bloße Wiederholung – in Grenzen natürlich – einer bekannten technischen Fähigkeit zu handeln, – halt noch ein weiteres Paar Schuhe. Das stimmt aber bei näherem Hinsehen nicht. Ein neues Donaukraftwerk setzt eine einmalige, neue, innovative Wirklichkeit durch Bereitstellung potentiell neuer Möglichkeiten von technischen Innovationen. Es stellt einen innovativen Schritt in eine Welt neuer Möglichkeit dar. Die schwierige folgenethische Frage ist: ,Was sind die kausalen Folgen einer solchen Innovation und wie sind sie zu bewerten'?"[325] Darin gründet, so Koenne, die Angst vieler Menschen, darin gründet aber auch ein Aspekt menschlicher Freiheit.

Seit Anbruch der Moderne setzt der Mensch zunehmend auf Wissenschaft und Technik, um in Flexibilität und Mobilität Freude, Lust, Glück zu gewinnen, um sich von Lasten zu befreien, vor Gefahren zu schützen, um Freiräume zur personalen Entfaltung des Individuums zu schaffen. Und wo könnte man sich wohler und sicherer fühlen als unter dem Schutz einer sich ständig entwickelnden Technik?

Längst hat man die ethisch begründeten Mäßigkeitsforderungen der Moralphilosophen und Theologen über Bord geworfen, längst

197

hat man sich an den Umgang mit dem Überfluß gewöhnt. Wozu also Technikkritik, und welche Chance kann Technikkritik überhaupt haben? Wie soll denn z. B., fragt Wolfgang Kluxen, ein Technikkritiker einen afrikanischen Politiker von der Schädlichkeit der Technik überzeugen, „wenn in einem hochtechnisierten Land mit verschmutzter Luft und verseuchten Flüssen die durchschnittliche Lebenserwartung bei 70 Jahren, in seinem unberührten Land dagegen nur bei 30 Jahren liegt"[326]. Müßte ihm die Verweigerung technischer Entwicklungshilfe aus ökologischen Gründen nicht als imperialistischer Zynismus erscheinen?

Als Friedrich Dessauer die Neubearbeitung seiner Technikphilosophie „Streit um die Technik" nannte, war dieser Streit noch weitgehend akademisch und literarisch. Heute, 35 Jahre später, hat er die Mehrheit der Bevölkerung erfaßt, heute ist er öffentlich und politisch geworden. Der Mensch kann nicht mehr mit der Macht der Technik spielen und sich an ihren Erfolgen ungetrübt freuen, heute muß er lernen, die Zukunft zu verantworten: das ist die neuerkannte Konsequenz der Freiheit seines Handelns und eine allgemeine Forderung angesichts sich abzeichnender Ressourcenknappheit, Umweltprobleme, Ozonloch, Klimaveränderung, Verkehrsinfarkt usw.

„Wir haben uns in einen Faustischen Pakt begeben", sagt der Technikkritiker Joseph Weizenbaum, er ist eine Folge unserer auf Wissenschaft und Technik gegründeten Weltanschauung, „wir werden mit höchster Wahrscheinlichkeit die nächsten 20 Jahre nicht überleben"[327]. Damit erneuert Weizenbaum eine Prophezeiung Oswald Spenglers: Die Geschichte dieser Technik nähere sich schnell dem Ende, nur Träumer glauben an Auswege.

Von Weizenbaums 20 Jahren sind (1991) 11 vergangen, 50 Jahre liegen zwischen den beiden Prognosen, und die Geschichte dieser Technik ist nicht zu Ende gegangen, im Gegenteil: Die „Technosphäre" ist gegenüber der Ära Spenglers perfekter und totaler geworden. Aber gerade darin liegt das Indiz der unaufhaltsamen Katastrophe: Massenvernichtung, Umweltzerstörung, Unkontrollierbarkeit der Entwicklung, sagen die Kritiker. Die Befürworter können demgegenüber auf unbestreitbare Erfolge hinsichtlich Kommunikation, informationeller, kultureller, medizinischer Versorgung, Arbeitsentlastung, Freizeitgewinn und Lebensqualität für viele verweisen. Ist die Sorge der Kritiker also mehr als nur Trauer um den Verlust von Natürlichkeit und Ursprünglichkeit, um ein – zumindest vermeintliches – Verkümmern des Emotionalen in der Rationalität technisch-wissenschaftlicher Zivilisation? Sind nicht dieselben Menschen, die den technischen Fortschritt beklagen, bereit, abends ihr Licht einzuschalten, wenn sie lesen wollen, sich vom Plattenspieler unterhalten zu lassen, zur Tablette zu greifen, wenn sie Schmerzen haben und ins Auto zu steigen, wenn sie irgendwohin wollen?Kann man Nutznießer der Technik sein wollen und sie gleichzeitig verdammen, kann man, wie Hans-Christian Röglin sagt, das Produkt wollen, aber nicht die Produktion[328]?

Vor 100 Jahren prophezeite Werner von Siemens, die Naturwissenschaften werden die Menschen „moralischen und materiellen Zuständen zuführen, die besser sind, als sie je waren", weil die Machtfülle der Wissenschaft die Menschheit „auf eine höhere Stufe des Daseins erhebt."[329] Das kann man so allgemein wohl nicht aufrechterhalten. Man kann darüber streiten, ob die Menschen glücklicher geworden sind, moralischer sind sie sicher nicht. Und daß technischer Fortschritt allein noch keinen Sinn stiften und keine Werte setzen kann, scheint auch klar zu sein. Soll Fortschritt dem Menschen dienen, seine Lebenschancen erweitern (R. Dahrendorf), so muß er verantwortbar sein vor Instanzen, die außerhalb von Naturwissenschaft und Technik angesiedelt sind. Das soll nicht heißen, daß dies unbeeinflußt vom Stand der Wissenschaft und der Technik geschehe. Jedes Wertesystem ist auch Ausdruck seiner Zeit. Der Wissensstand beeinflußt einen über längere Zeiträume feststellbaren Wertewandel, der sich in Änderungen der Präferenzordnung und der Interpretation der Werte zeigt; die Technik schafft auch die Voraussetzungen, um Werte zu realisieren, die ohne sie unrealisierbar wären, sie ist also ein in unterschiedlicher Weise interpretierbares Angebot, das auch einen Freiheitsspielraum für Neuorientierungen enthält (F. Rapp)[330]. Aber: Werte setzen und Präferenzen festlegen, Entscheidungen treffen und Konsequenzen abwägen, ist Ausdruck menschlichen Selbstverständnisses und geschieht von einem geistigen Standort aus, der außerhalb des kybernetischen Kreises von Wissenschaft, Technik und Wirtschaft liegt, so nützlich dieser auch sein mag. Und wenn wir auch einräumen, daß die Entwicklung hinführt zu einer Technik, die man als künstliche Intelligenz bezeichnet, künstliche Verantwortung wird es nicht geben, denn an einen Roboter appelliert man nicht, man zieht höchstens neue Drähte ein oder programmiert ihn um[331].

Verantwortung ist ein besonderes Problem ethischer Diskussionen im Zusammenhang von Technik und der Verantwortung des Technikers, so z. B., wenn man an die schwierige Verantwortungszuweisung zwischen Entwickler (Hersteller) und Anwender speziell bei multifunktionalen Produkten denkt. Der Begriff Verantwortung ist ein Pendant zu „Freiheit" und tritt heute oft an die Stelle von „Pflicht." Denn der Begriff Pflicht hat meistens etwas Reglementierendes und Zwanghaftes an sich, während ‚Verantwortung' geradezu ein Appell an die freie Persönlichkeit ist: je mehr Verantwortung, desto mehr Freiheit.

In logischer Sicht ist der Begriff Verantwortung kein einfaches Prädikat, sondern eine mindestens dreistellige (triadische) Relation: ein x ist verantwortlich für ein y gegenüber einem z. Verantwortung ist also bezogen auf eine Instanz, z. B. auf Gott, den Staat oder das eigene Gewissen. Und da Unsicherheit besteht hinsichtlich des zugrunde zu legenden Wertesystems, von Mensch zu Mensch und von Gesellschaft zu Gesellschaft, so besteht auch Unsicherheit hinsichtlich richtigen ethischen Handelns. In diesem Sinne sagt man von unserer Zeit, sie habe perfekte Mittel, aber verworrene Ziele. Denn gerade in der fundamentalen Frage nach dem eigentlich Erstrebenswerten gehen die Meinungen – im Detail jedenfalls – weit auseinander.

Aber gerät damit nicht das Postulat der Verantwortung in ein Zwielicht? Setzt Verantwortung nicht zumindest Einvernehmen über das Gewollte voraus, Konsens hinsichtlich anerkannter Ziele und Werte? Wie kontrovers dies diskutiert wird, zeigt ein Blick auf die „Ökologische Ethik", die sich als Beitrag der Philosophie zur „Krisenbewältigung" versteht, d. h. sie hebt Tatsachen, die seit langem bekannt sind, ins allgemeine Bewußtsein, um gesetzliche und moralische Normenänderungen zu bewirken. Die ökonomische Antwort darauf ist eine „Ökologische Ökonomie", die unter Einsatz modernster Technik an den Grundsätzen Sparsamkeit im Verbrauch von Material und Energie, Umweltverträglichkeit und Benutzerfreundlichkeit orientiert ist.[332]

Werfen wir – exemplarisch – einen Blick auf die *Informationstechnik,* die von Techniken der Regelung und Kommunikation bis zu solchen der Reproduktion und Künstlichen Intelligenz reicht und bei der der technische Fortschritt wohl am deutlichsten sichtbar geworden ist. So ist es heute keine Frage mehr, daß Informationstechnik eine Fülle von Geräten und Verfahren bereitstellt mit unbestreitbar positiver Tendenz, d. h. um der Menschheit Wohltaten zu erweisen (etwa im medizinischen oder allgemeiner im wissenschaftlichen Bereich), Freude und Unterhaltung zu bereiten, Erleichterungen zu schaffen, ja auch Kultur zu vermitteln. Daß dabei Entartungen, ungewollte, aber häufig unvermeidbare Nebeneffekte, mitentstehen, Nivellierungen (Boulevardpresse, Werbetechnik, Schlagerindustrie)[333], Gefährdung angestammter Arbeitsplätze und Tätigkeiten, Belästigung und Berieselung durch ungewollte ‚Information', unangemessene Einflußmöglichkeiten wenig qualifizierter Medienmitarbeiter, Pressionen und Manipulationen durch legalen oder illegalen Datenzugriff, evtl. sogar Versorgungsstörungen durch Sabotage oder durch technisches oder menschliches Versagen, das alles ist nicht von der Hand zu weisen. Die Frage ist nur, wie weit man bereit ist, mit diesem Risiko zu leben, so wie man mit anderen Risiken – Auto, Flugzeug, Arzneimittel usw. – auch lebt und in welchem Umfang das Risiko angesichts offenkundiger allgemeiner Vorteile dem einzelnen zumutbar ist. Wo liegt der sogenannte „Grenznutzen", wie Hermann Lübbe das Verhältnis von Gewolltem zu Ungewolltem in Anlehnung an einen Begriff der Ökonomie einmal genannt hat[334]. Deshalb schauen manche besorgt auf das rasche Umsichgreifen „Künstlicher Intelligenz", denn es ist ja nicht zu übersehen, daß immer weitere Bereiche einer technischen Methodologie und Strategie unterworfen werden mit schwer abschätzbaren anthropologischen Konsequenzen. Man erinnert sich jener Metapher, wonach aus der Sicht eines Hammers die Welt in Nägel und Nicht-Nägel zerfällt, aus der eines Computers folglich in Programmierbares und Nicht-Programmierbares, und Letzteres wird, so wird befürchtet, in einer digitalen Gesellschaft immer weniger Daseinsrecht beanspruchen können.

An diesem Punkt artikulieren sich wieder die Sorgen der Technikkritiker: Muß das alles nicht zu einer Atrophie der Gefühlswelt führen, verlernt der Mensch nicht wertvolle, sein Wesen prägende Fähigkeiten, wenn er sie nicht mehr auszuüben braucht, unterdrückt man nicht das Besondere, das Einmalige, das in das System ebenso wenig hineinpaßt wie der Kochkünstler in das Automatenrestaurant, und fördert man nicht statt dessen den Massen-Typ, der sich widerspruchslos in den ‚Apparat' einfügen läßt und sich entlastet fühlt, wenn er sagen kann: Computer dixit (der Computer hat gesprochen)? Und bedroht und pervertiert nicht der hemmungslose Informationspluralismus, der auf der Grundlage des „free flow of information" dominierenden Medienmächten ungewöhnliche Einflußmöglichkeiten eröffnet, die schöpferischen Kulturkräfte und damit die kulturelle Identität von Völkern? Ohne Zweifel kann man solchen Fragen ein gewisses Recht nicht absprechen. Und trotzdem muß man zurückfragen: ist denn ‚small' für jedermann ‚beautiful', auch wenn damit der Lebensstandard verkleinert wird, ‚does nature know best?', auch wenn das Natürliche längst vom Menschen geistig-kulturell überformt und seinen Zielsetzungen unterworfen wurde – vom Akt des Geborenwerdens bis zur Errichtung des Grabsteines – „sollen und können wir ‚zurück zu den wahren Bedürfnissen'? Wo liegen diese denn, und wer hat das Recht, mir vorzuschreiben, was meine wahren Bedürfnisse sind? Schließlich: sind Informationsfreiheit und Informationspluralismus nicht auch ein Bestandteil von Kultur (J. Delbrück), die doch nicht nur isoliert, wie im Totalitarismus, sondern auch im und vom Austausch mit anderen Kulturen lebt? Ist also der Ausweg eine Skeptische Ethik?

8.4 Skeptische Ethik und das Prinzip „Humanität"

Nach Wilhelm Weischedel leben wir in einem Zeitalter universeller Skepsis, überall seien die sicheren Erkenntnisse, die gewissen Maßstäbe, die fordernden Leitbilder fraglich geworden. „Das zeigt sich im Alltagsleben ebenso wie in Politik und Wirtschaft, in Religion, Wissenschaft und Kunst. Orientierungslosigkeit und Verlust des Gültigen breiten sich allenthalben aus"[335]. Davon bleibe auch die Ethik nicht unberührt, und man müsse sich fragen, ob sie nicht angesichts dessen überhaupt sinnlos werde. Da aber andererseits Ethik für das Dasein des Menschen unverzichtbar ist, sollten wir versuchen, so widersprüchlich das auf den ersten Blick erscheinen mag, eine Ethik auf dem Grunde der Einsicht in die radikale Fraglichkeit zu entwerfen, eine Ethik, die nicht mehr den Anspruch erhebt, absolut und für alle Zeiten gültig zu sein, eine Ethik im Zeitalter des sich vollendenden Skeptizismus.
Eine solche Ethik muß dem Wesen des gegenwärtigen Menschen Rechnung tragen, der eingesehen hat, daß er, endlich wie er ist, nicht an einer absoluten Sphäre teilhaben kann. Aber wie soll diese Einsicht zu positiven ethischen Aussagen führen? Hier kann nach Weischedel nur eines weiterhelfen: nicht der Skeptizismus, wohl aber der Skeptiker, der als Mensch in Umwelt und Mitwelt, d. h. in der Welt der Dinge und der anderer Menschen, lebt. Ihn nach seiner Haltung zu befragen, die Momente, die sein Denken, Handeln und Verhalten bestimmen, aufzuweisen, kann zu Grundsätzen einer Skeptischen Ethik, einer zeitgemäßen Form der Ethik, führen.
Dazu ist aber ein *Grundentschluß* notwendig: Dieser Skeptizismus, in den mein Gedanke und meine Existenz geraten sind, soll doch, so

fraglich er auch sein mag, der Ausgangspunkt meines Denkens und meines Handelns sein; oder als Imperativ: „Handle so, daß du deine Existenz als skeptischer Philosoph so weit als möglich verwirklichst."

Aber ein solcher Grundentschluß wäre nicht möglich, wenn damit nicht zugleich die Freiheit des Menschen bejaht würde. Mag die philosophische Diskussion um das Freiheitsproblem noch so fragwürdig enden, der Entschluß, sich nicht zur schrankenlosen Notwendigkeit und damit zum Verzicht auf Ethik zu bekennen, sondern sich auf die Freiheit zu gründen und nach einer möglichen Ethik Ausschau zu halten, ist selbst ein Akt der Freiheit. Schließlich müssen noch hinzutreten der Entschluß zum Dasein, d. h. die Bereitschaft zur Existenz in der offenen Fraglichkeit, so schwierig es auch sein mag, und der Entschluß, dieses Dasein zu gestalten, sich nicht von der Welt zurückzuziehen oder sich von ihr treiben zu lassen." Von den Grundentschlüssen stammt die nicht absolute, sondern auf die Existenz des Skeptikers relative Verbindlichkeit einer Skeptischen Ethik"[336].

Mit seinen „Entschlüssen" steht nun aber der skeptische Philosoph gar nicht so allein, wie das zunächst scheinen könnte. Gerade die Entschlüsse zur Freiheit, zum Dasein und zur Gestaltung des Daseins lassen sich auch aus anderen Sichtweisen nachvollziehen und mittragen. Wir wollen das in einem abschließenden Gedankengang versuchen.

Besonders unter den Philosophen, die sich mit Fragen der Wissenschafts- und Technikethik beschäftigen, besteht weitgehend Konsens darin, daß das oberste Ziel wissenschaftlichen und technischen Handelns das Überleben der Menschen in Menschlichkeit sein muß. *Menschlichkeit* – humanitas (Humanität) – ist ein alter philosophischer Begriff, nach Annemarie Pieper Ausdruck einer für das Sein als Mensch unverzichtbaren Qualität[337]. Ursprünglich war er ein ontologischer Begriff: Du bist wesensmäßig Mensch, Du hast Anteil am Menschsein. Daraus wurde der ethische Appell: Du sollst das, was Dich gegenüber nicht-menschlichen Wesen auszeichnet, pflegen und einsetzen, nämlich Deine Vernunft, Deinen Geist. Aber auch der Begriff der Humanität unterliegt zeitlichem Wandel. Er spiegelt ja das Bild vom Menschen wider, das gerade in der Neuzeit und in der Gegenwart starken Veränderungen ausgesetzt war und ausgesetzt ist. Deshalb weist auch der Begriffsinhalt heute veränderte Merkmale auf, die in folgenden 7 Punkten zusammengefaßt seien:

1. Das Wesen des Menschen liegt nach heutiger Auffassung nicht so ausschließlich in der Entfaltung seiner rationalen Fähigkeiten. An neuen biologischen, anthropologischen und psychologischen Erkenntnissen kann man nicht vorbeigehen. So gehören zum Menschsein auch der ratiomorphe (genetische) Apparat, in dem Verhaltensprogramme aus langen Entwicklungsreihen gespeichert sind, dazu gehören das Unbewußte, das Emotionale, gehören auch Intuition und existentielle Kategorien. Humanität hat also den ganzen Menschen in den Blick zu nehmen.

2. Humanität fordert Respektierung der individuellen Persönlichkeit, insbesondere soweit der Mensch Gegenstand wissenschaftlichen Forschens, technisch-informationellen Beeinflussens oder rechtlichen Reglementierens ist.

3. Humanität beschränkt sich heute nicht mehr auf Menschenfreundlichkeit. Seitdem das Problem der Wertschätzung einer humanen Umwelt ins Gespräch gekommen ist, seitdem darüber diskutiert wird, ob der Natur Eigenwert oder nur Dienstwert zukommt, seitdem deutlich geworden ist, daß schon zu viele Arten durch menschliches Eingreifen vernichtet sind (Aussterben von Arten hat es vor dem Auftreten des Menschen auch schon gegeben), seitdem erstreckt sich die Humanitätsidee auch auf Lebensfreundlichkeit. Und diesen Begriff deutete schon Schopenhauer als ‚Leiden vermindern'.

4. Humanität darf nicht in Überspitzung des Gedankens einer alle Menschen verbindenden humanitas die menschlichen Bedingtheiten und Besonderheiten unterschätzen. Denn weil wir Menschen voneinander unterschieden sind, „weil wir einander Nachbarn und Fremdlinge zugleich sind, einander zugleich verstehen und mißverstehen, weil Sympathie und Antipathie, Neigung und Abneigung ... uns zueinander und auch wieder auseinander halten" (Dolf Sternberger[338]), darum bedarf es der Nachsicht und der Duldsamkeit, die den wesentlichen Gehalt von Toleranz ausmachen.

5. Humanität beansprucht, jedem das Recht zuzugestehen, gemäß der von ihm erkannten oder für gültig erachteten Seins- und Werteordnung seinen Platz bestimmen und sein Verhalten entsprechend seiner Überzeugung einrichten zu dürfen, sofern er nicht selbst dadurch Humanitätsgrundsätze verletzt.

6. Humanität impliziert ferner, daß der Mensch als Mitglied einer Sozietät sich nicht schlechthin gleichgültig gegen alles das verhält, was seine Mitmenschen sagen oder tun, sondern daß er

Partei ergreift, Stellung bezieht, durch Äußerung von Billigung oder Mißbilligung erkennen läßt, was er für gut oder böse, für richtig oder falsch hält und seine Wahrheitsüberzeugung verteidigt. Diese grundsätzliche Möglichkeit, nicht alles, was geschieht, kritiklos hinzunehmen, sondern seine persönliche Stellungnahme in den Diskurs der Gemeinschaft einzubringen, ist ein Indiz für die Freiheit aller menschlichen Praxis (A. Pieper).

7. Humanität bedeutet schließlich auch Gerechtigkeit durch Fairness. Ausgangspunkt dieser Überlegung ist die Tatsache, daß nach dem utilitaristischen Nutzenprinzip – wie John Rawls gezeigt hat (vgl. oben S. 193) – es legitimierbar wäre, einen einzelnen oder eine Minderheit für das Glück der Mehrheit zu opfern. Das Prinzip Fairness fordert dagegen eine gerechte Verteilung von Vorteilen, Lasten und Risiken, auch gegenüber jenen, die nicht oder noch nicht für sich sprechen können. Mit Fairness hängt außerdem der Begriff des fair-play zusammen ein Begriff, der im kommerzialisierten Sportbetrieb immer weniger Beachtung findet. „Nice guys finish last", sagte ein amerikanischer Sportfunktionär; also frei übersetzt: Ehrliche Jungs sind immer die letzten, und wer will das schon, wenn hohe Siegprämien winken?

Humanität ist ein Ziel, Humanisierung ist ein Weg zu diesem Ziel. Aber es gibt auch konkurrierende Ziele, die zu bedenken und zu berücksichtigen sind: Humanisierung in Schule und Studium kann nicht so weit führen, daß das Ziel ‚Lernerfolg' in Frage gestellt wird, Humanisierung im Strafvollzug darf nicht den Sinn von Strafe negieren, Humanisierung der Arbeit sollte nicht den wirtschaftlichen Erfolg des Arbeitsprozesses vernichten und schließlich wäre es eine verfehlte Auffassung von Humanisierung, wollte man innerhalb eines sozialen Systems das schwächste Glied zum Maßstab des Ganzen machen. Mit den Begriffen Humanität und Humanisierung soll so etwas wie eine Orientierungsboje in die Ethikdiskussion eingebracht werden, ohne daß damit der Anspruch erhoben wird, Probleme wie etwa die einer Technikbewertung lösen oder den gesellschaftlichen Wertewandel angemessen beschreiben zu können. Zu viele Fragen sind noch offen, insbesondere auch die folgende, auf die Hans Lenk und Günther Ropohl hingewiesen haben[339]: Ethische Diskurse bleiben blauäugig, solange sie das Durchsetzungsproblem vernachlässigen. Damit ist der Politiker angesprochen, insbesondere der intelligente Politiker. Aber auch der intelligente Politiker unterliegt den Systembedingungen, unter denen in einer offenen demokratischen Gesellschaft Macht ausgeübt wird. In diesem Prozeß, sagt Franz J. Radermacher[340], verfügen viele Gruppen über spezifische Blockademöglichkeiten, wodurch der Zwang entsteht „große Pakete" unzusammenhängender Problembereiche zu schnüren, für die in Form von Kompromissen Rahmenlösungen ausgehandelt werden. Eine der nachteiligen Folgen dieses Prozesses ist die Orientierung am kurzfristigen Erfolg, die einer schnellen Befriedigung bestehender Bedürfnisse dienen, aber auf Kosten z. B. rohstoffexportierender Länder der Dritten Welt oder – bewußt oder unbewußt – auch zu Lasten nachfolgender Generationen. Daß dieses parlamentarisch-politische Spiel gefährlich werden kann, wenn es um Existenzfragen des Menschen und seiner Mit- und Umwelt geht, muß ein Politiker begreifen und in seine Handlungsverantwortung einbeziehen.

Wir wollen das Thema „Ethik" mit drei Thesen, über die nachgedacht werden sollte, abschließen: Sollen kommt nicht (allein) aus dem Sein. Seinsollen ist zwar ausgerichtet an der Seinsordnung, als zu Tuendes wendet es sich aber an ein wollendes Subjekt, das wertet, gewichtet, einordnet. Und das heißt: Der Mensch trägt die Ethik in die Wirklichkeit hinein,

1. weil er allein vernunftbegabt und deshalb moralfähig (wie auch einsichtsfähig) ist,
2. weil er notwendig wertet, indem er notwendig Handlungsziele setzt,
3. weil die Wirklichkeit bewertbar ist (genauso wie sie mathematisierbar und logisierbar ist). Sie ist sich evolutiv entfaltende Ordnung mit Freiheitsgraden für das Handeln des Menschen.

Deshalb ist der Mensch aufgefordert – und hierin stimmen wir Weischedel zu –

- im Bewußtsein bestehender Grenzen hinsichtlich seiner physischen, psychischen, kognitiven und moralischen Möglichkeiten und Belastbarkeiten,
- im Bewußtsein bestehender Grenzen hinsichtlich der Verfügbarkeit der Natur für wissenschaftlich-technisches und ökonomisches Handeln und
- im Bewußtsein bestehender Grenzen in der Gesellschaft hinsichtlich der Durchsetzbarkeit anthropologischer und sozial-ethischer Ideen

sich positiv zu entscheiden, mitzuwirken, wenn es darum geht, das Notwendige zu tun, das Machbare zu erkunden und das Wünschbare zu bestimmen.

„Rückzugs"-Bewegungen („Aussteigen") mögen als Reaktion auf eine überspitzte Rationalisierung, Verwissenschaftlichung und Säkularisierung der modernen Welt irgendwie verständlich sein, Leitmotiv gesellschaftlichen Handelns können sie wegen ihrer starken inneren Widersprüche nicht werden. Und da unsere Wirklichkeit sicherlich komplexer ist als es manchem unkritischen Bewußtsein scheinen mag, sind auch konkurrierende Ansätze, Methoden und Zielvorstellungen legitim.

Ist aber dann nicht doch der Mensch das Maß aller Dinge, wie Protagoras behauptet hat? Die Antwort darauf muß differenziert ausfallen:

1. Soweit es unsere Wissenschaft von Natur und Gesellschaft angeht, wird die Frage – weitgehend – zu bejahen sein. Denn Wissenschaft ist ein Ergebnis der kulturellen Evolution, ein Werk des Menschen. In ihren Theorien und Normen, ihren Begriffen und Planungen („Philosophien" sagt man heute oft), ihren Anwendungen und Auswirkungen findet der Mensch sich wieder. Aber seine Sicht ist perspektivisch; seine Logik und Sprache, seine Vorstellungen und Erwartungen, seine Traditions- und Umweltbezogenheit sind Randbedingungen der Wissenschaft. Und seine Verantwortung ist immer persönlich, und auch nicht durch Computer ersetzbar.

2. Soweit es aber die der Natur immanente Ordnung als Voraussetzung für die Anwendung von Logik und Vernunft angeht, und soweit es das Wesen des Menschen mit seinen Grundgegebenheiten betrifft, d. h. mit seiner biologischen Naturverbundenheit und seiner geistigen Freiheit, mit der Möglichkeit, sich Ziele zu setzen, Mittel zu selektieren, zu bewerten und die Sinnfrage zu stellen, insoweit ergibt sich für uns kein ernsthafter Zweifel an der Existenz einer essentiellen Objektivität, für die sicher der Mensch nicht Maßstab und Seinsgrund sein kann.

Literaturnachweis und Anmerkungen

[1] G.W. Leibniz: Vorrede zu einer Neuauflage des „Antibarbarus" von Nizolius; zit. nach H. Glockner, Die europäische Philosophie von den Anfängen bis zur Gegenwart, 4. Aufl. Reclam, Stuttgart 1977, 499.

[2] Vgl. R. Wohlgenannt: Was ist Wissenschaft? Vieweg Braunschweig 1969.

[3] Vgl. A. Peisl und A. Mohler (Hrsg.): Der Mensch und seine Sprache, Propyläen Berlin 1979.

[4] H. von Ditfurth: Der Geist fiel nicht vom Himmel, Hoffmann und Campe, Hamburg 1976, 301, R. Riedl: Biologie der Erkenntnis, Parey, Berlin und Hamburg 1980, K. Lorenz: Die Rückseite des Spiegels. Versuch einer Naturgeschichte menschlichen Erkennens. Piper München 1975, dtv 1977.

[5] W. Windelband: Lehrbuch der Geschichte der Philosophie, 17. Aufl. Mohr (Siebeck) Tübingen 1980, 115.

[6] Brockhaus-Enzyklopädie 17. Aufl. Wiesbaden 1971. Vgl. auch: W. Kamlah und P. Lorenzen: Logische Propädeutik, BI Mannheim 1967.

[7] W. Strombach: Die Gesetze unseres Denkens, 3. Aufl. C. H. Beck München 1975.

[8] Für Anfänger sind u.a. geeignet: A. Tarski: Einführung in die mathematische Logik, 5. Aufl. Vandenhoeck & Ruprecht Göttingen 1977, H. Freudenthal: Einführung in die Sprache der Logik, 3. Aufl. Oldenbourg München 1975, B. Mates: Elementare Logik, Vandenhoeck & Ruprecht Göttingen 1969, A. Menne: Einführung in die Logik, 2. Aufl. Francke München 1973 (UTB Nr. 34), W. van O. Quine: Grundzüge der Logik, Suhrkamp Frankfurt/M. 1969, F. v. Kutschera und A. Breitkopf: Einführung in die moderne Logik, 4. Aufl. Alber München 1979.

[9] J. E. Whitesitt: Boolesche Algebra und ihre Anwendungen, 2. Aufl. Vieweg Braunschweig 1959.

[10] W. Strombach, H. Emde, W. Reyersbach: Mathematische Logik, C.H. Beck München 1972;109f.

[11] H. Krings: Artikel „Denken" in H. Krings, H. M. Baumgartner, Ch. Wild (Hrsg.), Handbuch philosophischer Grundbegriffe, Kösel München 1973. Vgl. hierzu auch K. Wuchterl: Methoden der Gegenwartsphilosophie, Haupt Bern und Stuttgart 1979. 2

[12] J. M. Bocheński: Die zeitgenössischen Denkmethoden, 6.Aufl. Francke München 1973, 105ff.

[13] H. Hertz: Einleitung zu „Prinzipien der Mechanik" 1876, zit. nach W. Heisenberg, Das Naturbild der heutigen Physik, Rowohlt Hamburg 1955, 112.

14 M. Lánský: Bildungswert der Informatik, in W. Dörfler und H. Schauer (Hrsg.), Wechselwirkungen zwischen Informatik und Mathematik, Oldenbourg München/ Wien 1980, 189f.

15 J. Brunnberg und R. Kiehne: Systeme – eine Begriffsanalyse, in „Zeitschrift für Betriebswirtschaft" 1969, 605 – 608.

16 Näheres hierzu findet man in der Fachliteratur, z. B. in E. Fried: Abstrakte Algebra – Eine elementare Einführung, Deutsch Thun/Frankfurt/ M. 1983.

17 E. Grochla: Systemtheorie und Organisationstheorie, in K. Bleicher (Hrsg.), Organisation als System, Gabler Wiesbaden 1972.

18 J. Briggs und F.D. Peat: Die Entdeckung des Chaos, Hanser München Wien 1990; 313.

19 H. Fuchs: Systemtheorie, in K. Bleicher (Hrsg.), Organisation als System a.a.O. Vgl. hierzu auch W. Strombach: Ganzheit-Gestalt-System, Zur Deutung der Begriffe, in H. Schauer und M.J. Tauber (Hrsg.) Informatik und Psychologie, Oldenbourg Wien/München 1982.

20 G. Ropohl: Eine Systemtheorie der Technik, Hanser München/Wien 1979, 67.

21 H. R. Maturana: Erkennen: Die Organisation und Verkörperung von Wirklichkeit, Vieweg Braunschweig 1982. Zur Mechanismus-Vitalismus-Unterscheidung vgl. auch E. Mayr: Die Entwicklung der biologischen Gedankenwelt, Springer Berlin Heidelberg 1984, Kap. 2.

22 ebd. 158. Vgl. auch H. Maturana und F. Varela: Der Baum der Erkenntnis – Die biologischen Wurzeln des menschlichen Erkennens, Scherz, Bern-München-Wien 1987. V. Riegas und Ch. Vetter (Hrsg.): Zur Biologie der Kognition, 2. Aufl. Suhrkamp, Frankfurt/M. 1991.

23 J.M. Bocheński: Die zeitgenössischen Denkmethoden, a.a.O. 133.

24 W. Stegmüller: Hauptströmungen der Gegenwartsphilosophie, 4. Aufl. Kröner, Stuttgart 1969, 451.

25 F. Kaulbach: Philosophie der Beschreibung, Böhlau Köln/Graz 1968, 439.

26 A. Müller: Welt und Mensch in ihrem irrealen Aufbau, Dümmler Bonn 1947, 20.

27 H. Seiffert: Einführung in die Wissenschaftstheorie, Bd. 2, C.H. Beck München 1972, 108.

28 W. Stegmüller a.a.O. 151. vgl. auch H.-G. Gadamer: Wahrheit und Methode. Grundzüge einer philosophischen Hermeneutik, 3. Aufl. Mohr Tübingen 1972.

29 M. Hossenfelder: Artikel „Skepsis" in H. Krings, H. M. Baumgartner, Ch. Wild (Hrsg.) Handbuch philosophischer Grundbegriffe, Kösel München 1974. a priori bedeutet erfahrungsfrei.

30 W. Windelband a.a.O. 403.

31 B. Bauch: Neuere Philosophie bis Kant, 2. Aufl. Göschen Berlin und Leipzig 1913, 151.

32 C.G. Hempel: Probleme und Modifikationen des empiristischen Sinnkri-

teriums, in J. Sinnreich (Hrsg.) Zur Philosophie der idealen Sprache, dtv München 1972, 104.

[33] L. Wittgenstein: Tractatus logico-philosophicus, 7. Aufl. Suhrkamp Frankfurt/M. 1969, 7.

[34] A. Schwegler: Geschichte der Philosophie im Umriß, 17. Aufl. Frommann Stuttgart 1950, 143.

[35] A. Unsöld: Evolution kosmischer, biologischer und geistiger Strukturen, 2. Aufl., Wissenschaftliche Verlagsgesellschaft Stuttgart 1983, 120f.

[36] W. Windelband a.a.O. 398. Vgl. auch hierzu K. Huber: Leibniz, Piper München 1989

[37] G.W. Leibniz: Monadologie (Ausgabe Reclam) 33.

[38] ebd. 32.

[39] A.I. Wittenberg: Vom Denken in Begriffen – Mathematik als Experiment des reinen Denkens, 2. Aufl. Birkhäuser Basel und Stuttgart 1968.

[40] W. Heisenberg: Die Plancksche Entdeckung und die philosphischen Probleme der Atomphysik, Universitas Heft 2/1959, 148.

[41] A. Einstein – H. und M. Born: Schriftwechsel 1916 – 1955, kommentiert von M. Born, Nymphenburger Verlagsbuchhandlung 1969, 204.

[42] C.F. von Weizsäcker: Voraussetzungen des naturwissenschaftlichen Denkens, 2. Aufl. Herder Freiburg/Br. 1972, 47.

[43] H. Reichenbach: Die philosophische Bedeutung der Relativitätstheorie, in P.A. Schilpp (Hrsg.), Albert Einstein als Philosoph und Naturforscher, Vieweg Braunschweig 1979, 191.

[44] A. Einstein: On Physical Reality, Franklin Institute, Journal Bd. 221 (1938).

[45] A. Einstein: Mein Weltbild, Ullstein Frankfurt/M. 1979, 127.

[46] vgl. J. Briggs und F.D. Peat: Die Entdeckung des Chaos, a.a.O. 299.

[47] W. Heisenberg: Schritte über Grenzen, 2. Aufl. Piper München 1973, 28f, vgl. hierzu auch: W. Heisenberg: Der Teil und das Ganze, Piper München 1969.

[48] I. Kant: Kritik der reinen Vernunft, Werksausgabe Bd. III, hrsg. von W. Weischedel, 5. Aufl., Insel-Verlag Wiesbaden (Suhrkamp Taschenbuch) B 74.

[49] ebd. B 76.

[50] E. Coreth und H. Schöndorf: Philosophie des 17. und 18.Jahrhunderts, Grundkurs Philosophie Bd. 8, Kohlhammer Stuttgart Berlin Köln Mainz 1983, 107.

[51] I. Kant: Kritik der reinen Vernunft a.a.O. B 15ff.

[52] ebd. Vorrede B.

[53] W. Stegmüller, a.a.O. Einleitung.

[54] I. Kant: Kritik der reinen Vernunft, a.a.O. B XIII f.

[55] A. Eddington: Philosophie der Naturwissenschaft, Humboldt Wien und Francke Bern (Sammlung Die Universität) o.J., 28ff.

[56] E. May: Kleiner Grundriß der Naturphilosophie, Hain Meisenheim/Gl. 1949;48. I. Kant: Kritik der reinen Vernunft a.a.O. Vorrede B.

[57] A. Einstein: Mein Weltbild a.a.O. 117f.

[58] V. Kraft: Erkenntnislehre, Springer Wien 1960.

[59] K. R. Popper: Logik der Forschung, 5. Aufl. Mohr Tübingen 1971, 70f.

[60] ebd. 73. 2

[61] J. M. Bocheński: Die zeitgenössischen Denkmethoden a.a.O. 108.

[62] B. Juhos: Die methodologische Symmetrie von Verifikation und Falsifikation, Zeitschrift für allgemeine Wissenschaftstheorie I/1 (1970) .

[63] H. Albert: Traktat über kritische Vernunft, 4. Aufl. Mohr Tübingen 1980.

[64] H. Glockner: Die europäische Philosophie von den Anfängen bis zur Gegenwart a.a.O. 21.

[65] W. Dilthey: Die Typen der Weltanschauung und ihre Ausbildung in den metaphysischen Systemen (1911), Gesammelte Schriften, hrsg. v. B. Groetenhuysen, Bd. VIII, Teubner Leipzig und Berlin 1931, 75 – 118.

[66] W. James: Der Pragmatismus, Klinkhardt Leipzig 1908, 34.

[67] K. Hübner: Theorie und Empirie, Philosophia Naturalis X/2 (1968) .

[68] Aristoteles: Die Metaphysik, Schöningh Paderborn 1951, G 1, 1003.

[69] vgl. dazu: B. Weissmahr: Ontologie, Grundkurs Philosophie Bd. 3, Kohlhammer Stuttgart, Berlin, Köln, Mainz 1985, E. Coreth/H. Schöndorf: Philosophie des 17. und 18. Jahrhunderts, a.a.O., W. Stegmüller: Hauptströmungen der Gegenwartsphilosophie, a.a.O.

[70] V. Kraft: Erkenntnislehre a.a.O. 91.

[71] W. Brugger: Artikel „Substanz", in Krings, Baumgartner, Wild: Handbuch philosophischer Grundbegriffe a.a.O.

[72] J. Hirschberger: Kleine Philosophiegeschichte, Herder Freiburg 1961, 112f.

[73] N. Hartmann: Neue Wege der Ontologie, in: N. Hartmann (Hrsg.), Systematische Philosophie, Kohlhammer Stuttgart und Berlin 1942, 3.

[74] ebd. 4.

[75] ebd. 4.

[76] ebd. 9.

[77] ebd. 11.

[78] ebd. 16.

[79] ebd. 19f.

[80] ebd. 20.

[81] ebd. 21.

[82] ebd. 38. Näheres siehe N. Hartmann: Der Aufbau der realen Welt, de Gruyter Berlin 1964.

[83] M. Heidegger: Sein und Zeit, 15. Aufl. Niemeyer Tübingen 1984.

[84] ebd. 120.

[85] O.F. Bollnow: Existenzphilosophie, 6. Aufl. Kohlhammer Stuttgart 1955, 50.

[86] W. Stegmüller: Hauptströmungen der Gegenwartsphilosophie a.a.O. 170f.

[87] Unter Prädikation versteht man das Zuordnen eines Wortes zu einem Gegenstand (vgl. W. Kamlah und P. Lorenzen: Logische Propädeutik a.a.O. 27ff).

[88] A. Schopenhauer: Über die vierfache Wurzel des Satzes vom zureichenden Grunde, § 43, Diogenes Zürich (Band V der Gesamtausgabe von A. Hübscher) 1977 sowie A. Schopenhauer: Theorie des gesammten Vorstellens, Denkens und Erkennens, hrsg. von V. Spierling, Philosophische Vorlesungen Teil I, Piper München Zürich 1986, 463 ff.

[89] V. Kraft: Erkenntnislehre a.a.O. 150 Vgl. auch W. Strombach: Logik und Sein in naturphilosophischer Sicht. Anmerkungen zu Victor Kraft aus Anlaß seines 100. Geburtstages, in: H. Schauer und M. Tauber (Hrsg.), Informatik und Philosophie Oldenbourg, Wien München 1981.

[90] Kraft ebd. 148.

[91] V. Kraft: Mathematik, Logik und Erfahrung, Springer Wien/New York 1970, 21.

[92] vgl. auch W. Strombach: „Information"' – in philosophischer Sicht, in A. Huning und C. Mitcham (Hrsg.), Technikphilosophie im Zeitalter der Informationstechnik, Vieweg Braunschweig 1986, 3 – 11, sowie E. Oeser: Der Informationsbegriff in der Philosophie und in der Wissenschaftstheorie, in: O. G. Folberth und C. Hackl (Hrsg.), Der Informationsbegriff in Technik und Wissenschaft, Festschrift zum 65. Geburtstag von K. E. Ganzhorn, Oldenbourg München 1986.

[93] C.E. Shannon und W. Weaver: The Mathematical Theory of Communication, Urbana Neudruck 1969, 8.

[94] G.Klaus: Rationalität – Integration – Information, Fink München 1974. G. Klaus und H. Liebscher: Systeme, Informationen, Strategien, Verlag Technik Berlin 1974, 155. H. Völz: Information, Bd. II. Akademie-Verlag Berlin 1982, 326.

[95] G. Günther: Das Bewußtsein der Maschinen, Agis Krefeld 1953, 35ff.

[96] K.R. Popper: Objektive Erkenntnis, Hoffmann und Campe Hamburg 1973, 174.

[97] K.R. Popper und J.C. Eccles: Das Ich und sein Gehirn, 2. Aufl. Piper München Zürich 1982, 70, vgl. auch J.C. Eccles: Das Gehirn des Menschen, Piper München Zürich 1976.

[98] K.R. Popper: Objektive Erkenntnis a.a.O. 179 Anm. 8.

[99] ebd. 88 und 176.

[100] C.F. von Weizsäcker: Die Einheit der Natur, 5. Aufl. Hanser 1979, 51. Zum Forma-Begriff: W. Strombach, Der Forma-Begriff in der neuscholastischen Naturphilosophie und sein Beitrag zum Informationsverständnis – eine Erinnerung an Joseph Kleutgen, in: U. Neemann und E. Walther-Klaus (Hrsg.), Logisches Philosophieren, Festschrift für A. Menne zum 60. Geburtstag, Olms Hildesheim 1983.

[101] R. Spaemann: Artikel „Natur", in Krings, Baumgartner, Wild, Handbuch philosophischer Grundbegriffe a.a.O.

102 ebd.

103 A. Unsöld: Evolution kosmischer, biologischer und geistiger Strukturen a.a.O. 100.

104 N. Bohr: Atomtheorie und Naturbeschreibung, Berlin 1931, 77.

105 H. Fritzsch: Vom Urknall zum Zerfall, Piper München Zürich 1983, 195. vgl. auch H. Fritzsch: Quarks – Urstoff unserer Welt, 2. Aufl. Piper München Zürich 1981.

106 F. Dessauer: Naturwissenschaftliches Erkennen, Knecht Frankfurt/M. 1958, 230.

107 ebd. 234.

108 ebd. 237f.

109 ebd. 270.

110 E. Mayr: Die Entwicklung der biologischen Gedankenwelt, a.a.O.

111 W. Strombach: Information und Ordnung, in H. Waldenfels (Hrsg.), Theologie – Grund und Grenzen, Festgabe für Heimo Dolch zur Vollendung des 70. Lebensjahres, Schöningh Paderborn/München/Wien/Zürich 1982, 410 ff.

112 vgl. W. Strombach: Information und Entropie, in M. Lánský (Hrsg.), Strukturierung mit Superzeichen, Paderborner Arbeitspapiere, FEoLL Paderborn 1980, A. March: Die physikalische Erkenntnis und ihre Grenzen, Vieweg Braunschweig 1955, 40ff, W. Büchel: Philosophische Probleme der Physik, Herder Freiburg/Br. 1965, 47ff.

113 I. Prigogine und I. Stengers: Dialog mit der Natur, Piper München Zürich 1981.
I. Prigogine: Vom Sein zum Werden. – Zeit und Komplexität in den Naturwissenschaften, Piper München 1979.

114 H. Haken: Synergetik: Vom Chaos zur Ordnung und weiter ins Chaos, Verhandlungen der Gesellschaft Deutscher Naturforscher und Ärzte, 115. Versammlung, Wissenschaftliche Verlagsgesellschaft mbH Stuttgart 1989, sowie H. Haken: Erfolgsgeheimnisse der Natur, 4. Aufl. DVA Stuttgart 1986.

115 J. Briggs und F.D. Peat: Die Entdeckung des Chaos, a.a.O. Das Buch ist ein Plädoyer für eine neue ganzheitliche Sichtweise.

116 Spektrum der Wissenschaft: Chaos und Fraktale, 1989. G. Binnig: Aus dem Nichts, Piper München Zürich 2. Aufl. 1989. Binnig vertritt auch die bei jüngeren Physikern nicht allzu oft anzutreffende Meinung: Zur Physik gehören philosophische Erwägungen (284) .

117 J. Seetzen: Information, Kommunikation, Organisation – Anmerkungen für ein Arbeitsgespräch „Theorie der Informatik", VDI/VDE TZ Informationstechnik, Berlin 1989.

118 D. Todt (Hrsg.): Funk-Kolleg Biologie 1, Fischer Frankfurt/M. 1976, 6. Vgl. dazu auch H.J. Bogen: Knaurs Buch der modernen Biologie, Droemer Knaur München/Zürich.

119 B.O. Küppers: Der Ursprung biologischer Information – Zur Naturphilosophie der Lebensentstehung, Piper München Zürich 1986.

[120] H.R. Maturana: Erkennen: Die Organisation und Verkörperung von Wirklichkeit a.a.O. 281f.

[121] ebd. 61. – Insofern ist Küppers' Ansatz auch kein „ontologischer Reduktionismus", weil bei ihm nämlich „die Systemstruktur als *Sinnträger* angesprochen werden kann" (N. Bischof: Ordnung und Organisation als heuristische Prinzipien des reduktiven Denkens; in H. Meier (Hrsg.), Die Herausforderung der Evolutionsbiologie, Piper München Zürich 1988, 87).

[122] B.-O. Küppers a.a.O. 251f.

[123] C.F. von Weizsäcker: Die Einheit der Natur a.a.O. 351f.

[124] E. Oeser: Wissenschaft und Information, Bd. 2, Oldenbourg Wien München 1978.

[125] W. Strombach: Metatheoretische Betrachtungen zur Informatik, in: E. Schadel (Hrsg.) Actualitas omnium actuum, Festschrift für H. Beck zum 60. Geburtstag, Lang Frankfurt/M. 1989, 557.

[126] H. von Ditfurth: Wir sind nicht nur von dieser Welt, Hoffmann und Campe Hamburg 1981, 71.

[127] J. Monod: Zufall und Notwendigkeit – Philosophische Fragen der modernen Biologie, Piper München 1971.

[128] C. S. Pittendrigh: Adaption, natural selection and behavior. In: Behavior and evolution, ed. by A. Roe and G. G. Simpson, New Haven 1958, deutsch: Evolution und Verhalten, Suhrkamp Frankfurt/M. 1969.

[129] E. Mayr: Die Entwicklung der biologischen Gedankenwelt a.a.O. 40. Mayr vergleicht – in Anlehnung an Allan Gotthelf – diese „Programm-Ursachen" mit den causae finales des Aristoteles.

[130] F. Wuketits: Philosophische Probleme der modernen Biologie, Information Philosophie 3/1982. Der Gedanke einer Zweckmäßigkeit ohne konkreten Zweck, auf den hin sie angelegt wäre, findet sich schon bei I. Kant: Kritik der Urteilskraft, Werksausgabe Bd. X, hrsg. von W. Weischedel, 5. Aufl. Suhrkamp Wiesbaden 1981,§ 61ff.

[131] B.O. Küppers: Der Ursprung biologischer Information a.a.O. 34 .

[132] vgl. auch J. Briggs und F.D. Peat: Die Entdeckung des Chaos, a.a.O. 241ff.

[133] B.O. Küppers: Wenn das Ganze mehr ist als die Summe seiner Teile, GEO-Wissen Nr. 2 vom 7.5.90, 28 – 31.

[134] B.O. Küppers: Der Ursprung biologischer Information a.a.O. 261. Vgl. hierzu auch H. Maturana und F. Varela: Der Baum der Erkenntnis a.a.O., S. 78 „Die Vorstellung von der genetischen Information."

[135] U. Beck: Risikogesellschaft. Auf dem Weg in eine andere Moderne, Suhrkamp Frankfurt/M. 1986.

[136] H. Lenk: Über Verantwortungsbegriffe und das Verantwortungsproblem in der Technik, in: H. Lenk und G. Ropohl (Hrsg.), Technik und Ethik, Reclam Stuttgart 1987, 112 – 148,
H. Lenk: Zur Verantwortung der technischen Intelligenz, in: A. Menne (Hrsg.), Philosophische Probleme von Arbeit und Technik, Wissenschaftliche Buchgesellschaft Darmstadt 1987,

G. Ropohl: Neue Wege, die Technik zu verantworten, in: Lenk/Ropohl Technik und Ethik a.a.O. 149 – 176.

[137] H. Jonas: Das Prinzip Verantwortung, Suhrkamp Frankfurt/M. 1989,

[138] F.J. Radermacher: Der Weg in die Informationsgesellschaft, in: R. Henn (Hrsg.), Technologie, Wachstum und Beschäftigung; Festschrift für Lothar Späth, Springer Berlin – Heidelberg 1987.

[139] „Es scheint also keinen Ort zu geben, an dem die beiden Kulturen einander begegnen" (C. P. Snow: Die zwei Kulturen – Literarische und naturwissenschaftliche Intelligenz, Klett Stuttgart 1967, 22) .

[140] W. Ch. Zimmerli: Technik als Natur des westlichen Geistes, in: H.-P. Dürr und W. Ch. Zimmerli (Hrsg.), Geist und Natur, Scherz Bern, München, Wien 1989, 389.

[141] vgl. oben S. 47.

[142] H. Hendrichs: Lebensprozesse und wissenschaftliches Denken, Alber Freiburg/ München 1988. Vgl. auch die Buchbesprechung des Verfassers in Philosophischer Literaturanzeiger 43. Jg. (1990) Heft 3.

[143] ebd. 166f.

[144] ebd. 287.

[145] ebd. 227.

[146] vgl. H. Lenk: Homo Faber – Demiurg der Natur? in B. Kanitscheider (Hrsg.) Moderne Naturphilosophie, Königshausen und Neumann Würzburg 1984, dort auch weitere Literaturhinweise.

[147] ebd. 122.

[148] K.M. Meyer-Abich: Bedingungen einer gerechten Verfassung der menschlichen Herrschaft in der Natur nach dem Gleichheitsprinzip, in F. Rapp und P.T. Durbin (Hrsg.) Technikphilosophie in der Diskussion, Vieweg Braunschweig/Wiesbaden 1982, 171 – 186.

[149] ebd. 178.

[150] F. Capra: Wendezeit – Bausteine für ein neues Weltbild, Droemer/ Knaur München 1988, 293.

[151] ebd. 295.

[152] ebd. 320.

[153] H. Sachsse: Ökologische Philosophie, Wissenschaftliche Buchgesellschaft Darmstadt 1984, 9.

[154] A. Unsöld: Evolution kosmischer, biologischer und geistiger Strukturen a.a.O. 86.

[155] J. Illies: Schöpfung oder Evolution – Ein Naturwissenschaftler zur Menschwerdung, Edition Interfrom Zürich 1979, 49.

[156] ebd. 43.

[157] ebd. 47.

[158] ebd. 70.

[159] ebd. 74f.

[160] H. Sachsse: Ökologische Philosophie a.a.O. 13.

[161] J.C. Eccles: Der Ursprung des Geistes, des Bewußtseins und des Selbst-Bewußtseins im Rahmen der zerebralen Evolution, in H.-P. Dürr und

W.Ch. Zimmerli (Hrsg.) Geist und Natur, a.a.O. 85. Vgl. auch Ph. E. Ross: Trends in Linguistics – Hard Words, Scientific American, April 1991, 71 – 79.

[162] ebd. 86f.

[163] H. Sachsse: Ökologische Philosophie a.a.O. 19.

[164] ebd. 19.

[165] E. Brunswik: „Ratiomorphic" models of perception and thinking, Acta psychol. (11) 1955, 108-109 zit. nach R. Riedl: Biologie der Erkenntnis, Parey Berlin und Hamburg 1980, 35.

[166] G. Vollmer: Evolutionäre Erkenntnistheorie, Information Philosophie 5/1984, 16f, hierzu auch: G. Vollmer: Evolutionäre Erkenntnistheorie, 3. Aufl. Hirzel Stuttgart 1981.

[167] A.I. Wittenberg: Vom Denken in Begriffen – Mathematik als Experiment des reinen Denkens, a.a.O.

[168] R. Riedl: Biologie der Erkenntnis a.a.O. 31.

[169] K. Lorenz: Die Rückseite des Spiegels a.a.O. 18.

[170] G. Vollmer: Evolutionäre Erkenntnistheorie a.a.O. 8.

[171] A. Hildesheimer: Die Welt der ungewohnten Dimensionen, Sijthoff's Leiden 1953, 21.

[172] R. Riedl: Biologie der Erkenntnis, a.a.O., sowie R. Riedl: Die Ordnung des Lebendigen – Systembedingungen der Evolution, Parey Hamburg und Berlin 1975.

[173] G. Vollmer: Evolutionäre Erkenntnistheorie a.a.O. 20.

[174] H. Mohr: Natur und Moral, Ethik in der Biologie, Wissenschaftliche Buchgesellschaft Darmstadt 1987, 14ff. Dazu auch Hoche: „Die modernen, meist materialistischen Identitätstheorien können sich also weder auf eine moderne philosophische Ontologie noch auf den erfolgreichsten Zweig der modernen Naturwissenschaft berufen" (H.-U. Hoche in „Das Leib-Seele-Problem: Dualismus, Monismus, Perspektivismus", Philosophia Naturalis 24/3/1987, S. 229) . Das Wort ‚Aporie' ‚sagt eigentlich so viel wie ‚Weglosigkeit' „Durchgangslosigkeit', und es bedeutet die Grenze, bis zu der wir den Gegenstand erfassen können" (N. Hartmann: Einführung in die Philosophie, 4. Aufl. Hanckel Hannover 1956; 70) .

[175] K. Rahner: Vom Geheimnis des Lebens, Universitas 38 (1983) 473 – 484; zit. nach H. Mohr, Natur und Moral a.a.O. 17.

[176] F. Kaulbach: Philosophische und informationstheoretische Erkenntnistheorie, in E. Börger, D. Barnocchi und F. Kaulbach (Hrsg.) Zur Philosophie der mathematischen Erkenntnis, Königshausen und Neumann Würzburg 1981.

[177] E.-M. Engels: Die Evolutionäre Erkenntnistheorie in der Diskussion, Information Philosophie 1 und 2/1985.

[178] E.-M. Engels: Die Grenzen der Evolutionären Erkenntnistheorie, Information Philosophie 2/1987. E.-M. Engels: Erkenntnis als Anpassung? Suhrkamp Frankfurt/M. 1989.

179 F. Mechsner: Kann das Hirn das Chaos bändigen? GEO-Wissen Nr. 2, vom 7.5.90, 119. Vgl. hierzu: Der Bundesminister für Forschung und Technologie (Hrsg.): Bericht der Expertenkommission: Neurobiologie/ Hirnforschung-Neuroinformatik,Künstliche Intelligenz, April 1991.

180 F.J. Varela: Über die Natur und die Natur des Erkennens, in: H.-P. Dürr und W.Ch. Zimmerli (Hrsg.) Geist und Natur a.a.O. 102.

181 ebd. 107.

182 H. Mohr: Natur und Moral a.a.O. 2.

183 ebd. 25.

184 ebd. 26. „Humanökologie" nennt Papst Johannes Paul II. die Aufgabe des Menschen „die natürliche und moralische Struktur, mit der er ausgestattet wurde", zu respektieren (Enzyklika Centesimus Annus, Pressedienst der Deutschen Bischofskonferenz Bonn 1991; 81) .

185 ebd. 29.

186 ebd. 77.

187 ebd. 105.

188 ebd. 84.

189 ebd. 155.

190 D. Ritchie: Gehirn und Computer – Die Evolution einer neuen Intelligenz, Klett Cotta Stuttgart 1984, 58. Vgl. auch P. MacLean: A Triune Concept of the Brain. University of Toronto Press 1973.

191 ebd. 59.

192 ebd. 60.

193 vgl. u.a. H. M. Baumgartner: Über die Widerspenstigkeit der Vernunft, sich aus der Geschichte erklären zu lassen, in: H. Poser (Hrsg.), Wandel des Vernunftbegriffs, Alber Freiburg München 1981, H. Meier (Hrsg.): Die Herausforderung der Evolutionsbiologie, a.a.O.

194 A. Wenzl: Weg, Stand und Aufgaben der Philosophie von heute, Glock und Lutz Nürnberg o.J. (Görres-Bibliothek Bd. 41), 6f.

195 W. Keller: Philosophische Anthropologie – Psychologie – Transzendenz, in: H.-G. Gadamer und P. Vogler (Hrsg.), Neue Anthropologie Bd. 6, Thieme Stuttgart und Deutscher Taschenbuch Verlag München 1975, 9.

196 W. Dilthey: Ideen zu einer beschreibenden und zergliedernden Psychologie, 1894, Gesammelte Schriften, hrsg. v. B. Groetenhuysen Bd. V, Teubner Leipzig und Berlin 1924, 139 – 240.

197 H. Fahrenbach: Artikel „Mensch" in Krings, Baumgartner, Wild (Hrsg.), Handbuch philosophischer Grundbegriffe a.a.O. 892.

198 F. Nietzsche: Der Wille zur Macht – Versuch einer Umwertung aller Werte, Kröner Stuttgart 1964, 1067.

199 ebd. 655.

200 ebd. 674, (vgl. auch unten S. 194).

201 ebd. 480.

202 ebd. 493.

203 F. Nietzsche: Also sprach Zarathustra, K. Schlechta (Hrsg.) Werke in sechs Bänden, Bd. 2, Hanser München Wien 1980, 344.

[204] z. B. W. Stegmüller: Hauptströmungen der Gegenwartsphilosophie a.a.O.

O. F. Bollnow: Existenzphilosophie a.a.O.

J. Fischl: Idealismus, Realismus und Existenzialismus der Gegenwart – Ein Beitrag zur Aussprache über die Weltanschauung des modernen Menschen, Styria Graz-Wien-Köln 1954.

[205] J. Pieper: Die Wahrheit der Dinge – Eine Untersuchung zur Anthropologie des Hochmittelalters, Kösel München 1947.

[206] J. Rosenmöller: Religionsphilosophie, Aschendorff Münster 1932.

[207] P. Wust: Der Mensch und die Philosophie – Einführung in die Hauptfragen der Existenzphilosophie, Regensberg Münster 1947, 9.

[208] ebd. 11

[209] ebd. 34.

[210] P. Wust: Ungewißheit und Wagnis, 5. Aufl. Kösel München und Kempten 1950.

[211] P. Wust: Der Mensch und die Philosophie a.a.O. 62f.

[212] H. Krings: Wissen und Freiheit, in: Die Frage nach dem Menschen, hrsg. von H. Rombach, Festschrift für Max Müller zum 60. Geburtstag, Alber Freiburg/ München 1966;23.

[213] M. Liedtke: Evolution und Erziehung, Vandenhoeck & Ruprecht Göttingen 1972, 108ff.

[214] ebd. 142ff.

[215] ebd. 168f. Vgl. dazu auch H.H. Becker: Anthropologische Voraussetzungen einer Erziehung zu Freiheit und Verantwortung, in: Freiheit und Verantwortung, Festschrift für O. Hammelsbeck, hrsg. von H. Horn, Wuppertal 1969.

[216] vgl. Fischer-Lexikon „Psychologie'1972, Stichwort „Wille" sowie B. Rensch: Biophilosophie auf erkenntnistheoretischer Grundlage, Fischer Stuttgart 1969;171 ff.

[217] M. Forschner: Willensfreiheit als philosophisches Problem „Fundamenta Psychiatrica" 3/88, 7/132.

[218] ebd. 8/133, 9/134.

[219] H. Fahrenbach: Artikel „Mensch" in Krings, Baumgartner, Wild (Hrsg.), Handbuch philosophischer Grundbegriffe, a.a.O. 898f.

Vgl. auch H. Plessner: Die Stufen des Organischen und der Mensch, Einleitung in die philosophische Anthropologie, 2. Aufl. de Gruyter Berlin 1965.

[220] H. Plessner: Die Frage nach der Conditio humana, Suhrkamp Taschenbuch 361, Frankfurt/M. 1976;54. Vgl. auch H. U. Asemissen: Helmuth Plessner: Die exzentrische Position des Menschen, in: J. Speck (Hrsg.) Grundprobleme der großen Philosophen – Philosophie der Gegenwart II, Vandenhoeck & Ruprecht Göttingen 1973;164.

[221] A. Portmann: Zoologie und das neue Bild vom Menschen, Biologische Fragmente zu einer Lehre vom Menschen, 2. Aufl. Rowohlt Hamburg 1956, 29f.

218

222 A. Portmann: Die Sonderstellung des Menschen im Reich des Lebendigen, Universitas, April 1957, 344.

223 H. Krings: Zur anthropologischen Relevanz der modernen Wissenschaften Beitrag Philosophie, in: Sekretariat der Deutschen Bischofskonferenz (Hrsg.), Quid est homo? Bonn 1982, 32.

224 ebd. 34.

225 R. Maurer: Artikel „Kultur" in Krings, Baumgartner, Wild „Handbuch philosophischer Grundbegriffe" a.a.O.
Zur „Kulturwelt" gehören nach E. Coreth „wissenschaftliche Welterkenntnis, künstlerische Weltgestaltung, technische Weltbeherrschung, philosophische Weltauslegung und religiöse Weltanschauung" (Was ist der Mensch? Grundzüge einer philosophischen Anthropologie, Tyrolia, Innsbruck/Wien, 4. Aufl. 1986, 45).

226 M. Landmann: Philosophische Anthropologie – Menschliche Selbstdeutung in Geschichte und Gegenwart, 2. Aufl. de Gruyter Berlin 1964, 182.

227 vgl. W. Marschall (Hrsg.): Klassiker der Kulturanthropologie, C.H. Beck München 1990.

228 F. Kümmel: Kulturanthropologie, in: A. Flitner (Hrsg.), Wege zur pädagogischen Anthroplogie, Quelle & Meyer Heidelberg 1963, 165.

229 ebd. 168.

230 H. U. Asemissen: Helmuth Plessner a.a.O. 148.

231 F. Kümmel: Kulturanthropologie a.a.O. 170.

232 ebd. 176.

233 A. Gehlen: Anthropologische Forschung, Rowohlt Reinbek b. Hamburg 3. Aufl. 1972, 17.

234 ebd. 17.

235 ebd. 21.

236 ebd. 59.

237 O. Marquard: Homo compensator. Zur anthropologischen Karriere eines metaphysischen Begriffs, in G. Frey und J. Zelger (Hrsg.) Der Mensch und die Wissenschaften vom Menschen Bd. I, Solaris Innsbruck 1983.

238 F. Dessauer: Streit um die Technik, 2. Aufl. Knecht Frankfurt/M. 1958, 148f.

239 A.G.M. van Melsen: Naturwissenschaft und Technik, Bachem Köln 1965.

240 K. Shrader-Frechette: Das Quantifizierungsproblem bei der Technikbewertung, in: F. Rapp und P. Durbin (Hrsg.) Technikphilosphie in der Diskussion, Vieweg Braunschweig/Wiesbaden 1982, 129, vgl. dazu auch die Buchbesprechung von W. Strombach in „Philosophischer Literaturanzeiger" Bd. 37 Heft 4, 1984.

241 R. Kautzky: Wie wird ein Mensch geheilt? Gefahren der modernen Medizin „test", Kommende Dortmund XXIV 1983.

242 F. Rapp: Die Möglichkeiten der Technikbewertung, in F. Rapp und P.

Durbin (Hrsg.) Technikphilosophie in der Diskussion a.a.O. Vgl. auch A. Roßnagel, P. Wedde, V. Hammer, U. Pordesch: Digitalisierung der Grundrechte, Westdeutscher Verlag Opladen 1990.

[243] F. Dessauer: Streit um die Technik a.a.O.

[244] H. Sachsse: Anthropologie der Technik – Ein Beitrag zur Stellung des Menschen in der Welt, Vieweg Braunschweig/Wiesbaden 1978, 43.

Zum Thema „Philosophie der Technik" vgl. auch die Buchbesprechung von W. Strombach in „Philosophisches Jahrbuch" 88/1981 1. Halbband. Dort werden vorgestellt:

E. Kapp, Grundlinien einer Philosophie der Technik, Stern Düsseldorf 1980,

H. Sachsse, Anthropologie der Technik, a.a.O.,

A. Huning, Das Schaffen des Ingenieurs, 2. Aufl. VDI Düsseldorf 1978,

H. Stork, Einführung in die Philosophie der Technik, Wiss. Buchgesellschaft Darmstadt 1977,

F. Rapp, Analytische Technikphilosophie, Alber Freiburg/München 1978,

G. Ropohl, Eine Systemtheorie der Technik – Zur Grundlegung der allgemeinen Technologie, Hanser München und Wien 1979,

H. Beck, Kulturphilosophie der Technik – Perspektiven zu Technik Menschheit Zukunft, 2. Aufl. Spee Trier 1979,

W. Schirmacher, Ereignis Technik – Heidegger und die Frage nach der Technik, Diss. Universität Hamburg 1980.

[245] H. Sachsse: Anthropologie der Technik, a.a.O. 51.

[246] ebd. 254.

[247] ebd. 251.

[248] ebd. 260.

[249] H. Stork: Einführung in die Philosophie der Technik a.a.O. 86ff.

[250] H. Beck: Kulturphilosophie der Technik a.a.O.

[251] ebd. 25.

[252] ebd. 59 und 66.

[253] ebd. 168.

[254] ebd. 170.

[255] R. Funk: Mut zum Menschen – Erich Fromms Denken und Werk, seine humanistische Religion und Ethik, Deutsche Verlags-Anstalt Stuttgart 1978, 83.

[256] ebd. 85.

Vgl. hierzu auch H.-J. Fraas: „Seit dem Neukantianismus (E. Cassirer, S. Langer) gilt die Symbolbildung als Grundäußerung des menschlichen Geistes. Sie umfaßt die gesamte Kultur (Sprache, Mythos, Kunst, Religion) als das symbolische Universum des Menschen im Gegensatz zum natürlichen Universum" Die Religiosität des Menschen – Religionspsychologie, Vandenhoeck & Ruprecht Göttingen 1990 (UTB 1578) 94.

[257] E. Fromm: Haben oder Sein. Die seelischen Grundlagen einer neuen Gesellschaft, Deutsche Verlags-Anstalt Stuttgart 1977.

258 ebd. 82

259 ebd. 90.

260 ebd. 133.

261 L. Mumford: Der Mythos der Maschine. Kultur, Technik und Macht. Frankfurt/ M. 1977.

262 E. Fromm: Haben oder Sein, a.a.O. 146.

263 A. G. Baumgarten: Aesthetica, Frankfurt/O 1750 – 1758.

264 I. Kant: Kritik der reinen Vernunft, Transzendentale Ästhetik § 1, a.a.O.

265 I. Kant: Kritik der Urteilskraft, Werksausgabe Bd. X, § 1, a.a.O. Bei Baumgarten selbst, an dem Kant sich nach eigener Aussage orientiert hat, tauchen bereits beide Deutungen auf: Ästhetik ist „die Wissenschaft der sinnlichen Erkenntnis", aber man könnte sie auch, da die Metaphysik das Allgemeine der Wissenschaften enthält „nach einiger Ähnlichkeit die Metaphysik des Schönen nennen", Baumgarten, Texte zur Grundlegung der Ästhetik, übersetzt und herausgegeben von H. R. Schweitzer, Meiner Hamburg 1983, 79-81. In der Moderne lautet demgegenüber die ästhetische Frage nicht: Was ist schön? sondern: Was macht Kunst zur Kunst? (J.-F. Lyotard: Beantwortung der Frage: Was ist postmodern? in W. Welsch (Hrsg.) „Wege aus der Moderne", VCH Acta humaniora, Weinheim 1988; 197) . Dieser Fragestellung können wir hier allerdings nicht weiter folgen.

266 Platon: Parmenides 130 B, Sämtliche Werke, hrsg. von E. Loewenthal, Schneider Heidelberg 1982.

267 Platon: Phaidros 250 E, Sämtliche Werke a.a.O.

268 Platon: Das Gastmahl (Symposion) 202 ff, Sämtliche Werke a.a.O.

269 Platon: Philebos 64, Sämtliche Werke a.a.O. Vgl. hierzu auch E. Grassi: Die Theorie des Schönen in der Antike, Du Mont Köln 1980, 109 ff.

270 W. Janke: Artikel „Das Schöne" in Krings, Baumgartner, Wild „Handbuch philosophischer Grundbegriffe" a.a.O.

271 A. Schopenhauer: Die Welt als Wille und Vorstellung, Zürcher Ausgabe, Diogenes Zürich 1977, Bd. 1, § 1.

272 ebd. § 2.

273 A. Schopenhauer: Theorie des gesammten Vorstellens, Denkens und Erkennens, a.a.O. Teil I, Kap. 1.

274 A. Schopenhauer: Die Welt als Wille und Vorstellung a.a.O. § 18.

275 ebd. § 21.

276 ebd. § 30.

277 ebd. § 36.

278 A. Schopenhauer: Metaphysik des Schönen; Philosophische Vorlesungen Teil III, hrsg. und eingeleitet von V. Spierling, Piper München Zürich 1985, 54.

279 ebd. 90.

280 A. Schopenhauer: Die Welt als Wille und Vorstellung a.a.O. § 38.

281 A. Schopenhauer: Metaphysik des Schönen a.a.O. 96.

282 ebd. 118.

283 ebd. 222.

284 H. von Glasenapp: Die nichtchristlichen Religionen, Das Fischer Lexikon, Fischer Frankfurt/M. 1957, 12.

285 C.F. v. Weizsäcker: Der Garten des Menschlichen – Beiträge zur geschichtlichen Anthropologie, Hanser München Wien 1977, 441. Heute spricht man schon von einer vierten Kränkung: der Künstlichen Intelligenz.

286 S. Radhakrishnan: Wissenschaft und Weisheit, Nymphenburger Verlagsbuchhandlung, 1961, 155.

287 W. Dupré: Einführung in die Religionsphilosophie, Kohlhammer Stuttgart, Berlin, Köln, Mainz 1985, 14.
Daß nicht einmal der angeblich so paradigmatische Wechsel vom Mittelalter zur Neuzeit in der Lage war, die führenden philosophischen Denker dem Religiösen zu entfremden, unterstreicht Heinz Heimsoeth: „Aus den Lebensmächten, die zutiefst die tausendjährige Entwicklung des Mittelalters bestimmten, erwachsen auch der neueren Philosophie die großen Antriebe" (Die sechs großen Themen der abendländischen Metaphysik und der Ausgang des Mittelalters, 7. Aufl. Wissenschaftliche Buchgesellschaft Darmstadt 1981, 12) .

288 M. Landmann: Philosophische Anthropologie, a.a.O. 55.

289 E. Fromm: Psychoanalyse und Religion, dtv München 1985, 29f.

290 zit. nach W. Ch. Zimmerli: Technik als Natur des westlichen Geistes., in H.-P. Dürr und W. Ch. Zimmerli (Hrsg.), Geist und Natur a.a.O. 395.

291 D. Steindl-Rast: Arbeit und Schweigen – Handeln und Kontemplation, in: H.-P. Dürr und W. Ch. Zimmerli (Hrsg.), Geist und Natur a.a.O. 292.

292 ebd. 292.

293 ebd. 294.

294 M. Horkheimer: Bemerkungen zur Liberalisierung der Religion, in: O. Schatz (Hrsg.), Hat die Religion Zukunft? Styria Graz, Wien, Köln 1971, 118f; zit. nach E. Menne, Religionsphilosophie, Patmos Düsseldorf 1983, Text 39b.

295 H. Heimsoeth: Die sechs großen Themen der abendländischen Metaphysik, a.a.O. 50.

296 B. Thum: Theologie und Kosmophysik, Kairos 1984, 116.

297 U. Matz: Artikel „Staat" in Krings, Baumgartner, Wild, Handbuch philosophischer Grundbegriffe a.a.O. 1409. Für Papst Johannes Paul II. ist daher ein anderer Name für „Frieden": „Entwicklung", die in gemeinsamer Verantwortung national und international zu fördern sei, um die Ursachen von Kriegen wie „erlittene Ungerechtigkeiten, Vereitelung berechtigter Bestrebungen, Elend und Ausbeutung verzweifelter Menschenmassen", zu beseitigen (Enzyklika Centesimus Annus a.a.O. 110).

298 W. Strombach: Die Frage nach dem „richtigen Recht": Recht und Ethik, Dortmunder Vorträge, hrsg. vom Kulturamt der Stadt Dortmund 1992.

[299] G. Ellscheid: Artikel „Naturrecht", in Krings, Baumgartner, Wild, Handbuch philosophischer Grundbegriffe a.a.O. 976.
Vgl. hierzu auch
F. Schiller: Wilhelm Tell, zweiter Aufzug, zweite Szene: Stauffacher:
„Nein, eine Grenze hat Tyrannenmacht:
Wenn der Gedrückte nirgends Recht kann finden,
Wenn unerträglich wird die Last – greift er
Hinauf getrosten Mutes in den Himmel
Und holt herunter seine ewgen Rechte,
Die droben hangen unveräußerlich
Und unzerbrechlich wie die Sterne selbst –"

[300] ebd. 977. Zum Ganzen vgl. auch:
W. Oelmüller, R. Dölle, R. Piepmeier: Diskurs Politik 2. Aufl. Schöningh Paderborn, München Wien, Zürich 1980.
H.-H. Hartwich (Hrsg.): Politik im 20. Jahrhundert 10. Aufl. Westermann Braunschweig 1980.
O. Höffe, G. Kadelbach, G. Plumpe (Hrsg.): Praktische Philosophie/ Ethik Bd. 2, Fischer Frankfurt/M. 1981.
O. Höffe: Ethik und Politik, Suhrkamp Frankfurt/M. 1979.
G. Dürig/W. Rudolf: Texte zur deutschen Verfassungsgeschichte, Beck München 1967
und nicht zuletzt die sehr bemerkenswerten Beiträge von H. Krings, A. Auer, H. Maier, J. Isensee, H. Lübbe, I. Fetscher, H. J. Helle, H. Strotzka und E. H. Plesser in A. Paus (Hrsg.): Werte Rechte Normen, Butzon & Berger Kevelaer und Styria Graz – Wien – Köln 1979.

[301] A. Pieper: Ethik und Moral-Eine Einführung in die praktische Philosophie, C.H. Beck München 1985, 11.
Vgl. hierzu auch N. Hoerster: Ethik und Moral, in D. Birnbacher und N. Hoerster (Hrsg.), Texte zur Ethik, dtv-Bibliothek Deutscher Taschenbuch Verlag 2. Aufl. München 1978, 9 – 23.

[302] H. Lenk und G. Ropohl (Hrsg.) : Technik und Ethik, a.a.O. Einführung 8ff.

[303] H. Lübbe: Dezisionismus – eine kompromittierte politische Theorie, in: W. Oelmüller, R. Dölle, R. Piepmeier (Hrsg.), Diskurs: Politik a.a.O. 283ff.

[304] I. Kant: Grundlegung zur Metaphysik der Sitten, Werksausgabe Bd. VII, hrsg. von W. Weischedel, 6. Aufl. Suhrkamp Taschenbuch, Frankfurt/M. 1982, 19.

[305] W.v. Humboldt: Gesammelte Schriften, hrsg. von der Preußischen Akademie der Wissenschaften, Berlin 1903 ff, Bd. VI, 22. Zu dem genannten Beispiel vgl. auch: H. Poeschel: Die griechische Sprache, 2. Aufl. Heimeran München 1954, 295f.

[306] I. Kant: Grundlegung zur Metaphysik der Sitten, a.a.O. 61.

[307] M. Scheler: Der Formalismus in der Ethik und die materiale Wertethik, Gesammelte Werke Bd. 2, 5. Aufl. Francke Bern 1966.

[308] N. Hartmann: Ethik, 4. Aufl. de Gruyter Berlin 1962, 42.

[309] W. Stegmüller: Hauptströmungen der Gegenwartsphilosophie, a.a.O. 276.

[310] D. Birnbacher und N. Hoerster (Hrsg.): Texte zur Ethik, a.a.O. 291.

[311] Aristoteles: Die Nikomachische Ethik, Deutscher Taschenbuch Verlag München 1972, 1094 a, 1097 a.

[312] W. Weischedel: Skeptische Ethik, Suhrkamp Frankfurt/M. 1976, 19. – Die Angabe der Stelle (1098a) bezieht sich auf die Nikomachische Ethik.

[313] R. Inglehart: Kultureller Umbruch – Wertwandel in der westlichen Welt, Campus Frankfurt/M. New York 1989, 324f.

[314] W. v. Goethe: Faust 1. Teil, Studierzimmer.

[315] In Anlehnung an O. Höffe (Hrsg.): Einführung in die utilitaristische Ethik Klassische und zeitgenössische Texte, Beck München 1975, 10.

[316] D. Birnbacher und N. Hoerster (Hrsg.): Texte zur Ethik, a.a.O. 198.

[317] J. Rawls: Gerechtigkeit als Fairness, Alber Freiburg München 1977, ebd. 37; zit. nach A. Pieper, Ethik und Moral, a.a.O. 165.

[318] Die folgende Darstellung der Ethik Nietzsches lehnt sich an die Nachschrift einer Vorlesung von O. Most „Grundlegung der Ethik" an, die nur für seine Hörer bestimmt war. Damit aber die Sichtweise eines exzellenten Nietzschekenners nicht verloren geht, soll sie hier – unter dem Vorbehalt einer exakten Wiedergabe – ausschnittweise referiert werden. Auf die Einbeziehung der „Würdigung der Ethik Nietzsches" muß aus den im Vorwort genannten Gründen verzichtet werden. Heute gilt Nietzsche (neben Heidegger) als Vaterfigur der „Postmoderne", vgl. G. Vattimo: Nihilismus und Postmoderne in der Philosophie, in W. Welsch (Hrsg.): Wege aus der Moderne a.a.O. 233 – 246.

[319] F. Nietzsche: Die Geburt der Tragödie, Werke in sechs Bänden, hrsg. von K. Schlechta, Bd. I, Hanser München/Wien 1980.

[320] F. Nietzsche: Zur Genealogie der Moral, Werke a.a.O. Bd. IV.

[321] vgl. F. Nietzsche: Jenseits von Gut und Böse, Werke a.a.O. Bd. IV.

[322] Dies ist das Zentralmotiv in F. Nietzsche: Also sprach Zarathustra, Werke a.a.O. Bd. III.

[323] „Jenseits von Gut und Böse" a.a.O.

[324] vgl. u.a. W. Büchel: Die Macht des Fortschritts. Plädoyer für Technik und Wissenschaft, Langen-Müller/Herbig München 1981.

[325] W. Koenne: Technik & Ethik, Österreichische Ingenieur- und Architektenzeitschrift Heft 6/1989, 330.

[326] W. Kluxen: Humane Selbstbehauptung in der technischen Welt, Jahres- und Tagungsbericht der Görres-Gesellschaft, Köln 1983.

[327] J. Weizenbaum: Wir werden die nächsten 20 Jahre nicht überleben; Manager Magazin 1980, Heft 7. Unsere Zweifel an der Weizenbaum-Prognose berühren nicht seine wohl berechtigte Kritik an gewissen „KI-Ideologen" (KI = Künstliche Intelligenz), denen er entgegenhält, daß die Idee, der Mensch sei ein Objekt „getrennt von seiner Umwelt, vom

Mitmenschen – oder jedenfalls trennbar für naturwissenschaftliche Zwecke", eine gefährliche Idee sei ("Kein Rechner wird jemals Gefühle künstlich erzeugen können", VDI Nachrichten Nr. 25 v. 22.6.90). Außerdem, so interpretierte Weizenbaum in einem DLF-Interview vom 13.1.91 seine Position, könne Hochtechnologie in den Händen Vernünftiger segensreich sein. Jedoch bestehe die Welt nunmal nicht nur aus Vernünftigen, sondern sei ein Irrenhaus; und in den Händen von Irren stelle moderne Technik eine Gefahr dar.

Vgl. im übrigen auch:

F. Rapp: Die Technik als Fortsetzung der Evolution, in: F. Rapp (Hrsg.): Naturverständnis und Naturbeherrschung, Fink München 1981.

U. Hommes: Freiheit oder Selbstentfremdung, IBM-Nachrichten April 1976.

W. Strombach: Werte und Normen in der technisierten Gesellschaft, in: H. Schauer und M.J. Tauber (Hrsg.), Kommunikationstechnologien, Oldenbourg Wien München 1981.

328 H.-Chr. Röglin: Über den Grundkonflikt zwischen Industrie und Politik; Kommunale Unternehmen im Spannungsfeld von Wirtschaft und Politik, Vortragsveranstaltung des Verbandes kommunaler Unternehmen am 9.11.82.

329 zit. nach F. Boeckle: Fortschritt wohin? Überlegungen zur Verantwortung in Technik und Wissenschaft, Information Philosophie 4/1985, 6.

330 F. Rapp: Die normativen Determinanten des technischen Wandels, in: H. Lenk und G. Ropohl (Hrsg.), Technik und Ethik, a.a.O. 41.

331 J. Eccles und D. Robinson: Das Wunder des Menschseins – Gehirn und Geist, Piper München Zürich 1985, 75 und
A.B. Cremers: Der Informationsbegriff in der Informatik, in: Informatik und Philosophie, hrsg. von B. Reusch und W. Strombach, Forschungsbericht Nr. 160/1983 der Abt. Informatik der Universität Dortmund.

332 D. Birnbacher: Oekologische Ethik – ein Überblick, Information Philosophie, Heft 1/1987, 18 – 30. Darin auch zahlreiche Literaturhinweise.
D. Birnbacher: Ökologische Ethik, Allgemeine Zeitschrift für Philosophie, Heft 1/1986, 57 – 64.
O. Schwemmer: Für eine neue Ethik in einer veränderten Welt, in: W. D. Rehfus (Hrsg.), Die Apokalypse denken, v. Bukowski, Langenfeld 1989.
W. Korff: Leitlinien verantworteter Technik, Reihe „Zur christlichen Berufsethik – Kirche im Gespräch" Bd. 20, hrsg. vom Bistum Essen, 1991.
K. Seitz: Eine zukunftorientierte Kultur schaffen „Forum", Siemens-Zeitschrift 1/91, 38 -41.

333 vgl. auch die medienkritische Schrift von Neil Postman: Wir amüsieren uns zu Tode, 3. Aufl. Fischer Frankfurt/M. 1985.

334 H. Lübbe: Technischer und sozialer Wandel als Orientierungsproblem, VDI-Berichte 1979.

Vgl. dazu W. Strombach: Philosophische Probleme der Informatik, in: A. Menne (Hrsg.), Philosophische Probleme von Arbeit und Technik, Wissenschaftliche Buchgesellschaft Darmstadt 1987.

[335] W. Weischedel: Skeptische Ethik a.a.O. § 16.

[336] ebd. § 73.

[337] A. Pieper: Ethik und Moral a.a.O. 10.

[338] D. Sternberger: Toleranz ist nötig und möglich „Der Rotarier" Hamburg 5/87.

[339] H. Lenk und G. Ropohl (Hrsg.) : Technik und Ethik, a.a.O.

[340] F. J. Radermacher: Der Weg in die Informationsgesellschaft, a.a.O.

Personenregister

Sachregister

UTB
FÜR WISSEN
SCHAFT

Auswahl Fachbereich
Philosophie

34 Menne: Einführung in die Logik
(Francke). 4. Aufl. 1986. DM 14,80

146 Speck (Hrsg.): Grundprobleme
der großen Philosophen –
Altertum und Mittelalter
(Vandenhoeck). 4. Aufl. 1990.
DM 23,80

464 Speck (Hrsg.): Grundprobleme
der großen Philosophen –
Neuzeit II (Vandenhoeck).
3. Aufl. 1988. DM 24,80

723 Oelmüller (Hrsg.):
Philosophische Arbeitsbücher 1
Diskurs: Politik
(Schöningh). 4. Aufl. 1991.
DM 26,80

725 Rousseau: Diskus über die
Ungleichheit (Schöningh).
2. Aufl. 1990. DM 33,80

778 Oelmüller (Hrsg.):
Philosophische Arbeitsbücher 2
Diskurs: Sittliche Lebensformen
(Schöningh). 3. Aufl. 1983. DM 24,80

1000 Salamun: Was ist Philosophie?
(J.C.B. Mohr). 2. Aufl. 1986.
DM 24,80

1138 Rehfus: Einführung in das
Studium der Philosophie
(Quelle & Meyer). 1981. DM 21,80

1252 Speck (Hrsg.): Grundprobleme
der großen Philosophen –
Neuzeit III
(Vandenhoeck). 1983. DM 25,80

1307 Gripp: „Jürgen Habermas"
(Schöningh). 1984. (Nachdruck 1986).
DM 16,80

1308 Speck (Hrsg.): Grundprobleme
der großen Philosophen –
Gegenwart VI
(Vandenhoeck). 1984. DM 24,80

1320 Wuchterl: Lehrbuch der
Philosophie (Paul Haupt).
3. Aufl. 1989. DM 25,80

1379 Oelmüller (Hrsg.):
Philosophische Arbeitsbücher 7
Diskurs: Mensch
(Schöningh). 2. Aufl. 1990. DM 29,80

1390 Wuchterl: Grundkurs:
Geschichte der Philosophie
(Paul Haupt). 2. Aufl. 1990. DM 28,80

1401 Speck (Hrsg.): Grundprobleme
der großen Philosophen –
Neuzeit IV
(Vandenhoeck). 1986. DM 25,80

1420 Gripp: Theodor W. Adorno
(Schöningh). 1986. DM 19,80

1432 Hogrebe: Deutsche Philosophie
im 19. Jahrhundert
(W. Fink). 1987. DM 19,80

1434 Marx:
Phänomenologie Edmund Husserls
(W. Fink). 2. Aufl. 1989. DM 16,80

1513 Oelmüller (Hrsg.):
Philosophie und Wissenschaft
(Schöningh). 1988. DM 29,80

1543 Wuchterl: Analyse und
Kritik der religiösen Vernunft
(Paul Haupt). 1989. DM 29,80

1600 Visker: Michel Foucault
(W. Fink). 1991. DM 24,80

1623 Speck (Hrsg.): Grundprobleme
der großen Philosophen –
Neuzeit V
(Vandenhoeck). 1991. Ca. DM 25,80

Preisänderungen vorbehalten.

UTB
FÜR WISSENSCHAFT

Auswahl Fachbereich
Literaturwissenschaft

Daemmrich/Daemmrich:
Themen und Motive in der Literatur
UTB-GROSSE REIHE
(Francke). 1987. DM 48,--

40 Striedter (Hrsg.):
Russischer Formalismus
(W. Fink). 4. Aufl. 1988. DM 22,80

73 Dithmar: Die Fabel
(Schöningh). 7. Aufl. 1988.
DM 24,80

103 Lotman: Die Struktur
literarischer Texte
(W. Fink). 3. Aufl. 1989. DM 28,80

121 Maren-Grisebach: Methoden der
Literaturwissenschaft
(Francke). 9. Aufl. 1985. DM 12,80

305 Link: Literaturwissenschaftliche
Grundbegriffe
(W. Fink). 4. Aufl. 1990. DM 26,80

580 Pfister: Das Drama
(W. Fink). 6. Aufl. 1991. DM 26,80

582 Titzmann:
Strukturale Textanalyse
(W. Fink). 2. Aufl. 1989. DM 25,80

636 Iser: Der Akt des Lesens
(W. Fink). 3. Aufl. 1990. DM 21,80

640 Schulte-Sasse/Werner:
Einführung in die Literatur-
wissenschaft
(W. Fink). 7. Aufl. 1991. DM 22,80

904 Stanzel: Theorie des Erzählens
(Vandenhoeck). 4. Aufl. 1989.
DM 29,80

1034 Weimar: Enzyklopädie der
Literaturwissenschaft
(Francke). 1980. DM 19,80

1127 Andreotti: Die Struktur
der modernen Literatur
(Haupt). 2. Aufl. 1990.
DM 28,80

1407 Keller/Hafner:
Arbeitsbuch zur Textanalyse
(W. Fink). 2. Aufl. 1990. DM 26,80

1482 Schwarz/Michel/Linke/
Williams: Alte Texte lesen
(Haupt). 1988. DM 26,80

1487 Albrecht: Europäischer
Strukturalismus
(Francke). 1988. DM 29,80

1508 Strelka: Einführung in die
literarische Textanalyse
(Francke). 1989. DM 19,80

1519 Durzak: Die Kunst der
Kurzgeschichte
(W. Fink). 1989. DM 26,80

1565/1566 Fischer-Lichte:
Geschichte des Dramas 1/2
(Francke). 1990. Je DM 34,80

1582 Meyer-Krentler: Arbeits-
techniken Literaturwissenschaft
(W. Fink). 2. Aufl. 1992. DM 15,80

1583 Freund: Deutsche Lyrik
(W. Fink). 1990. DM 22,80

1590 Zima: Literarische Ästhetik
(Francke). 1991. DM 34,80

1599 Göttert: Einführung
in die Rhetorik
(W. Fink). 1991. DM 24,80

1630 Elm: Die moderne Parabel
(W. Fink). 1991. DM 29,80

Preisänderungen vorbehalten.